赤本メディカルシリーズ
Akahon Medical Series

医学部の
実戦小論文

3訂版

小林公夫 編著

教学社

はしがき

　医学部の小論文の指導に携わるようになってから 30 年近くの歳月が流れた。この間，注意深く観察すると，医学部入試における小論文の内容も大きく様変わりした。顕著な特徴を挙げるならば，テーマ提示型の 1 行問題が減少し，課題文読解型の問題が主流となった点がある。一見，医学・医療と無関係に思える課題文を受験生に読ませ，考察させるものや，図解や統計資料分析型の小論文が増加している点も注目される。

　このような現況の背景として考えられるのは，大学側が，受験生の学力・偏差値のみならず，医師としての資質・適性，さらに人間性に深い関心を抱いているということだろう。その証拠は，出題傾向として，社会に貢献するとはどういうことか，人と人とのコミュニケーションはどうあるべきかといった内容が問われている点に見出せる。無論，受験生の医学・医療に対する興味や基本的知識は毎年多くの大学で問われており，なおざりにされてはいない。出題形式の面では，課題文をコンパクトに要約する能力や，数値データの解析能力などが試され，これらの実践的な能力を重視する傾向がうかがえる。

　上述の医学部小論文入試の変化をふまえ，本書では，数ある入試問題を精緻に分析し，「医師ー患者関係」「医師の適性」からスタートし，「医療事故」や「先端医療」「地域医療と医師不足」といった医学・医療にかかわるテーマ，さらには「ボランティアと福祉」など，受験生の価値観や人となりが答案に素直に表れるテーマに至るまで網羅した。加えて，実戦演習に適した入試問題を精選して収載した。

　本書に示した考え方や解答は，編著者である私がこれまでの仕事の集大成として提示するものであるが，あくまで一つの考え方として参考にしてほしい。そして私の考え方を礎に，読者の皆さんが各自考えるところを肉づけして，それぞれのテーマについて理論武装を試みてほしい。その際，記述を暗記するというより，各テーマを根底から理解することが大切である。入試までコツコツと積み上げるように継続して学習すること。"論文は一日にして成らず"なのである。

　本書を十分に活用し，将来，医学・医療に携わる者として恥ずかしくない知力と人間性を培ってほしい。そして，社会貢献できる優れた医療人に育ってもらいたい。

編著者

目　次

医学部の最重要テーマ

1　医師―患者関係　　…… 2

視点　患者の自己決定権／インフォームド・コンセントの本質／がん告知の是非

2　医師の適性　　…… 30

視点　現代の医師に必要な能力／医師の責任のありか

医学部の頻出テーマ

※ 課題文 ＝課題文読解型，テーマ ＝テーマ提示型，資料 ＝資料分析型の出題形式を示す。
出題形式の解説は「**LECTURE 1** 医学部の小論文に取り組む前に」を参照。

医学部の小論文に取り組む前に

医学部入試で小論文が課される理由とは？　どのような問題が出題されるのか？　出題に隠された大学の意図を知ることが合格への近道だ。必読の入門講義。

 医学部入試で小論文が課される理由

医学部入試ではなぜ小論文が課されるのだろうか？　一言でいえば，"文は人なり"。受験生の姿勢や能力がてきめんに現れるのが小論文だからである。まず見られるのは，誤字・脱字がないか，段落の冒頭は１字あけているか，といった形式面だ。できて当たり前の話のようだが，こうしたルールを守れない人は，手術・投薬といった人の生命にかかわる医療の場面できちんと行動できるのかという問題につながりかねない。さらに，内容面では，学力試験でははかれないもの，人間のあるべき姿や妥当な医師像について，ビジョンをもっているかが問われる。つまりは，将来医師になる者としての適性がはかられるということだ。大学側は，若い人に対して，常識がないのでは，コミュニケーション能力に欠けるのでは，といった危機感を抱いている。小論文を課すことで，受験生の「人間」を見ているのだ。受験生がこれまでにどういった人生を送ってきて，目標のためにどのような努力をしたのかが自然に表れるのが，小論文である。医学部入試における小論文の重要性は，今後も変わらないだろう。

 出題形式に見る大学の意図

医学部で出題される小論文には，日本語によるオーソドックスな問題のほかに，英語によるもの，理科系の総合問題に近いものがあるが，本書で主に扱うのは出題の多くを占める日本語による小論文である。その出題形式は，大きく課題文読解型，テーマ提示型，資料分析型に分けられる。それぞれの形式で受験生に求められるものを見ていこう。

●○○課題文読解型
――課題文をもとに，内容の読解や，内容に関連した意見論述を求める問題

国公立大・私立大を問わず頻出の課題文読解型では，第一に要約力が求められる。つまり，課題文の論旨をつかむ力，中心命題をつかんで抽出する力である。たとえば，著者に賛成もしくは反対の意見論述が求められる場合は，著者が述べている主張を明確につかんだうえで，その論理構造のどこを補強すれば著者に共感を示すことになる

のか，どこをつけば反論が可能かを見抜く力が問われているわけだ。この要約力は，**患者とのコミュニケーション能力**にも大きく関係している。患者が訴えるさまざまな症状のなかから，何が重要かを判断して対応することが医師には求められるからである。

　加えて，解答を説得力のある文章に**まとめる力**が必要である。これはリーダーシップをとる人間に必要な能力ともいえ，小論文のどの出題形式にも当てはまる。

●◑○テーマ提示型
——語句や短文で提示したテーマについて，自由に論述を求める問題

　私立大に多いテーマ提示型でかられているのは，**情報収集力と知識欲**だ。時事問題がしばしば出題されるのはそのためである。たとえば，日本でも研究が進んでいるがんの「ウイルス療法」について，どれくらいのことを知っているだろうか？　こうした社会の動きをとらえて，医療人を目指す者としてどう考えるかが問われる。医師は，あらゆる手段で情報を収集して，患者のために最大限できることを探らなければいけない。そのようなアンテナの敏感な人でなければいけない。専門的には，これを医師の研鑽義務という。また，テーマ提示型では自由に論述しうるといっても，その範囲には制限がつく。出題者が想定しているだろう解答の方向性を軸に，自分なりの思考を論理的に展開することが重要である。

●◑○資料分析型
——グラフや表などの資料をもとに，データの読み取りを求める問題

　資料分析型で必要なのは，**データ解析能力**である。数値とデータから，何が読み取れるかを短く明確に述べなければいけない。このデータ解析能力の背後にあるものとしては，**推理能力とまとめる力**が挙げられる。推理能力は，患者が訴える症状から，患者の心身がどのような状態にあるのかを推し量る力につながる。

　以前，あるベテラン医師に話を聞いたところ，心電図が読み取れない若手医師も多いという。医師になれば，医療統計のデータを扱う必要も出てくる。グラフの解析，データをどう読み取るのかということは，実際の医師の仕事においても非常に重要な要素なのだ。

医学部の小論文で扱われるテーマ

　近年の医学部小論文で出題されているテーマを解剖してみよう。医学部入試全体で頻出といえるのが，医師と患者とのコミュニケーションにかかわる「医師—患者関係」，医療と社会の問題を考えさせる「超高齢社会と医療」，さらに，現代の日本社会の諸問題を取り上げた「現代社会」である。前者2テーマは，医師を目指す人であれば，現代の医療が直面するこうした課題を知り，考えをめぐらせておいてほしいという大学からのメッセージだろう。後者の「現代社会」の出題数の多さは一見意外なようだが，人の命にかかわる社会的責任の大きい仕事なのだから，社会の現状と今後のあり方に目を向けることも当然求められるのである。

　一方，国公立大の特徴としては，「医学」や「先端医療」の出題が多く，医学の専門的な話題が取り上げられやすい。医学・医療に興味をもっていて，ちゃんと反応しているかを見ているのだ。それに対し，私立大では，医師のあるべき姿を問う「医師」のほか，「人生」「人間」などの出題が多い。受験生の志望意欲や倫理観，人間性を見ようとする大学側の意向が読み取れよう。

　本書では，以上のような出題傾向に鑑み，出題頻度が高いだけでなく，知識がなければ太刀打ちできない重要テーマを厳選して収載した。これらのテーマは，医学部小論文を攻略するために必須といえるものである。医学・医療に関する基本的なテーマはもちろん，「ボランティアと福祉」「格差社会／食の安全」のように一般的なテーマも取り上げている。

 ## 医学部特有の問題

　医学部小論文では，意外なテーマで思考力を試す問題が出題されることにも注意したい。実際の問題を見てほしい。

> 　あなたが日曜日にうちでゆっくりとしていると，アフリカの難民を救う会のNGOの人が2人訪ねて来ました。「1カ月に2万円の寄付をしてもらえれば，綺麗な水を提供して1年に1000人の子供が命を落とすのを助けることができます。寄付をお願いします」と頼んできました。ちなみにあなたは資格を取るために夜間の専門学校に通っていてそれに1万5千円の費用がかかっています。アルバイトで生計を立てていて1カ月の収入は16万円です。NGOの人達への答えを500字以上600字以内で書いてください。　　　　　　　　　　　　　（愛知医科大学）

　寄付をしてアフリカの子供を助ける，と書くのは一つの答えなのだが，短絡的であって優秀な答えではない，というのが私の考えだ。問題文によると，現在の自分は経済的に余裕のない状態である。早急に動くよりも，いま自分に課せられたことは何か

と考えてみてほしい。すると，専門学校で学んだ知識を活用し，将来働くことで人助けすることもできると思い至るのではないか。つまり将来の自分が助けるという発想である。ここでは，対立する利益を比較して適切な解決案を導く**利益衡 量という医師に必要な考え方**が試されている。意外性のあるテーマを課すことで，医師としての資質・適性にかかわる実践的な能力の有無をはかっているわけだ。

小論文の作成法と対策

　適切なプロセスを踏めば必ず書ける！　長年にわたり医学部受験生を指導してきた著者が明かす小論文の作成法，やっておくと差がつく学習法を紹介。

小論文とはどのような文章か

　小論文とは何かを考える際に重要なのは，<u>作文との違い</u>である。作文ではただ自身の感想を述べればよいが，小論文はそうではない。すでにある事実や与えられた課題文をもとに，自らの判断や思考を述べるのが小論文の特質なのである。したがって，口語的・文学的な表現は極力避け，自分のもつ知識をベースに，論理的思考を駆使して記述することが重要である。

小論文作成の秘訣

　ここで一ついわなければならないことは，思いつくままにいきなり書いてはいけないということだ。それは小論文ではない。ただつらつら書くのではなくて，論理的な構造を決めたうえで書いていく。それは，<u>出題者の意図が理解できていて，その問いにきちんと答えているということ</u>につながる。

　小論文作成法を具体的に説明しよう。課題文の<u>中心命題（著者が最もいいたいこと）</u>を抽出して，解答の設計図をつくるのだ。

　中心命題を抽出するには，まず，課題文中に繰り返し出てくる文章，語句に着眼して印をつけていく。そのとき，論を補強するための具体例は除き，抽象化された部分を拾うようにする。次に，印をつけた箇所をもとに各段落の要約をつくり，より重要なものを有機的に結びつけて最終的な要約をつくる。これは基本的な方法で，実力が上がってきたらこうした作業を適宜省略してもよい。

　設計図については，はじめのうちは，中心命題を書き出し，解答に必要な要素（①〜⑤）を順に列挙していく形で，メモ書きをするとよい。基本的な要素には「意見」「根拠（理由）」「例示」などがあるが，常に決まった要素を入れればよいというわけではなく，設問の要求や制限字数によって取捨選択すべきである。慣れてきたら，頭のなかで要素を組み立てられるようになる人もいるだろう。

▶▷▷ 解答の設計図

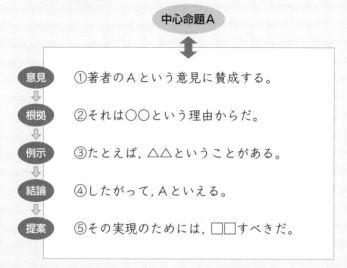

中心命題A

意見	①著者のAという意見に賛成する。
根拠	②それは○○という理由からだ。
例示	③たとえば，△△ということがある。
結論	④したがって，Aといえる。
提案	⑤その実現のためには，□□すべきだ。

　設計図の要素が大まかに決まったら，それらの要素のうち，どれを重視するかを判断する。たとえば5つの要素がある場合，どれも平均的に論じることは得策ではない。これでは，読み手に主張が鋭く伝わらず，ぼやけた内容になってしまう。5つの要素であれば，せいぜい2，3の要素に重点を置き，文字数の配分と段落構成を決めていくことになる。全体の文字数にもよるが，重点を置く要素については，独立した段落にするなどして，それぞれ20〜40%程度の文字量を振り分けたい。結果として，残りの要素は，さらに要約してまとめて論じることになろう。こうした下準備をした後，冒頭の書き出し部分から最後の1文にまで気を配って文章をまとめていく。

　何をいいたいのかが伝わらない答案は避けたい。たとえば，中心命題が明確に抽出できていない，複数の意味にとれるように書かれている，というような小論文は妥当ではない。なぜそれがいえるのかがわからない，文と文の構造が密接でない，などの文章も不適当である。さらに，誰もが述べていることばかりを書き連ねているものも評価は低いだろう。奇抜なことをいう必要はないが，<u>自らの頭で考え，テーマに積極的に取り組む姿勢が欲しい</u>。

効果的な学習法

日頃の学習で大切なのは，<u>医療に関するわかりやすい新書などを，年に２，３冊でもよいので，読み込んでみる</u>ことである。それは知識を得るためだけではない。論理的な文章に触れる機会をもつということが非常に重要なのだ。気に入った文章を原稿用紙に書き写してみてもよい。

要約力に関しては，本書に掲載されている問題の課題文を時間を計って読み，200字程度に要約してみることをおすすめする。要約の仕方がつかめないという人は，解説中に，課題文の段落や節ごとの要点をまとめた「課題文の要点」があるので，まずはそれを参考にしてもよい。これも日頃の練習の有無がものをいう。

さらに，非常に重要なのは，<u>本書の解答例がどのような文章構造になっているのかを分析してみる</u>ということだ。段落ごとに，何について書かれているのか。それを各１，２行で要約するうちに，どのような構造で文章の流れをつくるべきなのか，というのがわかってくるはずだ。それがまさに小論文の設計図なのである。ぜひ取り組んでみてほしい。

 医師を目指す人へ―― 小論文を学ぶ意味

最後に，小論文を学ぶ意味について述べておきたい。もちろん，数学・英語などはできることが望ましいが，<u>小論文こそ実際に医師の仕事についたときに役立つ</u>ともいえる。医師になれば，カルテに端的に記述をする，医学論文を書く，チームで研究発表する，などの機会がある。そのような際，小論文学習で身につけた論理性は武器となる。さらに，医療を通じて人とどうかかわるべきか，医学・医療の目的とは何なのか，といった根本的なことは，医学部に入ってからゆっくり学ぼうと思っても，十分な時間はとれないだろう。受験勉強の過程で，１日に10分でも20分でも時間を見つけ，本書を利用して真正面から小論文対策に取り組んでもらいたい。

本書の特長

　本書は，厳選した頻出の 14 テーマで構成されている。各テーマは，著者が書き下ろした視点解説と，そのテーマにかかわる入試問題および解説・解答例からなる。まずは視点解説に目を通してテーマを理解してから，入試問題に挑戦する，というのが本書の基本的な使い方となる。入試レベルの論述力養成に必要不可欠な 2 つのステップ——関連知識のインプットと入試問題を使った実戦演習——が，この一冊で効果的に行える。

▶▷▷ 視点解説

　頻出 14 テーマに切り込むための「視点」——そのテーマで何が問題になっているのか，問題の背景は何か，考えうる解決策など——を簡潔にわかりやすく解説している。これらの知識があれば，論述の際に，問題の核心をつかみ，どう意見を組み立てるべきかがわかる。

　視点解説を読む際は，以下の目印に着目し，十分に活用してほしい。

Q **必須キーワード**	各テーマを理解するために，ぜひ知っておくべき基本的なキーワード。視点解説を読む前に必ず目を通しておこう。
Q **出題傾向**	過去問の徹底分析をもとにした，テーマごとの出題傾向をまとめている。
✔ <u>患者の意思は…</u>	視点解説中の最重要ポイントを示した「チェック」。解答にそのまま使用できるものばかりなので，丸ごと覚えてほしい。
(⇨ 2 医師の適性)	「2 医師の適性」に関連する話題があることを示す。そのテーマもあわせて読んでいくと，知識の体系化に役立つ。

▶▷▷ 問題

　入試問題から，受験生にぜひ取り組んでほしい良問を選定した。問題を解くことで頻出テーマへの理解が深まるだけでなく，さまざまな出題形式に当たって実戦力を磨くことができる。

　なお，小論文では，「設問で何が問われているのか？」を読み誤らないことが肝心である。そこで解説では，設問の「要求」と設定された「条件」を改めて明示した。解答に至るプロセスを重視し，どのように論述の方針を立てるべきか，解答例はどのようになるのか，を一目で確認できるようレイアウトを工夫している。

目的別活用法

●●○ 視点解説×問題で完璧に仕上げる！
── 「一から学習して入試本番で通用する実力をつけたい」人へ

　まずは，視点解説を読み込んで論述の下地をつくる。その際のポイントは2つ。

> ①解説中の青字のキーワードは自分で説明できるようにしておく。
> ②「チェック」は，視点解説の見出しを見ただけですぐに思い浮かべられるくら
> 　いに，繰り返し読んで自分のものにする。

　視点解説を読んだ後，すぐにそのテーマの問題に移ってもよいが，特に「医学部の
最重要テーマ」ではテーマ同士が互いに関連しているので，一度視点解説を通して読
んだほうが理解は深まる。
　その次に，問題に取り組む。演習を効果的に行うポイントは3つ。

> ①頻出テーマやキーワードが実際にどのような形で出題されるのかを確かめる。
> ②視点解説で得た知識を使いながら，自分なりの解答を作成する。
> ③書いた解答は，本書の解答例と見比べてみて，添削のうえ中身を練り直す。

　こうした地道な努力を積んでいけば，実力は後から必ずついてくる。

●●○ 視点解説を中心に関連知識を強化する！
── 「小論文は得意なほうだが，解答の中身をもっと充実させたい」「テーマによっ
　　て論述の出来に差がある」人へ

　上記の要領で，視点解説に目を通す。苦手なテーマがわかっている人は，そのテー
マに重点的に取り組んでもよい。問題の課題文にもテーマへの重要な視点が詰まって
いるので，目次から課題文読解型の問題をピックアップして読んでみると，知識の一
層の充実が期待できる。

●●○ 問題を中心に実戦演習を積んで自信をつける！
── 「関連知識は一通り押さえているが，解答をまとめられない」人へ

　問題を使って演習あるのみだ。ただし，事前に視点解説中のキーワードや「チェッ
ク」だけでもさらい，知識を整理しておくとなおよいだろう。演習では，上記のポイ
ントを参考に取り組んでみる。どうしても書けない場合は，解説を読んでから再度挑
戦してみる。身近な先生の添削を受けてみることも，レベルアップに効果的だ。

医学部の
最重要テーマ

　ここでは，頻度・重要度がともに高い9テーマを取り上げる。最頻出の「医師―患者関係」をはじめ，近年出題が増加している「超高齢社会と医療」など，一つとしてはずせないテーマばかりだ。テーマ同士の関連も意識しながら，しっかり押さえていこう。

医師—患者関係

1

　近年，患者中心の医療という考え方が定着してきた。医師は，患者の健康を建設・回復する使命をもつが，最終的に医師の治療を受けるか否かの決定権は，あくまで患者にあるという考えが次第に浸透しつつある。同時に，医師の考えと患者の意思に齟齬がある場合，さまざまな問題が生じうる。こうした現実を考察し，解決策を探ろう。

🔍 必須キーワード

□**患者の自己決定権**
　治療行為，広くは医療行為を受けるか否か，受けるとしたらどのような医療行為を選択するかを，患者が自分の意思で決定する権利のこと。

□**インフォームド・コンセント（informed consent）**
　治療に入る際に医師が患者に病状や治療法，その危険性，副作用，代替手段などについてよく説明したうえで，患者が治療方針に同意すること。インフォームド・コンセントが成立した背景には，臨床研究に際して被験者の人権を守ろうとする倫理的要請と，増大する医療訴訟を避けようとする医師側の事情があった。

□**パターナリズム（paternalism）**
　父権的温情主義。医師と患者の関係を父子関係にたとえ，専門知識をもった権威者である医師が，知識をもたない患者に対し，子を思う親のように治療方針に干渉すること。

□ **QOL（Quality of Life，生命の質）**
　延命よりも，患者本人の生き方や価値観をふまえ，日常生活の満足度を高めることに重きを置く考え方。「生活の質」とも訳される。

🔍 出題傾向

　国公立大・私立大を問わず，出題頻度は高い。臨床場面で起こった問題などを題材に，医師—患者関係のあり方を問う問題のほか，医療の場面に限らず，人と人とのコミュニケーションや，日本的コミュニケーションの特質を問う問題も見られる。「患者の要望に正しく応える」という能力は，医業を遂行するうえで大前提となる能力であり，医学部の出題者もこのテーマを重要視していると考えられる。

視点❶　患者の自己決定権

　今日の医療では，患者の自己決定権を尊重することは当然の理である。医師が患者にとって最善の方針を決め，患者がそれに従うというこれまでの医療のあり方は，パターナリズムとして否定的にとらえられるようになった。

　患者自身の判断を助けるために必要な情報を開示し，患者の意思に基づく同意を得るインフォームド・コンセントも，患者の自己決定権を尊重し，現実化するための手段ということができるだろう。ここに存在するのは，患者の「意思決定」が患者の「生命」に匹敵するほど重要な価値があるという考え方である。

　ただ，いかに自己決定権が重要といっても，どこまで尊重すればよいか，その線引きが問題となりうる。それは，

✓ 患者の意思は常に医学的に合理的であるとは限らず，専門家である医師の判断と衝突する場合がある

からである。

●◐○ 必要な治療を患者が拒否したら？

　明らかに必要な治療であるにもかかわらず，患者がそれを望まず，治療を拒否するような場合，医師は患者の意思を尊重して治療を諦めるべきなのだろうか。

　この問題について，ドイツではすでに19世紀末から患者の自己決定権を重視し，たとえ合理的かつ必要な治療行為であっても，患者の意思に反して行ってはならないとする考え方が定着している。

　たとえば，1893年にハンブルクの病院では次のような事例が起きている。

　当時7歳の女児を外科医師が診察したところ，左足首の骨が結核性の膿瘍に侵されていることがわかった。放置すれば膿瘍が進行するのは明らかであり，左脚全部を切断することになりかねない。医師は一刻も早い手術の必要があると判断した。

　ところが，女児の父親は「子供に障害を負わせるようないかなる危険な手術も望まない」と手術を拒絶した。その後，医師が繰り返し説得したので一度は手術に同意したものの，手術予定日の前日になって，父親は再度拒絶の意思を示した。

　しかし，医師は予定通りに女児の足首の骨の切除手術を実施してしまう。ところが手術は成功せず，膿瘍の広がりを阻止できなかった。そこで数日後には別の医師が女児の左足首から下を切断する手術に踏み切った。この手術により，悪い症状は再度現れることはなく，結果として，女児は健康を回復した。

　この事例においては，医師らが行ったのは医学的な準則に沿った，合理的かつ必要

な治療行為である。また，治療の結果女児は左足を喪失したものの，健康を回復している。つまり治療は成功したのである。だとすれば，医師の行動は正しかったのであり，父親の承諾を欠いたことは大した問題ではない，という考え方もできないではないだろう。実際，当時の議論のなかでは，そのように医師たちを弁護する意見もあったのである。

しかし，結果的には，女児の手術を断行した医師は裁判にかけられ，傷害罪に問われることになった。患者の同意（この事例では未成年なので，保護者である父親の同意）がない以上は，医学的に正しく，必要性のある手術であろうとも「傷害」にあたる，というのが，当時のドイツの司法が示した結論であった。

ドイツではその後も，手術を拒否する腸閉塞患者を騙して麻酔で眠らせ，手術を強行した医師が傷害罪に問われるなど，患者の意思に反する治療行為を厳しく断罪する伝統が蓄積されていく。患者の自己決定権をあくまでも重視する立場である。

これに対して，日本では，患者の同意を得ない治療行為が傷害罪にあたるという判断は今のところはなされていない。同様の事例が日本で起きたとしても，医師が刑事責任を問われることは，少なくともこれまではなかったのである。

しかし，民事事件では，すでに患者の自己決定権重視の方向へ舵が切られていることには注意が必要である。たとえば次のような事例がある。

> 患者の同意を得て乳がん※1の手術を開始したところ，もともと切除を予定していた右乳房のみならず，左乳房にも将来がんに変化しそうな症状があることが判明した。そのため，医師が独断で左の乳腺もすべて切除してしまった。

この事例では，担当した医師とその上司は損害賠償を命じられている。

患者の意思決定を重視する考え方が今後さらに浸透し，民事訴訟での扱いが刑事訴訟にも影響を与えるとすれば，いずれ日本でも患者の意思に反する治療行為が傷害罪に問われるようになることは避けられないであろう。

その意味では，

✓ **これからの医師には患者の自己決定権をより一層尊重する姿勢が要求されよう。**
ポイントは，施行する治療行為が医学的に正しかろうと，その必要性が高かろうと，さらにいえば患者の生命を救うためには一刻も早い治療が不可欠な場合であろうと，患者の意思に反した治療がただちに正当化されるわけではないということである。現に，上述のドイツの腸閉塞事例では，手術以外に患者を救う手段がなかったにもかかわらず，医師は傷害罪に問われている。

✓ **患者の自己決定権を侵害しないためには，必要な治療を患者が拒否する場合，医師は粘り強く処置の合理性を説明し，説得の努力を重ねるしかない**
のである。

●◐◯不合理な治療を患者が希望したら？

　なお，患者の自己決定権をどこまで尊重すればよいかが問題となるのは，必要な治療を患者が拒否する場合だけではない。明らかに医学的に不合理な処置を患者が希望するという場合もありうる。

　その場合でも，あくまでも患者の自己決定権を重視して言う通りに手術をせよというのはどう見ても行き過ぎであろう。

✓ 医師の使命は患者の健康の建設であるという根本にさかのぼって考えれば，患者の自己決定権といえども一定の制約を受けざるを得ない

という点だけは指摘しておきたい。

視点❷　インフォームド・コンセントの本質

　インフォームド・コンセントは，広く一般に浸透した言葉であり，特に医学部志望者であればこの言葉の意味を知らないということはないだろう。ただ，インフォームド・コンセントの本当の意義を理解できている人は意外に少ないのではないか。

　インフォームド・コンセントの本質を考える素材として，次の事例がある。

> 　女性患者の帝王切開の手術を始めたところ，胎盤を剝がした箇所などから出血が続いた。医師は患者の同意を得ず，夫の同意のみで患者の子宮を摘出した。

　この事例では，「本人の同意を得ていない」という一点のみで，直ちに医師は非難されてしかるべきと考える人も多いかもしれない。しかし，そのような考えは短絡的である。事情を精査すると，医師の行動には合理的な理由がいくつもある場合も多い。

　まず，以前の検診で患者には子宮筋腫が見つかっていた。また，帝王切開の手術に同意する際，患者が「なるべく輸血はしないでほしい」と希望していた点も重要である。子宮筋腫を放置すればさらなる出血が予想されたが，筋腫部分だけの切除も大量の出血を伴い，患者が希望しない輸血を強いられる可能性が高かった。

　医師はこうした事情をふまえ，さらに患者はすでに健康な子を産んでいることも考えたうえで，子宮を摘出すべきと判断した。そして，患者の夫（同じ病院で働く医師でもある）に事情を説明し，同意を得たうえで，当初の予定になかった子宮摘出手術に踏み切ったのである。

　ところが，結果的には，医師の行為は非難を浴びることになった。患者の訴えによって裁判にもなり，慰謝料の支払いを命じられている。正確なインフォームド・コンセントを怠った，と評価されたわけである。

　医師の判断は，決して患者を軽視したものではない。患者の安全や，輸血したくないという意思などを慎重に考慮し，親族の同意を得たうえで，医学上の根拠と信念に

基づいて行動していることはわかるだろう。

では，どこに不備があったのか。それはインフォームド・コンセントの本質を考えれば自ずと明らかである。

✓ **インフォームド・コンセントは，これまでの医師中心の医療を改め，患者中心の医療を実現するための手段である。**

つまり，患者の自己決定権を具体化するためのプロセスなのである。そのプロセスから患者本人（未成年者のように判断力が十分でない場合は親などが代理人）が閉め出されることはあってはならない。子宮全摘出のように重要な判断ならなおさらであろう。

✓ **いかに医療者が真摯に患者のことを考えようと，患者自身が意思決定に参加しなくてはインフォームド・コンセントは成り立たない。**

この鉄則は改めて銘記しておく必要があろう。

視点❸ がん告知の是非

がん告知について，現在の医療界では「概ねどのようなケースでも，患者本人に告知する」という考え方が定着しつつある。かつては，患者のショックを慮（おもんぱか）って告知を避けるべきという立場が主流であったことを考えると，隔世の感がある。

これは1983年の事例であるが，胆のうがんを告知しなかった医師が責任を問われる事件が起きている。がん告知に関する考え方の変化を知るうえでは極めて興味深い。

ある女性患者が病院で検査を受け，担当した医師は胆のう進行がんではないか，という強い疑いをもった。しかし，胆のうがんは一般に予後※2が悪く，告知は大きな精神的打撃を与えるであろうことを考慮し，とりあえず医師は告知を避け，患者に「重度の胆石症なので，早急に手術が必要である」と説明し入院をすすめた。入院させて精密検査をし，がんだと確定すれば家族にさりげなく告知しようと考えたのである。ところが，患者は医師のすすめに従わず，予定していた海外旅行に出て入院を延期した。帰国後も来院せず，診療も受けなかった。結局，その後に病状が悪化して別の病院に入院し，胆のうがんと診断されて亡くなってしまった。

この事件で，患者の家族は，患者が亡くなったのは医師が胆のうがんを疑いながら本人に説明しなかったからだ，と医師を訴えている。しかし，結局医師の責任は否定された。1983年当時においては，患者に与えるショックを考慮してがんの疑いを告げないことや，がんに比べて軽い胆石症であると説明して入院をすすめるというやり方は，やむを得なかったと判断されたのである。

　現在の医療界の常識で考えれば，患者に真の病名を告げず，別の病気を理由にして入院をすすめている時点で，インフォームド・コンセントの観点から大いに問題あり，ということになるであろう。本人へのがん告知を原則とする方針への転換には，いくつかの要因があるが，インフォームド・コンセントの浸透はやはり見過ごせない。

✓　患者の自己決定権の尊重，患者中心の医療への転換の一環として，がん告知も広がった。

　こうした理念に加えて，実質的な要因もある。一つは，

✓　患者自身が病状を正確に把握して治療に主体的に参加すれば治癒の可能性が高まるということである。

　もう一つは，回復の見込みのない末期がん患者の場合であるが，

✓　告知により，明確に余命宣告することで，残された人生を最大限活用できるということである。患者は，重要な仕事を抱えていて身体が動くうちに引継ぎを行う必要があるかもしれない。命のあるうちに行ってみたい土地，会っておきたい人がいるかもしれない。また，**終末期**（⇨9 超高齢社会と医療）は治療を受けず，ホスピスで緩和ケアを受けながら静かに死を待ちたいという信条の持ち主かもしれない。しかし，告知によって深刻なダメージを受ける患者もいるだろう。大切なことは，告知によって患者の QOL（生命の質）を高めることができるように，医療の態勢を整備することである。患者・家族への精神的・社会的援助を含む総合的なケアを行うシステムの構築が欠かせない。

※1　**がん**
　　遺伝子異常が起きた細胞が無制限に増殖してできる悪性腫瘍の総称。悪性新生物ともいわれる。遺伝子異常を引き起こす外的要因としては，喫煙やバランスの悪い食事といった生活習慣のほか，細菌やウイルスの感染などが指摘されている。なお，がんの潜伏期は 10 年から 30 年と長く，慢性の病気といえる。
※2　**予後**
　　手術や病気の治癒後の経過。医学的には，病気の経過や結末についての見通しを指す。

1 患者と医師のコミュニケーション 課題文

鹿児島大学（医学部医学科）　　　　　　　　　　　　　目標 **90** 分

次の文章を読み，設問に答えなさい。

患者と医師の間に流れる大きな河

　近年になって，患者―医師関係は大きな変革期を迎えようとしている。医師がもつべき技術として面接技術の重要性が盛んにいわれるようになってきており，医療面接やコミュニケーションに関する書籍もここ数年，数多く出版されてきている。また，医学部のカリキュラムにもコミュニケーション技法に関するプログラムが組まれるようになってきており，現在では実技の単位取得のための項目にも組み込まれている。これも時代の流れを示すものの一つであろう。

　患者―医師間のコミュニケーションの必要性が高まってきた背景としては，さまざまな要素が考えられる。第一には，患者―医師関係の力学が変化してきたことであろう。今までのように，医療行為がブラックボックスのまま，医師の裁量のみに依存して行われることの不適切性が指摘されはじめ，医療を受ける主体である患者の権利を守るための動きが活発になってきている。さらに，昨今の相次ぐ医療事故報道や医事紛争の増加にみられるように，医師の独善のみで医療が行われることによる弊害が表ざたになってきており，医療提供に関するインフォームド・コンセントの重要性を患者側も医療者側も意識するような状況になってきている。それによって，パターナリスティックな関係にあった患者―医師間の関係が見直されつつあることは重視すべきことであろう。

　第二には，疾患分布が感染症などの急性疾患から慢性疾患へ移行してきたことや，医療技術の進歩に伴って出てきた新たな倫理的要素を大きく加味すべき問題（たとえば延命治療に関する意思決定など）が医療の世界に現実味を帯びて大きくなってきたことである。それにより，患者―医師の関係が一時的な関係からより継続的な関係に変化し，患者―医師のなかで医学的な要素以外の情報交換がより必要性を高めてきているのだ。慢性疾患を中心とした医療サービスにおいては，生活習慣・予防・スクリーニング・合併症・身体と心のバランス・問題点の大きさの順番づけなど，医療を受ける側と提供する側とでの相互理解が非常に重要となる場面が多くなってきている。良好なコミュニケーションがとられることで初めてこれらの相互理解が得られ，質の高い医療提供が実現されるのだ。

　第三には，EBM（出題者注）に代表されるような医学的な情報のマネジメントが

医師側で発達してきたことにある。EBMが臨床に与えたインパクトの一つには，根拠をもって有効であり害がないと判断される医療行為を，現場の判断において臨床医がある程度明確に分類できるようになったことがある。もう一方では，どんなに有効性が高い医療行為ですら，患者にとって絶対に利益だけが生まれるというものはなく，医療行為の善し悪しを判断する際には，医学的な有効性について患者―医師間で常に意見交換が必要であることが，あらためて医師側で認識されてきたことにある（そんなことはもともと患者側にとっては常識だったのかもしれない）。医学的事実が明確になり，一つの医療介入に関する有効性や不確かさを数字で表しうるようになってくれば，今度は医学的な事実に対して患者と医師がどのような価値観でその事実をみていくかが，次のステップとして大きな課題となってくるのだ。

　そのような意識の変化がある一方で，いまだ「医師は患者の気持ちをわかっていない」「傲慢な医師のふるまいに泣かされる患者」というような意見は減ることはない。そう，医師はいまだにやはり，慈悲深いかもしれないが傲慢であり，やさしいかもしれないが押しつけがましい存在のままである。「患者と医師の間には大きくて深い河が流れている」としばしば形容される。医師に良心があるないにかかわらず，患者側と医師側とでは，その世界に大きな隔たりがある。その世界のギャップの大きさゆえ，お互いが問題にしているもの，お互いが望んでいるものについてすれ違いが起こり，それが質の高い医療の提供や，望ましい患者―医師関係に対する大きな障害になっていることは否定しがたいのである。

愛する人とのすれ違い

　医師の傲慢さを批判する一つの視点として，「医療がサービス業であることをもっと医師は認識すべきである。サービス業者として，患者に対し顧客意識をもつべきである」という意見が聞かれる。確かに，この意見はある面においてはまったく正しい。患者の意向を重視し，安全で満足される医療提供をいかに行うかは，とくに医師にとっては今後もっと真剣に考えなくてはならない課題であろう。

　多くの良心的な医師は「患者が満足する医療＝よい医療」という図式に純粋に賛成することもできない。医学的に正しい医療の多くを患者は満足して受け入れることはできないし，しばしば医学的に妥当でない，もしくは間違っている医療サービスを患者は医師に求める。そのなかで，患者を正しい医療プロセスに導くべく，医師は適切と思われる場面でイニシアチブをとり，医療行為の有効性，もしくはその無益さについて患者に理解してもらおうと努力するであろう。私たち医師の多くは，お金をたくさん稼ぐためにというよりは，むしろ自分が関わる患者の健康状態を最良にするべく仕事に打ち込むべしと教えられてきた。患者の健康を第一に考えれば，必ず患者は自分たちに感謝してくれるであろうと，私も含めて教えられてきた。その態度はさなが

ら神が人を思う愛情，親が子を思う愛情にも似ているといえるであろう。医師が神のように尊敬されていた時代では，その愛情はすれ違うことはなかったであろう。

　しかしながら，医師は当たり前のことだが神でもなければ親でもない。人間同士の愛情は，ただお互いが深く愛そうとするだけではすれ違うものだ。この世の多くの，「ストーカー」と呼ばれている人々のほとんどが，その対象に真剣な愛情を降り注いでいることと同じように。愛情はお互いの違いについて理解しようとすること，その違いを許容すること，そして，対象となる相手からみた場合の自分の考え，自分の振る舞いについて自覚的になることで初めて交通するもののようだ。

　より質の高いケアを提供するために，より円滑な患者─医師関係を築くために，医師は，個々の患者がもつ気持ちを理解したいと願う。最近注目されている「解釈モデル（著者注）へのアプローチ」や「患者中心の医療」は，このような視点から展開されているものといってよいであろう。もちろん個人と個人の関係のなかでお互いがわかり合うことは大切だが，患者と医師の関係は，個人対個人という関係の後ろに，「患者」という集団と「医師」という集団の相違を背景としてもっている。一般的に，「女心」や「男のエゴ」が存在するように，「患者の気持ち」や「医師のエゴ」も一種の雛形として存在するのだ。女性と男性のコミュニケーションと同じく，患者と医師の交わりは「異文化コミュニケーション」と考えるべきであろう。

異文化コミュニケーションとしての患者─医師関係

　医師に限らず，あらゆる専門職は共通の独特な考え方や行動様式，すなわち文化を共有している。さらに，ホテルマンや銀行員など，人と接することを仕事の中心としている職業（いわゆるサービス業）についている職種の人間は，自分たちの文化と顧客がもつ文化のギャップを少なからず感じているはずである。それでは，ほかの多くの職種の人間が，その顧客と交わる時のコミュニケーションと，患者─医師間でのコミュニケーションにはどのような違いがあるのだろうか？

　第一には，そうであるべきか否かは別として，医師という職業が，一般的なイメージとしてのサービス業，すなわち顧客が自覚する要望にどれだけ十分に対応し，顧客の満足度を高め，顧客のサービス利用をより促進するかを第一目標とするタイプの職種とは少々合致しない性質をもっていることがある。顧客が自覚している要望に応えると同時に，顧客が自覚していない必要性にもより目を向ける必要があるのだ。そして，その両者はしばしば相反するものであることもあるため，コミュニケーションはより複雑なものになる。病気にならないための予防的介入などはその特徴的な例であろう。（中略）

　第二には，前者にも関連することだが，サービスの提供という意味において，医師は自ら提供するサービスについて，金銭に関する交渉をほとんど行わなくてよいほど，

大きくまかされているという点である。とくに，わが国のような皆保険制度を採用している国においてはその傾向が強いであろう。サービス業のなかでも，顧客の意向も加味しながら，プロとしてよりよい推奨を与えることによって顧客のためになっていることは多い。美容師やソムリエなども，自分の専門性のなかでイニシアチブをとることを顧客からは期待されている。しかしながら，やはりほかのサービス職と医師では，重要な意思決定の際の裁量に関する期待度の大きさが違う。それは同時に，患者がもつべき権利，耳を傾けるべき患者側の意見について医師側が鈍感になりがちとなる危険も備えているのだ。

第三には，医師という職業が，歴史的に社会的なステータスが高い存在として認知されてきた事実があり，現在も，変化はみられるものの通常のサービス業にみるような顧客関係としては特殊であるという点である。疑問や注文を顧客である患者があれこれいうことは，従来一般的ではなかった。そのため，患者側からみた医師の独善的な考え方や両者の関係の破綻（はたん）に対して，相手から直接批判を受ける機会がほかの職種に比べて少なく，自らの意見と患者の意向との乖離（かいり）について，顧みることに意識的でなかったということが考えられるであろう。

最後の相違点は，両者におけるコミュニケーションの破綻は，しばしば重大な不幸をつくりだすということである。医師と患者との関係に破綻が生じた場合，「気に入らないから次をあたる」ということでは簡単にはすまない。その間に病気は進行してしまうかもしれないし，同じ検査を別の医療機関で行うことは身体的にも金銭的にも大きな負担がかかる。患者は，その場合，コミュニケーションに破綻を感じたまま泣き寝入りするしかないことも少なくない。

医師の論理を患者は受け入れてくれているのか？

前記のような特徴のため，患者と医師のコミュニケーションは，一般的なサービス提供者と顧客との関係とは少し離れた位置に存在する。しかしながら，そのなかでよりよいケア提供が行われ，患者の健康保持がより高いレベルで行われ，医師にとっても医療という仕事により幸せを感じることができれば，それに越したことはないであろう。そのためには，医師側からみれば，より相手を個人として理解し，同時に自分の考えを相手に理解してもらうことが大切になる。

適切な医療を提供する際に，患者の意向，患者個人がもつそれぞれの物語を読み解き，患者と気持ちを共有することは確かに大切なことであろう。患者が主体的に抱えている問題点に対して，健康という共通意識のもとに，医師がその問題点やそれに対する考え方を共有することはこれからの医療にとっては大きな命題である。しかし同時に，相手の考えや気持ちを，外来での短いコミュニケーションのなかで理解することは，はなはだ難しい。社会学的な観点からもいわれているように，患者は医師と接

する際，無意識のうちにある特定の態度や考えをもつといわれており，その意味では「患者」という一般名詞のなかに一つの文化のようなものが確かに存在するのかもしれない。そのなかには患者一般がもつ共通の論理があり，それらを理解することは医師にとって大切なことであろう。ただ，患者団体として集会に出るような特殊な場合を除いて，私たちがふだん出会う患者は，健康に対する何らかの問題点を抱えているという点以外においては，ごく一般的な生活者である。

　その点をふまえると，患者―医師間のコミュニケーションに何らかのズレが生じた時，そのズレの原因の本質は，一般的な立場である患者のほうにはなく，より特殊な考え方をもつ医師にあると考えたほうが自然である。ただ，われわれ医師は，一般からみた場合に非常に特殊と思われる考え方に対してあまりにも慣れてしまっているために，その特殊さについて自覚することが難しいのではないだろうか？　自分たちが考えるごく当たり前の常識が，患者にとっては日常的な考えから大きく逸脱していることも多いのではないかと私は考える。医療に関する大切な判断に対して，医療の受け手である患者と相談し，ものごとを取り決め，ケアを提供するプロセスにおいて，医師が自らの特殊性を自覚することは，患者がもつ文脈を理解することと同じように良質なケアのための重要な課題である。さらに，自らの足元を確認することは，相手を理解することよりも難しくないかもしれない。

（中略）

　コミュニケーションをする者が，互いの文脈を理解するためには，横文字の専門用語の意味だけではなく，言葉に込められている思考のプロセスこそが翻訳されなければならない。そして，最も大切なことは，医師が自分たちのどのような部分が翻訳されなければならないかということに対して気づくことであると私は考える。

（中略）

　患者と医療者の間に流れる河は深くて大きい。その河をなくすことはきわめて困難であろうし，橋をかけることすら容易なことではない。

　まずは，自分が住んでいる側の岸をもう一度見渡して，その世界がほかの世界と比較してどう変わっているか，自分たち自身が確認することから始めたいと思う。

（尾藤誠司「異文化コミュニケーションとしての患者―医師関係」，『医師アタマ―医師と患者はなぜすれ違うのか？』医学書院　より抜粋。出題に際して，原文の一部を改変し，一部の語句についてはルビを付している）

出題者注）EBM：（evidence-based medicine の略）根拠に基づいた医療のこと。
著者注）解釈モデル：患者が語る情報を，単に診断や症状としての情報ととらえるのではなく，患者を主人公とした体験として把握し，概念化すること。そこで構築した患者の表現モデルを「解釈モデル」と呼ぶ。

設問1　「患者―医師間のコミュニケーション」と「女性と男性の間のコミュニケーション」にはどのような類似点があるのか。本文も参考にして，あなたの考えを200字以内で述べなさい。

設問2　「患者―医師間のコミュニケーション」は，「ホテルマンなどの一般的サービス業についている人と顧客間のコミュニケーション」とどのように相違しているのか。本文の内容に基づき200字以内でまとめなさい。

設問3　著者は患者―医師間のコミュニケーションを「異文化コミュニケーション」と考えている。あなたはどう思うか。具体的な例をあげて500字以内で述べなさい。

POINT　著者は患者―医師間のコミュニケーションギャップを「異文化」と表現している。まずは，著者がどのような意味で「文化」という言葉を使っているのかに着眼する必要がある。それが患者と医師というそれぞれの立場による思考や行動様式の違いを表していることを理解できれば，より特殊な立場にある医師が自らを振り返ることから出発すべきとする著者の主張がつかめよう。

解　説

> **課題文の要点**　各節の要点は以下の通り。
> ❶近年，従来のパターナリスティックな患者―医師関係の見直しとともに，両者
> のコミュニケーションの必要性が意識されるようになってきた。一方で，患者
> 側と医師側の世界にはいまだ大きな隔たりがある。
> ❷医師は患者の意向を重視しなくてはならないが，「患者が満足する医療＝よい
> 医療（医学的に正しい医療）」と簡単にはいえない。異集団である患者と医師
> の交わりは，「異文化コミュニケーション」と考えるべきである。
> ❸患者―医師間のコミュニケーションは，ほかの多くのサービス業の従事者と顧
> 客との間のコミュニケーションとは異なる。
> ❹良質なケアを提供するために，医師が自らの特殊性を自覚することは，患者が
> もつ文脈を理解することと同じように重要な課題である。

設問1

要求　「患者―医師間のコミュニケーション」と「女性と男性の間のコミュニケ
ーション」にはどのような類似点があるのか，あなたの考え。
条件　本文も参考にする。

方針　まず，本文中の該当箇所を抽出する。類似点に言及しているのは，第❷節の
最終段落の後半部分である。「雛形」という言葉から，医師や患者，女性や男性の思
考や行動を規定する枠とか様式の類が存在し，その点に二つのコミュニケーションの
類似点があると著者が把握しているのが見てとれる。
　医師と患者の雛形がどういうものかについては，それぞれヒントとなる箇所がある。
第❸節の冒頭の一文「医師に限らず…」と，第❹節の第2段落，「患者は医師と接す
る際…確かに存在するのかもしれない」の部分である。ここから患者と医師に影響し，
制約する雛形，すなわち所属集団の文化がどのようなものかつかめよう。
　一方，男女の場合を具体的に述べた箇所は見当たらないから，自らの解釈で示さね
ばならない。〔解答例〕では，いわゆる「男性的」「女性的」とされる思考・行動様式
が個人に影響し，制約を加えると位置づけた。

> 　患者―医師間のコミュニケーションと，女性と男性の間のコミュニケーション
> は，個人同士の関係でありつつ，所属集団の文化に規定される点で類似している。
> 医師は医師独特の考え方や行動様式で患者に接し，患者も無意識のうちに特定の

態度や考えで医師に接する傾向がある。これは，一般に男性的または女性的とされる思考や行動が存在し，個人がその影響や制約を受けながら振る舞うのとパラレルな関係といえる。（200字以内）

設問2

要求　「患者―医師間のコミュニケーション」は，「ホテルマンなどの一般的サービス業についている人と顧客間のコミュニケーション」とどのように相違しているのか。

条件　本文の内容に基づき，まとめる。

方針　両者の相違については，第❸節で順に4点が述べられている。その内容を簡潔にまとめればよい。

一般的なサービス業とは異なり，医師は顧客である患者が自覚している要望のみならず，無自覚な必要性にも目を向けなければならない。また，医師は自ら提供するサービスについて裁量度が大きく，患者の権利に鈍感になりがちである。しかも社会的地位を背景に患者から直接批判を受ける機会が少なく，患者との意見の乖離を顧みない傾向にある。患者の健康にかかわる問題である以上，両者の関係の破綻は，重大な不幸をつくりだす。（200字以内）

設問3

要求　著者は患者―医師間のコミュニケーションを「異文化コミュニケーション」と考えているが，あなたはどう思うか。

条件　具体的な例をあげる。

方針　患者―医師間のコミュニケーションを「異文化コミュニケーション」と把握する著者の意見を是とするか否か，いずれかの立場を選択することとなる。具体例を挙げることが求められているので，まず患者と医師のコミュニケーションに問題が生じるのはどういうケースかを考えてみればよい。患者と医師の意見が一致しない，あるいは医師の説明を患者が理解できない，といった場面が想定できればよい。具体例を想定したら，その問題を解決するために患者と医師のコミュニケーションを「異文化コミュニケーション」ととらえるのが適切かどうかを考えてみる。〔解答例〕では，医師と患者の治療方針が食い違う場面を素材に，著者の意見に賛成する立場から答案を構成している。

　私は，患者と医師の交わりは「異文化コミュニケーション」と考えるべきだという著者の意見に賛成である。

　たとえば，難治性のがんの場合を考えてみよう。医師は，手術によってがんを取り除くことが可能であり，たとえわずかでも回復の見込みがあると判断すれば，患者に手術をすすめるだろう。しかし，患者が必ず手術に同意するとは限らない。この場合，医師は自らの判断の医学的な正当性を主張するだけでは，患者を納得させることはできない。

　医師は治療によって患者の健康を回復させ，命を守ることを使命としている。一方患者は，家族や社会のなかで固有の人生を送っており，病気はその生活の一部である。患者が手術をしたくないという理由は，あるいは，これまで何度も手術を繰り返した結果かもしれない。医師がそうした患者の思いや事情をよく理解するためには，特殊な立場にある自らを振り返る必要がある。それは，病状や治療に関する専門的な情報を，相手にわかりやすく翻訳して伝えようとする姿勢にもつながる。医師と患者は異なる文化をもつという自覚のうえに，互いを尊重し理解し合う努力をすることで，両者に信頼関係が生まれ，よりよい医療を実現しうると考える。（500字以内）

2 informed consent と患者中心の医療 　課題文

東京医科歯科大学（医学部医学科）　　　　　　　　　　　　　目標 60 分

次の文章を読み，後の設問に答えなさい。

　日本に informed consent が導入された時に，それは「説明と同意」のことだと説明され，「説明と同意」という意味を持つ和製英語「インフォームド・コンセント」が成立したのであった。本来の informed consent は，医療方針の決定に際しては，患者が必要な情報を持った上で同意を与えることが必要だ，ということを示す用語であった。したがって，その限りでは，①あくまでも患者が主体であり，②患者が informed という状態になるためには，通常，医師からの説明が前提条件となるが，焦点は医師の説明が適切かどうかではなく，結果として informed となったかどうかに合わせられており，③したがって，医師からの説明は患者が informed となるための要素の一つであって，すべてではない。これに対して「説明と同意」と解されたインフォームド・コンセントにおいては，①′医療者が半分主体となり（なぜなら「説明と同意」の前半部を受け持つのは医師なのだから），②′「患者が informed という状態になる」ことより，「医師が適切な説明をする」ことのほうに焦点が合わせられ（したがって，説明の後，患者が informed consent を為し得るようにする支援が度外視され），③′「説明と同意」というプロセスの大枠把握によって，「説明」される医学的情報が，あたかも意思決定の要となる情報のすべてであるような誤解が生じている（いわゆる「医学モデル」）。

　「説明と同意」と解されたインフォームド・コンセントの問題に加えて，本来の informed consent 自体についても〈決定の分担論〉が問題である。つまり，ここには医師の裁量権の範囲と患者の自己決定権の範囲を定め，両者の間に境界設定をすることによって，「ここまでは医師が決める（裁量する）こと，ここからは患者が決めること」というように主権が及ぶ領域を分けて，両者の衝突を避ける理論が伴っている。これは人間同士が信頼関係，支え合う関係において一緒に意思決定をするモデルではなく，対立する間における調停のモデルに則った理論に他ならない。（中略）

　これに対して，ここに提示する〈情報共有から合意へ〉というプロセス把握は，「説明と同意」に比していえば，まず，①双方向の説明（情報の流れ）を認める。つまり，医療側から患者側への説明（医学的情報中心＝biological な情報）と患者側から医療側への説明（患者の人生や考え方についての情報中心＝biographical な情報）を通して情報を共有した上で，②一方が他方に同意するというより，双方（当事者）

17

の合意を目指すものである。したがって、この枠組みは、決定の分担論に対していえば、共同決定論である。また、informed consent は、まず合意が成立した上で、これに基づき患者が医療者に合意された治療をすることの許諾を与えることとして位置づけられる。合意を目指すということは、当然患者が納得して一定の医療方針を選択するということを含んでおり、それ故、医療者は必要に応じて、単に説明するだけでなく、患者が自己決定できるようにいかにして支えるかを考えることになる。このようなプロセス把握によって、医療方針の決定は患者の人生の中でなされるというあり方が認められることになり、人生の物語を作りつつ生きる患者中心の医療が実現するであろう。

引用文献
(1) 日本医師会生命倫理懇談会『説明と同意についての報告書』1990年。
(2) 清水哲郎「生物学的＜生命＞と物語られる＜生＞」日本哲学会『哲学』53巻、2002年、1-14頁。
（清水哲郎「医療・看護現場の臨床倫理」坂本百大他編著『生命倫理——21世紀のグローバル・バイオエシックス』北樹出版、2005年より）

設問1 和製英語「インフォームド・コンセント」の問題点についてあなたの意見を含めて述べなさい（200字以内）。

設問2 著者はなぜ共同決定することが必要であると説いているのか。その理由とそれに対するあなたの考えを述べなさい（400字以内）。

POINT 課題文で指摘されている和製英語「インフォームド・コンセント」（医学モデル）と本来の informed consent（対立調停モデル）の差異にまず、着眼する。そのうえで、患者中心の医療の実現にとり、両者の考えが不十分であると著者が把握している点を読み取らねばならない。著者が主張する「共同決定論」と、「医学モデル」「対立調停モデル」の相違についても理解を深めたい。

解　説

> **課題文の要点**　各段落の要点は以下の通り。
> ❶「説明と同意」と解された和製英語「インフォームド・コンセント」において
> は，医師から「説明」される医学的情報が意思決定の要となる情報のすべてで
> あるような誤解が生じている（医学モデル）。
> ❷本来の informed consent 自体についても，医師と患者の主権が及ぶ領域を分
> けて，両者の衝突を避ける理論を伴う点が問題である（対立調停モデル）。
> ❸ここに提示するのは，医療側と患者側の説明を通して情報を共有したうえで，
> 双方の合意を目指すプロセス把握である（共同決定論）。これによって，医療
> 方針の決定は患者の人生の中でなされることが認められ，患者中心の医療が実
> 現する。

設問1

要求　和製英語「インフォームド・コンセント」の問題点。
条件　あなたの意見を含める。

方針　まずは，課題文の第❶段落を参照して問題点をまとめる。和製英語「インフ
ォームド・コンセント」（医学モデル）の問題点について指摘することが求められて
いるのであるから，日本に informed consent が導入された際，これが「説明と同意」
と翻訳されたことに起因する問題点が示されねばならない。

さらに，「あなたの意見を含めて」述べることが求められているので，自分なりの
意見を加える必要がある。論述については，①著者の挙げる問題点への意見を述べる，
②問題が生じた背景を考察する，などの方向性が考えられる。〔解答例〕は，①の方
向で著者の挙げる問題点を認めたうえで，さらなる問題点を指摘した。

> 　「説明と同意」という意味をもつ和製英語「インフォームド・コンセント」で
> は，医師が適切な説明をすることに焦点が絞られ，医師から説明される医学的情
> 報が重要な情報のすべてであるような誤解が生じていると著者はいう。確かに，
> このような誤解が医療現場で現実に生じていれば問題である。さらには，「医師
> が患者の同意をとりつける」という医師主体の用語として使用される危険性もあ
> り，本来の意味とは正反対になりかねない。（200字以内）

設問2

要求　・著者はなぜ共同決定することが必要であると説いているのか，その理由。
　　　　・それに対するあなたの考え。

方針　著者の説く共同決定論については，第❸段落で説明されている。ただし，「なぜ…必要であると説いているのか」という理由については，課題文全体から読み取る必要がある。著者は「医学モデル」「対立調停モデル」からは，患者中心の医療は実現困難と考えている。ゆえに，医師─患者双方向の情報の流れを認め，医学的情報と患者の人生観とをすり合わせつつ，双方の合意形成を目指すべきだとする。当事者の合意を目指すこのような枠組みは，医療者に単なる説明のみならず，患者の自己決定をいかに支えるかを考える機会を与えよう。

　いわゆる，患者中心の医療に供する点は是といえる。そこで，自分の考えとしては，著者の意見に賛成し，根拠を述べる方向が考えられよう。〔解答例〕では，共同決定論が求められる背景として，生活習慣病の増加や医療の高度化を挙げた。さらに，患者の意思決定を支える具体的な仕組みづくりの必要性を指摘して論をまとめた。

> 　著者が共同決定の必要性を説くのは，医師─患者双方向の情報の流れが認められなければ，望ましい医師─患者関係は構築できないと考えているからだ。医師がもつ医学的情報と患者の人生観とをすり合わせ，双方の合意形成を目指す共同決定の姿勢があってはじめて，医師・患者の合意に基づき患者が合意事項に承諾を与える枠組みが形成される。著者は，患者中心の医療実現に医師・患者による共同決定が必須と考えているのである。
> 　著者の考えは妥当である。現在，先進国では生活習慣病が大きな問題となっており，医療方針の決定にあたっては，患者の日常生活や人生観についての情報が不可欠である。一方で，医療がますます高度化し，医師をはじめとする医療者の支援なしに，患者が医療方針について適切な決定をすることは不可能だといえる。現実的には，ガイドラインの整備など，医療者がチームとして患者の意思決定を支える具体的な仕組みづくりが求められよう。(400字以内)

3 がん告知の意義と問題点

秋田大学（医学部医学科） 目標 **60** 分

以下の文章を読んでつづく問いに答えなさい。

女房・節子が，「ちょっと乳房が腫れているようだ」といい出したのは一九九八年の十月であった。シンポジウムに出席するために，女房と一緒にワシントンに行き，帰国した直後であった。実は女房はワシントンで気になりはじめていたのだと話した。

たしかに女房の乳房は多少大きくなっているように見えた。

私は，すぐに乳がんが頭に浮かんだ。そこで女房にしこりがあるかどうかをたしかめた。

女房は，「もちろんたしかめた。しこりはなかった」と答えた。私もたしかめてみた。いろいろ探ってみたのだが，しこりらしいものはなかった。

しこりがないので，私たちはしばらく様子をみることにした。これが，実は失敗だったのである。この時点で早く病院に行って検診すべきだったのである。一週間，二週間たった。乳房はじわじわと大きくなっていった。しかししこりはなかった。私は，その後何度も病院に行こうと急かしたのだが，女房はしこりがないのだから，と検診を受けたがらなかった。だが，この時点では検診を受けても結果的には変わらなかったのである。

炎症性乳がん

乳房の腫れ方が異常になって，女房と一緒に都内の病院で検査をした。乳がんであった。

医師は，私に炎症性乳がんだと教えた。炎症性乳がんはしこりがなく，しかし極めて悪性であり，六ヶ月もたないかもしれないと話した。当時はまだ，インフォームドコンセントが一般的ではなかった。私は医師と，本当のことを女房に説明した方が，女房が頑張れるかどうか，と話し合った。結局医師が乳がんとだけ話すことになった。

さいわい乳がんの腫れを退かせる点滴が功を奏して，手術が出来ることになった。手術前から女房は医師の説明に疑問を抱いていて私にも問い，娘たちに乳がんについての解説書を探すように指示した。いまから思うと，恥じ入るばかりだが，私は娘たちに炎症性乳がんには触れていない本を選ばせた。

手術は終わった。リンパ節には広がっていた。

退院後，女房は娘たちにパソコンでアメリカの乳がん情報まで調べさせ，自分が炎

症性乳がんであることに気づいた。当然私を激しく怒った。

　私が「六ヶ月もたないかもしれないと医師から聞かされて」と弁明すると、「六ヶ月ならばなおのこと、一日一日しっかり生きなければならないではないか」と激しく怒られて、私は申しわけなかったとひたすら謝った。

　そのこともあって女房は病院を変えた。そして"六ヶ月"のはずが"五年十ヶ月"頑張った。本当によく頑張ったといまも感心している。

介護こそ老後の愛

　もっとも、女房のがんとの戦いは、私との共闘でもあった。がんは身体の各部に転移し、食物の味がなくなり、景色がゆがんで見えるようになり、また抗がん剤の副作用に悩まされた。松葉杖が必要になり、車椅子生活になった。立てない女房を支え、毎晩風呂に入れて女房の身体を洗うのも私の仕事になった。立てない女房を風呂に入れるのはなかなか難しい。しかし、私にはきわめて楽しい作業であった。

　年をとると女房と身体で触れ合うこと、抱き合うことが間遠になる。その意味では毎日深々と触れ合い、抱き合うわけで、私には介護こそ老後の愛だと感じられた。触れ合うことが非常に多くなったのである。もしも、相手と意思が通じない場合は少々事情が異なるかもしれない。しかしお互いにコミュニケーションが出来ている限り、介護はどのように難業であろうと、いや難業であればあるほど楽しいものだと実感した。

　二〇〇四年六月、女房は全く身動きが出来なくなり、やむなく入院した。

　入院して、私に出来るのは、女房の身体を摩（さす）ること、そして会話をすることだけであった。会話は若き日と同じ愛の言葉であった。

　いまにしてあらためて思い返すのだが、女房は一度も弱音をはかなかった。おそらく、近づきつつある死について深刻な思いがあったに違いないが、努めて明るくふるまった。

　私自身、愛の会話に逃げたきらいもあるが、女房は悩むなんて馬鹿馬鹿しいと笑い捨てた。あらためてわが女房は凄い女性だったと思う。私は女房が亡くなったら生きていけないと感じていた。だが、女房が亡くなる二ヶ月半前に、双子の孫が生まれ、あなたはこの二人のために生きなくては、と励まされた。二人の孫は五歳になった。

　注）インフォームドコンセント：医療行為などの対象者が治療の内容に関して十分な説明を受け、正しい情報を得た（インフォームド）うえで、方針に合意する（コンセント）こと。

（田原総一朗「凄い女房」、『メディカル朝日』2009 年 8 月号より）

設問1 患者（女房・節子）が私（私たち）に対して激しく怒ったのはなぜか？ 患者の立場から200字以内で推測せよ。

設問2 このエッセイを読んで「がん告知」における問題点を整理し，自らの考えを300字以内にまとめよ。

設問3 タイトルにある"凄い女房"の凄いところとはどこか？ 100字以内で述べよ。

POINT 設問1・設問3については，課題文の適切な解読さえできればほぼ問題なく解答できる。設問2については，がん告知の現状を理解しておくことで本問の事例の問題点は自ずと明らかになろう。視点解説に述べたレベルの知識は確実に押さえておく必要がある。

解　説

> **課題文の要点**　各節の要点は以下の通り。
>
> ❶女房・節子が，乳房が腫れているようだといい出したが，しこりがないのでしばらく様子をみることにした。これが失敗だった。
>
> ❷病院で検査をしたら，しこりがなく極めて悪性の炎症性乳がんであった。医師は乳がんとだけ話したが，女房は自分が炎症性乳がんであることに気づき，私に激しく怒った。
>
> ❸女房と私のがんとの共闘のなかで，年をとると間遠になっていた触れ合いが増え，介護こそ老後の愛だと感じられた。一度も弱音をはかなかった女房は凄い女性だった。

設問1

要求　患者（女房・節子）が私（私たち）に対して激しく怒ったのはなぜか。

条件　患者の立場から推測する。

方針　炎症性乳がんについて述べられた第❷節に，著者らが患者に炎症性乳がんという真の病名を隠したこと，患者が真実を知って激怒した事情が述べられている。ここから推測される，患者が「激しく怒った」理由を述べればよい。

> 　患者は，医師や著者が勝手な判断で炎症性乳がんであることを隠したことや，乳がんについて調べようとした際に著者が正確な情報を与えようとしなかったこと，自らの命にかかわる重大な問題であるのに，本人の意向を無視して治療方針が決められたことに怒りを示している。また，余命六カ月という事実を知らされなかったため，貴重な一日一日を有意義に過ごせず，いたずらに時間を費やすことになった点にも怒りを感じている。（200字以内）

設問2

要求　「がん告知」における問題点。

条件　エッセイを読んで問題点を整理し，自らの考えをまとめる。

方針　がんの不告知がなぜ問題なのかは，視点解説で述べた通りである。特に本問では，「六ヶ月ならばなおのこと，一日一日しっかり生きなければならないではない

か」という患者の言葉に着目する必要がある。ここには，不告知が患者の残された人生を最大限活用する機会を奪う，という重要な論点が暗示されている。最近では，医療現場での告知が通例となっており，〔解答例〕もこの点に重点をおいてまとめを試みた。ただし，がん告知には患者に精神的ショックを与えるデメリットがあり，患者や家族を支える態勢を整備する必要性についても触れている。

　まず，がん告知を回避し，患者に病状についての情報を与えず，治療方針の決定から閉め出すのは，自己決定権の侵害であるという問題がある。また，課題文のように患者が家族や医師に強い不信感をもつ原因ともなりうる。さらに，余命がいくばくもないと診断された患者に告知しないのは，患者が残された人生を最大限活用する機会を奪う点で問題である。しかし，告知は患者に精神的ショックを与えるなどの悪影響をおよぼす可能性もある。そこで，医師の告知技術の向上や患者への精神的ケアといった態勢を整備することが求められる。周囲との信頼関係のなかで，告知が患者のQOLを上げることにつながるならば，がん告知すべきであると私は考える。（300字以内）

設問3

要求　タイトルにある"凄い女房"の凄いところとはどこか。

方針　第❸節「介護こそ老後の愛」の後半で，著者の妻の最期の様子と，著者が感じた妻の凄さが描写されているので，ここを参考にまとめればよいだろう。

　死が迫り，まったく身動きができない病状にあって，死に対する深刻な思いを隠し，決して弱音をはかず，努めて明るくふるまった気丈さ，さらに後に残される著者を励ます優しさを最後まで失わなかった点。（100字以内）

4 患者への精神的ケア

産業医科大学（医学部医学科）　　　　　　　　　　　　　　目標 60 分

　次の文章の冒頭は，ある婦人科開業医から著者への相談です。それに続く著者の文章を読んで，下記の設問に答えなさい。

　長年診察している患者から「先生の説明には情がこもっていない」と言われました。数週間前に彼女の親友が亡くなったことが関係しているかもしれません。どのように慰めの言葉をかければよかったのでしょうか？（60 代，婦人科開業医）

（中略）

　患者が「情がこもっていない」と言うに至った事情が，どうにものみ込めなかった私は，直接彼女から話を聞くことにしました。

　彼女の話によれば，亡くなった親友は 2 歳年上で，とても頼りにしていたそうです。その親友が，乳癌の再発のため，治療もむなしく亡くなってしまいました。

　親友の死に深く落ち込み，生きる気力まで失いかけたちょうどその頃，彼女は新聞でホルモン補充療法のリスクについての記事を読みました。「自分も 10 年近くホルモン補充療法を受けているから，乳癌になるかもしれない」と不安になり，その婦人科開業医を訪ねたのでした。

　彼女はその婦人科医師に，親友が乳癌で亡くなったことや，ホルモン補充療法を続けている自分も乳癌になりはしないか心配だということを，遠慮がちに話しました。主治医であるその婦人科医師が気を悪くしないように，彼女なりに気を使って，おそるおそる切り出したのです。

　ところがその婦人科医師は，話を最後まで聞くか聞かないかのタイミングで，「何を言っているのですか。ホルモン補充療法で乳癌になるなんて，1 年当たり 100 人に 1 人もいません。交通事故のようなものですよ」と即答しました。

（中略）

　彼女は，その婦人科医師の本性は「冷たい」と直感的に感じました。そして，これまでその婦人科医師の下でホルモン補充療法を続けてきたけれど，病院を変えた方がよいのではないかとまで思うようになったそうです。

（佐藤綾子「医師のためのパフォーマンス学入門」，『日経メディカル』日経 BP 社，2010 年 6 月号，146-147 頁 より抜粋・一部改変）

設問 この婦人科医師のどのような行動に問題があったのでしょうか。また，どのようにこの患者さんに接するべきだったのでしょうか。あなたの考えを600字以内で述べなさい。

POINT 課題文に述べられた事実を検討し，医師の行動準則に照らしてどのような問題があるのかを検討する。特に，本問の事例はインフォームド・コンセントの問題にもかかわってくる。論述にあたっては，「この医師には思いやりがない」といった感想に終始しないよう注意したい。

解　説

> **課題文の要点**　要点は以下の通り。
>
> 著者への相談：
>
> 長年診察している患者から説明に情がこもっていないと言われた。どのように慰めの言葉をかければよかったのか？（60代，婦人科開業医）
>
> 著者の文章：
>
> ❶患者の話によれば，親友が乳癌で亡くなったこと，ホルモン補充療法を続けている自分も乳癌にならないか心配だということを婦人科医師に話したところ，医師は「ホルモン補充療法で乳癌になるのは交通事故のようなもの」と即答した。
>
> ❷婦人科医師を「冷たい」と感じた患者は，病院を変えた方がよいのではないかとまで思うようになった。

設　問

要求　・この婦人科医師のどのような行動に問題があったのか。
　　　　・どのようにこの患者さんに接するべきだったのか。

方針　まず，婦人科医師の行動の問題点は何かを考えてみる。著者の文章第❶節の末尾にある「話を最後まで聞くか聞かないかのタイミングで」「何を言っているのですか」と言ったという記述から，婦人科医師がきわめて非共感的な行動をとっている点を押さえよう。患者の「冷たい」という印象も，まさにこの点による。

　次に，医師の発言は，患者の不安を払拭するための説明として不十分であるという点に気づけたか否かがポイントである。説明不足ということは，インフォームド・コンセントの原則に反するからである。たとえ患者がいったん治療方針に同意していても，治療の過程で患者が方針に不安や疑問を抱いた場合には，その都度医師は患者と意思疎通を図るべきである。

　これらの問題点がわかれば，医師がどのように接するべきかも自明となる。非共感的な態度については，患者とのパートナーシップ，ホスピタリティやコミュニケーションの重視といった視点から論述すれば十分であろう。そのうえで，患者が納得するように説明を尽くす必要があることを述べておきたい。

　この婦人科医師は，ホルモン補充療法のリスクに対する患者の不安を，乳癌になるのは1年あたり100人に1人もいないという統計的確率から，一方的に否定している。これは，患者が治療法に不安を示しているのに対し，改めて納得と同意を得ようとせず，治療継続を宣告したに等しく，インフォームド・コンセントの観点から問題がある。また，「何を言っているのですか」と，患者が不安をもつこと自体を否定するかのような発言も問題である。このような態度をとられては，患者の心は深く傷つくに違いない。患者の心情に対する配慮が著しく欠如しており，患者に寄り添うべき医師として適切な対応とはいえない。

　この患者は自分の不安な気持ちを医師に伝えているのであって，治療法に疑問を呈しているわけではない。これをふまえるならば，婦人科医師はまず，患者の不安に対して「心配されるのも無理はないですね」といった形で共感や理解を示すべきであった。医師自身にも同じような経験があれば，それを患者に伝えるのもよいだろう。自らの不安を受け止めてもらえるだけで，患者は心強く思ったはずである。相手の感情には理屈や理論で応対せず，感情を受け止め，感情で応えるのがコミュニケーションの基本である。そのうえで，医学的観点から治療継続が適切であると判断する旨を伝え，患者の同意を改めて得る努力をすれば，インフォームド・コンセントの側面からも妥当であったといえよう。(600字以内)

医師の適性

社会が求める「あるべき医師像」は近年大きく様変わりした。簡単にいうならば，専門家として患者より優位に立つ医師から，患者と同じ目線で向き合い，協力して病と戦っていく医師へと変化したのである。医師像の変化に応じて，医師が備えるべき能力，果たすべき責任のあり方についても議論が起きている。そもそも医師とはどういう職業なのか，そして現代における医師の適性とは何か，理解を深めておこう。

🔍 必須キーワード

□ 疾病
　身体の機能の異常や，健康でない状態を指すために使われる言葉で，病気とほぼ同義。医師の医学的な診断によって特定され，治療の対象となる。

□ 医療行為
　医師が治療目的で行う外科手術，検査，投薬といった行為のこと。患者の身体への侵襲（＝身体を傷つけること）を伴うため，医療行為を行うには患者の同意が必要である。

□ SOL（Sanctity of Life，生命の尊厳）
　人間の生命はいついかなるときも等しく絶対的な価値をもつとして，患者の生命を救うことを最優先する考え方。患者の日常生活の充実を重視する QOL（生命の質）の考え方との間で深刻なジレンマが生まれている。

🔍 出題傾向

きわめて基本的なテーマだが，コンスタントに出題がなされている。特に，私立大でよく問われており，「医師の資質」「医師としての高い倫理性と温かい人間性」「命の重さ」といったテーマ提示型の出題が多い。進路への決意や働くことの意味を問う出題も見られる。医師を目指す受験生ならば，必ず考えておかなければならないテーマの一つである。

視点❶　現代の医師に必要な能力

　そもそも，医師とは何者なのだろうか。医師は，人々の生命と健康にかかわる医学の専門家として，医学に基づいた実践としての医療を行う。その医療の目的は，医の倫理綱領※1（日本医師会）の冒頭にもあるように，患者の疾病の治療，そして人々の健康の保持・促進（疾病の予防）である。したがって，医師が備えるべき能力とは，端的にいえば，これらの目的に合致した医療を行うために必要なものである。

●○○医師が備えるべき能力

　医師にはまず，安全で確かな医療行為を行うための正確な知識と技術が要求される。医学の素人である患者は，専門家である医師に強い信頼をもっており，医師は常に最適の処置を施してくれるはずだと期待しているのであるから，当然であろう。

　だが，それだけでは医師の仕事を十分に果たせるものではない。臨床の場で医師が相手にしているのは，目の前にいる患者，すなわち感情や意思を備えた存在である。その多くは不安な気持ちを抱えている。そのため医師には，知識や技術だけでなく，
✓ 患者をはじめとする他者への共感と優しさ，その源となる優れた人間性が備わっていなければならない。

　そして，人の命を預かる職業である以上，医師には何より
✓ 医療の根本にある，人間の SOL（生命の尊厳）を尊重し，命に対する畏敬の念を忘れないことが求められる。
そのためには，自分の能力の限界を自覚する謙虚さ，自己を律する厳しさも必要であろう。

　近年多く見られる医師の不祥事，悪質な**医療過誤**（⇨ 4 医療事故）事件などは，医師全体に対する信頼を損ねている。医師に対する社会の信頼を確保し，よりよい医療を実現するために，今一度，人間性の重要さは確認されるべきである。

●●○現代の医師に求められる多様な能力

　専門家である医師の判断が絶対視されていた時代とは異なり，現代の医師は患者の利益を最優先に考え，常に患者とコミュニケーションを図りながら仕事をしなければならなくなった（⇨ 1 医師－患者関係）。また，治療上の判断については常に非難される可能性もあり，医師は，社会的妥当性や法的な正当性にまで気を配った多面的な判断を下す必要がある。このように，医療を取り巻く社会状況が変化するなか，医師の仕事はいっそう複雑化している。その結果，医師に求められる能力もまた多様化せざるを得ない。

　では，現代の医師に求められる能力とは具体的にどのようなものなのか，以下，特

に重要なものを挙げてみよう。

①情報収集能力

　第一に必要なのは，情報収集能力である。医学が進歩し高度化した現代において，医療技術は日々進歩を続けている。医師が疾病について最新の知識を豊富に蓄え，提案できる治療法の選択肢を増やすことは，治療の質を向上させ，患者の利益に直結する。逆に，自分が治療にあたる症例について，一般の医師たちがどのような治療法を選択しているのか，すなわち現在における治療水準に無知で，結果的に患者の治癒の可能性を狭めてしまうようなことは避けなければならない。

　そこで，学会や医学雑誌などで最新の知識に触れることはもちろん，現代ではインターネットによる情報収集も有効な手段の一つである。患者の治療にあたるだけでも目が回るほど忙しいのが現在の医師の労働環境だが，そのなかでも

✓ 抜かりなく情報収集にあたり，向上心をもって研鑽に努めることが求められている。

②生命倫理への見識

　生命倫理への確固たる見識も重要である。**安楽死**や**尊厳死**などの問題（⇨ 5 生命と死），生殖医療や再生医療をはじめとする**先端医療**の問題（⇨ 7 先端医療）など，医療技術の発展に伴って生じた**生命倫理**の論点は，現実の問題として医師に突きつけられている（⇨ 6 生命倫理）。医師が殺人罪に問われた 1998 年の川崎協同病院事件は，その象徴というべき事例だろう。

> 　心肺停止状態で病院に運ばれてきた患者は，蘇生後も重度の意識障害が続いていた。回復の見込みなしと判断した医師は，家族同席のもと，患者の気管内チューブを抜いた。患者が苦しみ始めたため，最終的に筋弛緩剤を投与して患者を死に至らしめた。

　この事件では，医師の処置だけでなく，終末期にかかわる医師の判断にも疑問が付された。現代の医師は，単に適切な治療・処置は何か，という医療技術の問題にとどまらず，その背後にある「生と死をどのようにとらえるか」「健康とは何か」「人の尊厳とは何か」といった倫理上の大きな問題について，日頃から考えておかなければならないのである。

③人権への配慮

　最後に，人権への配慮を挙げたい。現代を生きる人々の価値観は多様化しており，グローバル化によってさまざまな背景をもつ人々の共生も当たり前になっている。医師が出会う患者も多様化し，一人ひとりの患者がもつ価値観に合わせた治療が求められているのである。信仰上の理由による輸血拒否は，それが最も先鋭的な形で現れた事例である。

　エホバの証人の信者であった患者が，信仰上の理由により輸血拒否の意思を示
していたにもかかわらず，手術中に著しい出血量となったため，医師は生命の危
険があると判断して輸血を行った。最高裁判決で医師には損害賠償が命じられた。

　患者の価値観に合わせた治療を行うということは，単に医療サービスの向上という
問題にとどまるものではない。そこでは，医師がどこまで患者個人の尊厳に配慮でき
るか，すなわち患者の人権に対する感度が問われているのである。
　信仰上の輸血拒否という問題は，患者自身の血液を輸血する自己血輸血※2という
治療法によって対処できるようになった。インフォームド・コンセントの一般化も，
人権意識なくしてはありえなかっただろう。「どのような考え方をもつ患者にも，十
分な医療を提供しなければならない」という人権意識は，目の前にいる患者の利益だ
けでなく，医療の進歩にもつながりうる。その意味で，医師にとってはきわめて重要
な能力であるといえよう。

視点❷　医師の責任のありか

　人々の生命にかかわる医師が，重い責任を負うのは当然である。現代においては，
患者の権利意識の高まり，医療訴訟の増加によって，一般に医師の責任はいっそう重
くなっていると指摘されている。
　しかし，現状はより複雑である。現代の医師は，単に重い責任を負わされるのみな
らず，「どこまでが責任の範囲か」「どのように行動すれば責任を果たしたといえるの
か」が判断しづらいという不確実性に悩まされている。

●◐○医師の責任の不確実性──ドクターコール・たらい回し問題

　たとえば，国際線の機内で急病人が出て，乗務員の呼びかけ（ドクターコール）に
応じて医師が診察を行ったとしよう。もしここで重病を見逃して患者が死亡した場合，
医師が責任を問われうることは理解できよう。一方，実は軽症であるのに判断を誤り，
「ただちに出発地に引き返すべきだ」と医師が指示し，これを受けて飛行機が実際に
引き返した場合はどうであろうか。この場合，患者の生命や健康には問題は生じてい
ない。しかし，他の乗客や航空会社は運行スケジュールの乱れによって，主に経済的
な損害を受けることになる。その責任も医師が負うべきだとすれば，ドクターコール
に応じた医師は，患者の症状についての判断のみならず，患者への対処が与える経済
的・社会的影響まで考えて判断を下さなければならないことになる。医師にとって，
通常の診断にはない困難があることは想像できよう。
　次のような問題もある。患者が病院に救急搬送されたが，当直医師は患者を受け入

れず，他の病院に回るように救急隊員に指示したとする。救急医療におけるいわゆる「たらい回し」には，医師が専門外を理由に患者の受け入れを拒否する事例が実際にかなりあるとされている。消防庁の「平成 27 年中の救急搬送における医療機関の受入状況等実態調査の結果」より，「照会回数 11 回以上の事案における受入れに至らなかった理由と件数」を見ると，特に患者が小児の場合，受け入れに至らなかった主な理由のうち，「専門外」の割合が 26.1 ％とかなりの数値であることがわかる。患者を受け入れなかった場合には，患者の病状が悪化し，救命の機会を失ってしまう可能性も考えられる。一方，専門外であるにもかかわらず受け入れた場合にも，不幸な結果を生じさせるリスクがある。ここでは，医師はどのように判断・行動すれば責任を果たしたといえるのだろうか。

　医師の責任のあり方がより複雑になることによって，医師たちは難しい判断を迫られるようになった。その結果，ドクターコールに応じる医師が減ったり，相次ぐ受け入れ拒否の末に救急患者が亡くなってしまったりといった問題が生じていることは見逃せない。

照会回数 11 回以上の事案における受入れに至らなかった理由と件数

		手術中・患者対応中	ベッド満床	処置困難	専門外	医師不在	初診(かかりつけ医なし)	理由不明その他
重症以上傷病者	件数	766	597	828	414	112	27	532
	割合	23.4%	18.2%	25.3%	12.6%	3.4%	0.8%	16.2%
産科・周産期傷病者	件数	30	36	114	19	8	4	76
	割合	10.5%	12.5%	39.7%	6.6%	2.8%	1.4%	26.5%
小児傷病者	件数	308	32	500	418	106	11	229
	割合	19.2%	2.0%	31.2%	26.1%	6.6%	0.7%	14.3%
救命救急センター搬送傷病者	件数	5,014	1,890	4,040	2,105	335	52	2,722
	割合	31.0%	11.7%	25.0%	13.0%	2.1%	0.3%	16.8%

（消防庁「平成 27 年中の救急搬送における医療機関の受入状況等実態調査の結果」より一部改変）

●◎○医師が責任を果たすためには

　ここで，現代の医師にとって重要になるのは，複数の対立する利益のバランスをとりながら，適切な解決案を見出す利益衡量能力である。たとえば，二人の重病患者が同時に搬送されてきて，医療スタッフや設備といった医療資源※3 が不十分な場合を考えてみよう。どちらの患者を先に治療すべきかを判断する際に，患者の容態・年齢・性別・体力といったさまざまな要素を勘案する能力が必要となる。患者の命がかかっている局面で，しかも考えるための時間が十分にない緊急事態には，こうした優れた

利益衡量の能力をもっている医師でなければ，臨床現場での適切な判断は行えない。

　専門外だからといって，医師としての責任をはなから回避するようなことも避けるべきである。医療の高度化・専門化が進み，専門とする診療科には熟達していても，専門外の症状については診断に不安を覚える医師も多い。前述のような事態に適切に対処するためには，医師は，

　✓　<u>専門科の知識のみならず，幅広い診断が行える総合的な診療能力を身につける必要がある。</u>

　ただし，これらの事態では，居合わせた医師一人が責任を負うべきものでもない。航空機内であれば，地上の医師と連携をとれるようにする，救急の現場では，救急隊と複数の病院間でのスムーズな情報共有を図るなど，体制そのものを整えることが求められる。

　医師は，その仕事の専門性・重要性ゆえに，日々の勤務の枠内を超えて，広く社会へ貢献することが期待されている。2011 年に起こった東日本大震災では，多くの医師が自発的に被災地の支援に向かった。医師の責任が不確実な現状においても，医師には人々の生命を救うという使命があることを忘れてはならない。

※1　**医の倫理綱領**
　　2000 年に日本医師会により採択された，医師の倫理規定。

> 　医学および医療は，病める人の治療はもとより，人びとの健康の維持もしくは増進を図るもので，医師は責任の重大性を認識し，人類愛を基にすべての人に奉仕するものである。
> 1．医師は生涯学習の精神を保ち，つねに医学の知識と技術の習得に努めるとともに，その進歩・発展に尽くす。
> 2．医師はこの職業の尊厳と責任を自覚し，教養を深め，人格を高めるように心掛ける。
> 3．医師は医療を受ける人びとの人格を尊重し，やさしい心で接するとともに，医療内容についてよく説明し，信頼を得るように努める。
> 4．医師は互いに尊敬し，医療関係者と協力して医療に尽くす。
> 5．医師は医療の公共性を重んじ，医療を通じて社会の発展に尽くすとともに，法規範の遵守および法秩序の形成に努める。
> 6．医師は医業にあたって営利を目的としない。

※2　**自己血輸血**
　　手術に際し，自分の血液を輸血する方法。手術前にあらかじめ採血しておいたものを用いたり，術中に出血した血液を吸引管で回収し，赤血球を洗浄して，患者に戻す方法などがある。

※3　**医療資源**
　　医療を行ううえで必要とされる，医師・看護師などの人的資源，病床や施設・医療機器・薬などの物的資源，政府の予算・医療保険を含む医療機関の運転資金などを指す。限りあるこれらの資源を状況に応じて公正に配分する判断が，医師には常に求められる。

5 医師に必要とされる能力　テーマ

近畿大学（医学部）　　　　　　　　　　　　　　　　　目標 40 分

　医学教育の大きな指針として「今後も起こるであろう様々な社会の変化に対応できるような医師の養成」があげられている。では，医師としてどのような能力を持っていれば「様々な社会の変化に対応」することができるのか。医学部での学修に関連づけて，思うところを記せ。

（注）　横書きで 400 字（20 字×20 行）以内にまとめること。

POINT　さまざまな社会の変化の一例としては，2025 年以降に訪れる超高齢社会における変化が考えられる。こうした状況下では，医師には EBM（Evidence-Based Medicine＝科学的根拠に基づく医療）（⇨ 3 医学と科学）のみならず NBM（Narrative-Based Medicine＝物語に基づく医療）（⇨ 3 医学と科学）への理解も要求される。NBM がどういう役割を担うかという視点からの記述を考えてみる。

解 説

要求 「様々な社会の変化に対応」することができる医師に必要な能力について思うところを記す。

方針 問われているのはまず，「今後も起こるであろう様々な社会の変化に対応できるような医師」に必要な能力についての考えである。その上で，その能力を身につけるために医学部で何を学ぶべきと考えているかということだ。医師を目指す者はとかく医療分野の専門知識や技術を重視する傾向があるだろう。しかし激動する現代社会の中で，どのような能力を身につけることが重要か，という問いに対して，単なる専門知識や技術の習得を解答するだけでは不十分である。

ここでは，EBM と NBM という2つの診療理念を念頭に解説していく。

EBM は最新の臨床研究に基づいて科学的に有効性が証明された医療のことである。それに対して NBM は，患者自身の「物語」すなわち，病気の経緯，病気についての考え，人生観，ライフスタイル，思想，宗教観などを医師が理解して，患者の「物語」に配慮しながら治療にあたる医療である。これは均一な医療ではなく，個々の患者の状況に合わせた医療であり，個々の患者が持つ「物語」に配慮できる能力を必要とする。NBM は「今後も起こるであろう様々な社会の変化に対応できるような医師の養成」において重要だ。それはさまざまな社会の変化に対応するためには，多様な状況への対応力が欠かせないからだ。そしてそのような能力を身につけるためには，医学部での専門の学修だけではなく，幅広く知識や見解を学び，広い視野と知識に裏づけられた深い思慮を持つことが重要となる。

> さまざまな社会の変化に伴い，患者が必要とする医療も均一ではなくなっており，多様性に応じた医療を行わなければならなくなると考える。こうした状況下で必要とされるのは，患者一人一人に寄り添った医療を行うことである。医師は，科学的根拠に基づき医療行為に及ぶことが前提であるが，それだけでは患者一人一人に寄り添うことは難しい。個々の患者に寄り添うには，当該患者の病気の経緯，病気についての考え，人生観，ライフスタイル，思想，宗教観などを理解して，それぞれ異なる背景を持つ患者に最も適した医療を行うことが求められる。このような医療を実践する能力を備えるためには，医学部で専門領域の学修のみに励むだけではなく，一般教養科目の学修に積極的に取り組み，多角的な視野と多方面にわたる知識を身につけることが重要であると考える。（400字以内）

6　ドクターコールへの対応 課題文

岡山大学（医学部医学科）　　　　　　　　　　　　　　　目標 45 分

　以下のエピソードを読んで，医師を目指す立場からあなたの感想と意見をまとめなさい。（600 字以内）

　真央は医師免許取得後 2 年の初期研修を経て，3 年目から小児科医として働きだしたばかりの若手医師である。

ある日新幹線に乗車中，車内アナウンスがあった。

「急病人が 6 号車で出ました。どなたかお医者様はおられませんか。」

真央は，はっとしたがすぐに躊躇した。

「子供の病気なら少しはわかるけど，大人の心筋梗塞とかだったら困る。」

そうしている間に，通路を見るからに医師らしい中年男性が腕まくりをしながら 6 号車の方へ向かって行った。それを見た真央は少し安心しながらも，また別の心配が心をよぎった。

「子供だったらどうしよう。」

そう思っている間に，再びアナウンスがあった。

「病人を降ろすために次の駅で臨時停車します。」

病人と思しき人物が，プラットホーム上待機した車椅子に乗せられるのが見えた。程なく，安堵に包まれた様子で先ほどの男性が戻って来た。真央は，ほっとすると同時に複雑な気分だった。

POINT　本問は列車内でのドクターコールを題材にしている。病院外で，専門外の患者にも対応しなければならないかもしれないドクターコールは，医師にとって非常に悩ましい問題である。本問にあるような状況で躊躇してしまうのは，決して一部の医師の怠慢や臆病というわけではなく，これを「医師を目指す」自分の問題として考え，解決策を導き出せるかどうかがポイントであろう。

解 説

> **課題文の要点** 各文の要点は以下の通り。
> ❶真央は，小児科医として働きだしたばかりの若手医師である。
> ❷〜⓫ある日，新幹線に乗車中，急病人のアナウンスがあった。真央が躊躇している間に医師らしい中年男性が向かって行った。
> ⓬〜⓮病人らしき人物は次の駅で降ろされ，先ほどの男性が戻って来た。真央は，ほっとすると同時に複雑な気分だった。

要求 エピソードを読んで，あなたの感想と意見。
条件 医師を目指す立場からまとめる。

方針 「医師を目指す立場から」自分の感想と意見を述べるように求められているのであるから，まずは自分が同様の状況に置かれた場合をシミュレーションしてみればよい。すると，その場合自分がどんなことを感じるかがわかる。そのうえで，想定される自分の感情の理由は何かを考えてみれば，ドクターコールという状況についての自分なりの問題意識と解決策がまとまるだろう。

> このエピソードを読んで感じたのは，私も同じ立場に置かれたら，名乗り出ることに躊躇するだろう，ということである。医師として急病患者を救いたいという思いは間違いなく強い。自分以外に名乗り出る人がいなければ，手遅れになる可能性もある。しかし，専門外の疾患などで自分の手に余る症状であった場合に正しく対応できるか不安であり，自分の力不足から患者を危険にさらすようなことは絶対に避けたい。
> また，患者を診ることになったとして，救急搬送のための臨時停車が必要なのか，次の停車駅まで大丈夫なのか，微妙な判断を迫られた場合，確かな結論を出せる自信はない。自分が臨時停車を指示したことで列車の遅延が起き，その結果乗客や鉄道会社に与えてしまう損害の大きさを考えると，そこまでの責任を負うことはできないと想像される。
> 医師を目指す者として，こうした状況に対応できるようになるためには，幅広い努力が必要である。どのような患者や症状にも適切な対応ができるよう，専門分野に限らない総合的な診療能力を身につけることが大切だろう。自分の医師としての判断が与える社会的・経済的影響まで考慮し，最適な決断を下せるような利益衡量能力も必要だ。また，医療訴訟のリスクを過度に恐れて萎縮しないため

に，医師の法的責任に対する見識も深めておく必要があろう。患者を救うという目的に向けて，医学以外にも学ばねばならないことは多いと考える。(600字以内)

7 医師養成教育の問題点

北里大学（医学部）　　　　　　　　　　　　　　　　目標 **90** 分

次の文章を読んで，問いに答えなさい。

　そもそも医師たちは，何ゆえに「医」を目指すのであろうか。本当は，日本中のすべての国家試験にこの設問を設けたいものである。もちろん多くの大学の入試の面接でも，通り一遍には聞かれる。だが，私は本音をききたい。一体「医」を何と解釈して目指したのかと。

　この質問を最近出会った多くの医師たちにたずねた。

　およそ半数の人々が，医師の家に育ち医療を行う親を見て大きくなったからだと答える。それらの個々に詳細をたずねると，漫然と運命に身を委ねて流されたわけではなく，何か大きな動機がそこに存在したという人が多かった。そういう人だから現在指導的な立場にいるのかもしれない。

　数多くのインタビューの中で年配の医師がひとり，小学校時代から優等生であった自分は，教師からこの点数なら医学部合格間違いなしと言われ，「それもいいかなと，大した目的もなく医師になった」と，正直に話してくれた。そして「表向きには，『ボクは小学校の時によんだシュバイツァーの伝記に感激して，以来医師を志しました』ということにしているの」と，肩をすくめていたずらっぽく笑う。

　わが国では，難関といわれる医学部の門をくぐり，さて安心と適当に合格点だけを取り六年間を過ごして，国家試験さえクリアすれば晴れて医師免許証が手に入る。人に相対してその苦悩を診なければならない仕事であるという自覚の，あるなしを問われないまま医師になる。器械を上手に操り，結果のみを診て教えられた治療マニュアル通りに実践し，不都合が生じれば「患者の方がおかしい」と責任転嫁する。そういう医師群が，医療のミスを犯し，やり過ぎを引き起こしても不思議ではない。

　人は出会い，そして別れる。一期一会，相まみえた人それぞれから，忘れがたい思いを残される。医療者と患者は濃密な対人関係にある。医は，人を相手とする仕事と，外科医上西紀夫（かみにしみちお）は強調する。

　彼の勤める東京大学医学部というところは，昔からエリートを育てる目的の教育機関のひとつであった。そこに集まる学生は，現在行われている勉強を点数に換算する安易な方法によると，全員がハイレベルであることに違いない。

　教授たちもおそらく高い意識で学生を教えているのであろうが，果たしてそれらの人々すべてが人間としてあるべきあたたかさ，やさしさを共有しているかどうかは疑問である。これは何も東大だけでなく，すべての大学にいえることである。

　学生や医師を教育する立場にある上西は，現在の大学には残念ながら医の倫理をきちんと教える人も機会も不充分だと考える。もちろん大学の教養部の段階では関連の講義があるが，医における倫理学は，本来実際に患者に接することで学んでいくものと主張する。

　医学部教育のあり方が見直されはじめている今日，その一翼を担う上西は次のように話した。

　「病棟でなるべく長い時間をかけ患者さんに接して，医療以外にもいろんな会話をするように指導しているのですが，どうも人と話をするということができない子が多いですねえ。はっきり言って対人関係が大変に下手です。

　医学とは関係のないいろいろな世間話ができるような経験の積み重ねが，子供のころからできていないのじゃないでしょうか。たしかに勉強はできるでしょうが，その他の体験，例えば医学以外の分野の音楽とか文学とか，スポーツにしろ，恋愛にしろ，一生懸命にやった経験がないんじゃないかと思いますよ。

　結局，いろんな経験をした人の方が患者さんに対してもいいと思われます。

　私は学生やレジデントに，患者さんに普段からいろんな話をしながら付き合っていきなさいと言います。そしてひとりの人として接していれば，何も取りたてて倫理などと言わなくとも，患者さんのためになろうとか，患者さんのことを親身に思う気持ちになるのじゃないかと思います。そうすることによって，患者さんのための医療ができる。ひいては医療ミスなど，起こらない。

　何をやらしてもひとりで何でもできちゃうと思っている人間が集まっている場合，他とのコミュニケーションを取るのが下手です。医療はチームワークによって成り立ちます。ひとりでは何もできません。他を思いやって，よい対人関係を結ぶことのできる，幅の広い人間を育てなければならないですね。それには中学，高校，そして大学もシステムを見直さなければならないでしょう。（後略）

（比企寿美子「がんを病む人，癒す人」中公新書）

設問1　この文章に，20字以内で適切なタイトルをつけなさい。

設問2　本文で，著者が懸念を示している医師養成教育の問題点について200字以内で述べなさい。

設問3　本文の主旨をふまえて，あなたが「医」を志した理由を600字以内で述べなさい。

POINT　治療マニュアルを EBM（Evidence-Based Medicine＝科学的根拠に基づく医療）（⇨3 医学と科学）と見たてれば，患者のために親身になる気持ちは NBM（Narrative-Based Medicine＝物語に基づく医療）（⇨3 医学と科学）を示しており，前者を前提に後者の重要性について触れる主張となっている。NBM を全うしようとすれば，医師—患者間に良好な関係性が培われることが土台となろう。

解　説

> **課題文の要点**　各段落の要点は以下の通り。
>
> ❶～❺わが国では，医師は人の苦悩を診なければならない職業であるという自覚が問われないまま医師になるケースが多い。ただ治療マニュアル通りに実践すればよいと考えるような医師は医療過誤を起こす危険性がある。
>
> ❻～⓯外科医上西紀夫は，以下のように語る。医は人を相手にする仕事であり，患者とさまざまな話をすることが必要だ。対話を通じ患者のことを思う気持ちが生まれ，患者のための医療ができるようになれば，医療ミスなど起こらない。また医療はチームワークで成立するため，他を思いやり，よい対人関係を結ぶことのできる人間を育てなければならない。しかし現行の教育システムではその役割が十分に果たされていない。中学，高校，大学までの教育システムを見直す必要がある。

設問1

要求　課題文に適切なタイトルをつける。

方針　課題文では，医師に必要な対人関係を築く能力について書かれている。特に患者とどのように向き合うかが重要であり，難関を突破して医学部に入学し，6年間学んで国家試験に合格すれば医師になれる，といった安易で傲慢な考え方を否定する内容となっている。患者といろいろな話ができるようになるために，さまざまな経験をしている人の方がいいというのは，「医」とは治療マニュアルを完璧にこなすことに尽きるのではなく，大きな問題や苦悩を抱える患者を相手に，その相手のことを親身に思う気持ちをもたねばならないものだということを表している。また，対患者のみならず，チーム医療において，他の医師やコメディカルらとの連携の必要性からも，コミュニケーション能力の必要性が説かれている。しかし現状では，日本の医師養成教育において，このような能力を育成するシステムが十分とはいえない。こうした課題文の内容を適切にふまえたタイトルをつけなければならない。

> 医師養成における対人関係能力育成の必要性（20字以内）

設問2

要求 著者が懸念を示している医師養成教育の問題点。

方針 課題文では医師に必要な対人関係を築く能力について中心に述べられているが，その能力の育成が，医師養成教育から脱落していることが問題点の一つであり，その点を押さえなければならない。さらに，対人関係を築くためには，医学以外の経験を豊富に備え，さまざまな世間話などを患者と交わすことや，他者を思いやりチーム医療においても上手に関係を結べるような能力を育むことが必要である。しかし，現行の中学，高校，大学はそうした人間を育成できる教育システムを持ち合わせていない。その現実に触れることが求められていよう。

> 「医」とは，患者の苦悩を診なければならない仕事であるが，現状の医師養成教育の課程では，その自覚を問われずに医師になることが可能である。また，医師には対人関係を築くために医学以外の経験の積み重ねも必要であるが，現行の中学，高校，大学とも幅広い人間を育成する教育システムとはいえず，難関を突破するために勉強のみに追われ，視野が広く多面性をもつ医師が養成されないという問題点がある。（200字以内）

設問3

要求 「医」を志した理由について述べる。
条件 課題文の内容をふまえること。

方針 課題文で医師を志した理由については，半数の人々が医師の家に育ったためと答えているが，何か大きな動機が存在したと答えた人が多く，それらの人々が指導的な立場にいるのだと述べられているため，ただ漫然と親の職業を継ぐために医師を志したという理由はふさわしくない。たとえ医師の家庭に育ち，親の職業を継ぐという理由があったとしても，プラスαの要素が欲しい。しかしそれが表面的なきれいごとではやはりきびしい評価となろう。また，過度に理想的な内容を述べることも適切ではない。現実に即しつつも，「医」というものに真剣に向き合っていることが伝わるような内容である必要がある。

> 私の父は内科医で，幼い頃から医療を行う父の姿を見て育ち，自然と医師という職業を意識するようになった。しかし本気で医師を志すようになったのは，部活動で怪我をして，患者として治療を受けることになったときである。私はそのとき，患者がどれほど不安な気持ちをもつかを初めて知った。いつ治るのか，本

当に以前のように部活ができるようになるのか，大会に出られるのか，そういった不安を抱えながら治療を受けていた。そうした自分の気持ちが楽になったのは，医師や看護師，理学療法士の方々が的確な処置をしてくれただけではなく，まさに課題文にあるように医学以外の話をしてくれたからだと思う。例えば部活について，ポジションは何か，学校の教科では何が好きか，友達と何をして遊ぶのか，などといった，治療とは直接関係のない話をしてくれ，時には，彼らが学生時代に行っていたサークル活動について触れてくれた。私と同様の怪我をした過去の患者がどのように回復していったか，どのような困難があったかなどについても，理解できるように説明してくれた。

　医師とは，医学の知識をもち，医療行為を行うだけのロボットではない。血の通う人間であり，同じように人間を相手にしている。医師も患者から学ぶことや救われることがある。「医」とはそのようなものであると思う。だから私は医師となって，患者の不安な心を少しでも和らげたいと志望するに至った。(600字以内)

　言うまでもなく，医学は自然科学の一分野である。しかし医学には，他の自然科学分野には見られない，特有の問題や難しさがある。このことは，医学実践たる医療にもさまざまな影響を及ぼしている。近年，話題になっている非科学的な「医療」や，医学的に定義づけられない「病気」について考えるときも，科学としての医学のあり方に目を向けることは重要である。

🔍 必須キーワード

☐近代医学

　近代以降，西欧を中心に発達した，科学的な手法によって人体の構造や生理作用を分析し，疾病の原因究明や治療方法の開発を行う学問。細分化・専門化によって高度な発展をとげ，現在の医療の基礎になっている。

☐全人的医療

　患者を「器官の集合体」と見なすのではなく，身体性・精神性・社会性を有する全人的な存在ととらえ，精神的要因や生活環境まで配慮した，総合的なケアを目指す医療。

☐ EBM（Evidence-Based Medicine，科学的根拠に基づく医療）

　医師の経験に頼らず，科学的に有効性が実証された治療方法で，患者にとって最適な医療を行うこと。EBM を補完する概念として，個々の患者との対話を重視する NBM（Narrative-Based Medicine，物語に基づく医療）も提唱されている。

🔍 出題傾向

　医学部で学ぶ前に知っておきたい根本的なテーマ。科学との関係から医学の特殊性を問う出題は多い。医学をどう学ぶべきか，病気をいかにとらえるかといった出題も，医学のあり方にかかわる問題である。科学そのもののあり方や，科学者の姿勢についても私立大を中心によく問われている。また，ここに来て，EBM と NBM の関係性について問う出題も多くなってきた。高齢者に対するアプローチが増加するなか，物語に基づく医療の重要性が説かれている。しかしながら，医学・医療の科学としての側面を考慮すると，EBM の重要性はいうまでもないことである。要は，両者のバランスをどう取るかが重要であり，両者の併存をにらみ，主張を展開することが妥当であろう。

視点❶　医学のあるべき姿

●○○ 医学と科学の関係

　近代医学は科学的方法に基づいている。すなわち，患者の体のなかで起こっている異常を客観的に分析し，実験や観察を通して有効な治療法を見出すことで，疾病を治療・予防し，人々の健康を守ることを目的とする。

　その医学の実践的な形が医療であるが，医療現場で日常的に見られる，注射を打つ，手術をする，薬剤を投与するといった行為は，患者の身体に何らかの影響を与える。それらの医療行為（医的侵襲）が正当化される根拠となっているのが，科学としての医学である。特に近年は EBM（根拠に基づく医療）という考え方が浸透し，

✓これまで医師個人の経験や知識に頼る部分の大きかった治療方針の決定が，臨床研究※1や疫学※2的観察の客観的結果に基づいてなされるべきとされるようになった。

これにより，最適な医療・治療を選択し実践することが可能となった。

　新しい治療法は，動物実験などを繰り返し，十分なデータを集めて検討したうえで，科学的エビデンス（根拠）を備えていると認められて初めて臨床試験への適用を許される。臨床結果もまたデータとして蓄積され，検証の対象となる。そうして疫学的に有効性が確認されると，先端医療から一般医療として認められるようになる。

　このように，医学と科学の関係はきわめて密接である。ところが，

✓医学は他の自然科学とは異なり，その研究結果が生身の人間に直接適用される

ことから，「生命とは何か」「人間とは何か」「健康とは何か」といった根源的な問いに向き合わざるを得ない。現代においては，人間を臓器の集合体としか見なさない，医学の要素還元主義に対する批判や，医学の発達と人間の倫理の衝突（⇨6 生命倫理）という問題が顕在化している。

●●○ 伝統医療に見る医学のあり方

　そもそも，医療とは科学的医療のことだけを指すと考えるのは，やや視野の狭い見方である。

　東京・巣鴨の「とげぬき地蔵尊」のように，全国各地には傷病の治癒に効験があるとされる寺社が多数ある。オーストラリアの先住民は歯痛を治すために熱したやり投げの道具を頬に押しつけるという。韓国では巫女（シャーマン）による祈禱治療が現在でも盛んに行われている。こうした伝統医療の事例は世界中で収集され，医療人類学・医療民俗学の対象として研究されている。こうした研究のなかに，きわめて興味深い次のような事例がある。悪病を払う行事として群馬県佐波郡に古くから伝わる「すみつけ祭り」である。

（毎年）2月11日には群馬県佐波郡玉村町上福島のすみつけ祭りが行われる。大根を輪切りにした切り口に釜底の墨を含ませ，これを手に持って村中を練り歩き，誰彼かまわず行き逢った人の顔に墨を塗りつける。（中略）昔疫病がはやったのですみつけ祭りを始めたが，昭和3年に振り袖を着たお嫁さんに墨をつけて問題になり，すみつけ祭りをやめることになった。ところがやめた年に悪病がはやり，再開されて今日にいたっている。（根岸謙之助『医の民俗』雄山閣より）

　この事例で，祭りの中止と病気の流行は全くの偶然だと見ることもできる。しかし，それまで村を疫病から守ると信じられていたすみつけ祭りを中止することで，村民の心に不安が宿り，心身のバランスに影響を与えた可能性は否定できない。少なくとも，その後ただちに祭りが再開されていることから，人々がこの祭りを通じて地域の人々の無病息災を願うことで，心の平安を得ていることはわかるであろう。

　私たちは大きな手術の前には神社仏閣にお参りをして無事を祈り，お守りを頂く。あるいは，入院が長引く病人に一日も早い回復を祈って千羽鶴を折ったりもする。こうした行為が今も絶えることがないのは，医学がどれほど高度に発達しようと，人間の力が決して及ばない領域があることを，私たちが無意識のうちに知っているからにほかならない。

　科学としての医学の恩恵を受ける私たちは，生物としての人間であると同時に，社会的環境や文化的背景のなかで生活しており，客観性や普遍性を重視する科学モデルだけでは対応しきれない存在だ。医療が抱える問題の難しさがそこにある。今後は，伝統医療の果たしてきた役割を再検証するとともに，病気だけを診る科学的医療の見直しが図られるべきであろう。

視点❷　病気と全人的医療

　現代の医師は，病気を生物学的な心身の故障または異常ととらえたうえで，科学的な医療を行っている。

　心身の状態は，目に見える数値や画像などのデータとして観察される。ここで正常な範囲から外れたデータが出れば故障あるいは異常ということになり，病気と見なされる。つまり，現代の医療は，客観的に数値として示される病への対処を行うものなのである。一方，数値化されない漠然とした体調不良に対しては，それが患者にとってどれほど重大で辛いものであろうと，病気として認識されることはない。したがって，対処もできないということになる。

　しかし，このような意味での病気にのみ対処するだけでは，医療に期待される役割

を十全に果たすことは難しくなってきた。生活習慣病のような慢性疾患の場合，メンタルな要素を含めて多くの要因があり，それらが複雑かつ長期にわたって作用した結果として発症したものであって，病気だけを診ていたのでは有効な治療は行えない。また，高齢者の場合，複数の疾患を有することが多く，加えて「老化」の問題がある。普通であれば感じる痛みを感じないなど，症状が不特定ではっきりしないこともある。さらに，終末期の患者は，身体の痛みだけでなく，「自分の人生が無意味だったのでは」といった喪失感が引き起こす魂の痛み（スピリチュアルペイン）に苦しめられることもまれではない。

　これからの医師に求められるのは，「キュアからケア※3」という言葉に示される，医学的に定義づけられる病気の治療だけでなく，医学的には病気とされない，しかし患者の健康や QOL に重大な影響を与える問題にも目配りをしていく姿勢であろう。このことは，現代医療が向かおうとしている全人的なケア，すなわち全人的医療にもつながってくる。患者は身体的・精神的・社会的側面を備えた，一個の人格をもった存在である。そのため，症状だけでなく，人間全体を総合的に診ることで，患者の QOL を向上させようとする試みが必要になるのである。

視点❸　医学教育の課題

　現在の医学教育について一瞥しておこう。

　2017 年に医学関係者と文部科学省が中心となって，医学教育モデル・コア・カリキュラム平成 28 年度改訂版が作成された。これは日本の医科大学（医学部）で最低限修得すべき教育内容を定めたものである。医学の発展に伴い膨大となった学習内容を整理し，時代の要請にあった医師を育成するという目的のもと，医学教育の標準化を図り，医療を良質で均一の水準に保つことが目指された。

　その目標の一つとして重視されているのが，基本的な臨床能力の充実，とりわけコミュニケーション能力の養成である。現在求められている患者中心の医療や，全人的医療の実現のためには，少ない診療時間で患者の意思や気持ちをくみ取り，患者との信頼関係を築き上げる能力が必要である。

　従来の医学教育では，講義中心の授業で知識を身につけ，見学型の実習や模擬演習によって患者の様子や患者とのやりとりを学ぶのが主であった。コア・カリキュラムの導入後は，学生が医療チームに加わり，直接患者に接して診療態度や技能を身につける診療参加型臨床実習が取り入れられている。その土台となるのがコミュニケーシ

ョン能力であり，臨床実習に入る前に，コミュニケーション能力の養成に特化した授業を設けている大学もある。

　一方で，医師は科学者としての側面をもつ。科学に裏づけられた医学は，きわめて冷静かつ冷徹な感性と厳密な論理性を必要とする。医師には，データを客観的に分析し普遍性を追究する姿勢が求められる。

　この点で，医学部入試において数学が課されるのには意味がある。医学研究上の実験計画の策定，臨床結果などデータの統計的分析においては，数学の知識が欠かせないからである。つまり，医学部受験生が数学と格闘しなければならないのも，大きな視点で見れば科学的な医療を支えるための要請ということになる。

　文字どおり科学者としての医師が求められるのは，医学研究の分野であろう。医学研究を担う研究医の育成強化も，医学教育の課題の一つに挙げられている。大学医学部および付属病院は，医師を養成する教育機関であるとともに，新たな医療技術の開発や，新薬の治験などを行う基礎研究の場でもある。しかし，近年，学生の臨床医志向が強まり，大学で研究に従事する研究医の不足が問題視されてきた。そこで，医学部入試に研究医枠を設けるほか，早期の研究医養成のためのカリキュラムを用意するなどの取り組みがなされている。

　医師には，常に進取の気性をもち，未知の領域にチャレンジすることで，医療の新しい地平を開くことが期待されている。しかし，その一方で，患者の心を温かく包み，認め，励ます人間性や，コミュニケーション能力もまた求められる。

✓ 一人の医師の養成には，臨床実習への患者の協力や，解剖実習への献体をはじめとする，社会的な支援が欠かせない。

だからこそ，医学教育へ向けられる期待と，果たすべき社会への責任は大きい。

※1　**臨床研究**
　人を対象とする医学研究。倫理的妥当性や安全性などが事前に評価され，遵守すべき指針や法律に従って実施される。ナチス・ドイツによる人体実験への反省をふまえ，1947年にニュルンベルク綱領，1964年にヘルシンキ宣言が採択され，こうした医学研究におけるインフォームド・コンセントが確立されていった。

※2　**疫学**
　地域や集団を対象として，疾患や健康に関する事象の頻度・分布を調べ，発生の原因を明らかにする医学の一分野。感染症の研究から始まり，今日では公害や災害など，広く健康を損ねる原因なども扱う。

※3　**キュアからケアへ**
　疾病構造の中心が感染症から生活習慣病，高齢者へのケアへと推移する一方，医療技術の発達によって延命が可能となるなかで，疾病のキュア（治療）を目指す医療から，患者が病とともに生きていく手助けをするケア（介護・世話・配慮）を目指す医療への転換が求められている。

▶▷▷ ホメオパシーとプラセボ効果

　医師など医療者が科学的根拠の乏しい治療行為を行うことはできない。2010年，頭蓋内出血防止に効果があるビタミン K2 シロップの代わりにホメオパシー治療を受けた乳児が死亡する事件が問題となった。ホメオパシーは，ある症状を引き起こす成分をごく少量投与すると，似た症状の病気が治るという思想に基づく民間療法である。事件を受け，日本学術会議は「（ホメオパシーは）科学的に明確に否定されている。治療に使用することは厳に慎むべき行為」と非難の談話を発表し，日本医師会などが賛同している。

　科学的な薬効のないホメオパシーには，プラセボ（偽薬）効果が指摘されている。患者がその効き目を信じることで現れる心理的効果のことである。たとえば，医師への信頼感の有無が患者の治癒に影響を及ぼすなど，現代の科学的医療にもプラセボ効果が見出せる。こうした人間の心理と身体の作用については，科学的に未解明な部分があり，ここに人間という存在の複雑さと不思議さがある。

8　全人的医療の実現　［課題文］

信州大学（医学部医学科）　　　　　　　　　　　目標 60 分

「ドクター・ショッピング」という言葉を聞いたことがあるだろうか。

なにも医者を買いあさるわけではない。診断や治療に納得できず，何ヵ所も医療機関や医者をたずね歩くことをいう。

だれでも，自分，あるいは家族が病気になれば，よりよい医療を受けよう，受けさせようとするだろう。当然だ。しかし，これはとりもなおさず，だれもがドクター・ショッピングにおちいる危険性を秘めている，という証でもある。

「身体がだるい」「疲れやすい」「やる気が出ない」，あるいは「頭が重い」「動悸がする」「息苦しくなる」「めまいがする」など，原因不明の症状を抱えている人がいる。もうすこし体調がよければ仕事もうまくゆくはずだし，やる気ももっと出るのにと，毎日を歯がゆい思いながら鬱々と過ごしている。

原因不明，すなわち症状の原因を医学的に証明できない，といったようなことは意外にあるものだ。このような場合に決まって登場してくるのが，いわゆる不定愁訴というものである。患者にすれば，現実に自覚症状があるので大いに問題ありなのに，医師にすれば何ら問題はない，ということになってしまう。

症状がある以上，何らかの原因があるはず，と考えるのは，医師にしても同様である。ところが，その原因がいったいどこにあるのかが特定できないのだ。不定愁訴は，医療者側からすると，「病気でない病気」ということになるだろう。

患者は，医師から「異常なし」と言われはしたものの，その言葉を鵜呑みにはできない。「そんなはずはない。何かあるはずだ」と思い悩む。

（中略）

ドクター・ショッピングは昔からあるが，現代医療の高度化，細分化によって生み出された産物である。医師は自分の専門領域にこだわり，患者の身体症状の原因が他領域にあることに気づかない。そして高額な検査を繰り返す。これが医療財政を圧迫し，患者へは精神的・身体的負担が大きくのしかかるのである。

この様な弊害から脱却させようという試みが総合内科などでの，全人的医療なのであるが，全身をみること，全科的にみることが，全人的医療と勘違いしてはいけない。全人的医療とは，生物学的，社会的，心理的，倫理的，総合的な存在として患者を診ることである。すなわち，患者を診るとき，「疾患だけ」を診るのではなく，「その人」を診ることが，全人的医療の基本なのである。

（小野繁『ドクター・ショッピング』新潮社 より）

設問 文章を読んで，あなたの考えを 600 字以内で書きなさい。

POINT 患者が医師の診療に不満をもち，医療機関や医師をいくつもたずね歩く「ドクター・ショッピング」現象に現れた現代医療の問題を指摘し，解決策としての全人的医療について意見を述べさせる問題である。「疾患だけ」を診る医療から「その人」を診る医療へ，という近年の医療界に見られる動きについてはぜひとも把握しておく必要がある。

解　説

> **課題文の要点**　各段落の要点は以下の通り。
> ❶〜❸ドクター・ショッピングとは診断や治療に納得できず，何ヵ所も医療機関
> や医者をたずね歩くことをいう。
> ❹〜❼症状の原因を医学的に証明できない不定愁訴は，医師にすれば病気ではな
> いことになる。医師から「異常なし」と言われた患者は，「そんなはずはない。
> 何かあるはずだ」と思い悩む。
> ❽ドクター・ショッピングは現代医療の高度化，細分化によって生み出された産
> 物である。
> ❾この弊害から脱却せんとする全人的医療の基本は，「疾患だけ」を診るのでは
> なく，「その人」を診ることである。

設問

要求　文章を読んで，あなたの考え。

方針　全人的医療を実現すべきという著者の意見は近年の医療の流れからも妥当で
あり，これに反対するのは難しいだろう。そこで，著者の見解に賛成したうえで，全
人的医療を実現するためにはどのようなアプローチをとるべきかについて，チーム医
療（⇨ 4 医療事故）の考え方をもとに，自分なりの見解を論述する解答とした。

> 　ドクター・ショッピングに陥る人々が増えている現状をふまえ，「疾患だけ」
> を診るのではなく，「その人」を診る全人的医療へ転換するべきだという著者の
> 意見に，私も賛成する。患者の健康の建設，QOL の向上という医学に課せられ
> た使命を果たすには，患者が苦痛を感じている以上，「病気でない病気」にも対
> 応できなければならないからだ。たとえば，一人暮らしの高齢者が心身の不調を
> 訴える場合，その原因はコミュニケーションの少ない生活にあるかもしれない。
> これまでの人生のなかで味わった挫折や喪失が心の傷となっている可能性もある。
> 人によっては経済的な困難を抱えていることもあろう。こうした事情に気づき，
> 対処していくために，求められるのが全人的医療である。
> 　全人的医療を実現するためには，医師は患者を取り巻く生活環境，患者の生活
> 史，さらには社会的関係にまで目を向ける必要があると私は考える。医師が自ら
> 幅広い診察能力を身につけることも重要である。それでも医師の手に余るという
> なら，チーム医療の考え方を拡大して臨めばよい。看護師や理学療法士といった

他の医療従事者の力を結集することはもちろん，ソーシャルワーカーや民生委員，さらには行政の担当者と，医師が直接解決できない生活上・社会関係上の問題については積極的に他の専門家の力を借りるのである。このようにして，今まで以上に幅広い領域の専門家と協働することが必要だと考える。(600 字以内)

9 ウイルスと病気に関する医学研究 課題文・資料

東京医科歯科大学（医学部医学科）　　　　　　　　　　　　　　目標 **60** 分

　次の文章と図は 1980 年代初頭におこなわれた研究についてのものである。これらを読み，後の設問に答えなさい。

　ATLA（注１）に対する抗体は，ATL（注２）患者のみに検出される抗体であろうか。ATLA 抗体は，MT-I 細胞の ATLA を抗原として，免疫蛍光間接法で検出される抗体である。このテストの手法はもうしっかりと決まっていた。この実験もまた重要であった。何故ならば，このウイルスが本当に ATL というヒトの癌に関係があるのかどうかを決定的にするからである。血清は日本全国の各地の大学や病院から集められたが，特に意識して集めたのは二つの地方である。一つは ATL 患者の多発地方の鹿児島県および長崎県である。もう一つは ATL 非多発地方の地元の京都と神戸であった。神戸では神鋼病院の井本勉博士の積極的協力をえた。血清は 20 歳以上の成人のものである。ATL が成人に発生するからである。

　病気の種類は ATL はもちろんのこと，各種の癌，特に血液癌，そのうちでも特に白血病の患者の血清を重点的に集めた。癌以外の病気の患者の血清も集まった。また健康な大人の血清はできるだけ多数，一地域あたり最低でも 100 人からの血清サンプルを是非テストしたかった。このウイルスが本当に ATL という病気と因果関係のあるウイルスなのか。これを問う血清のテストは連日続いた。そしてついにその結果が総括された。図に示すのがそれである。

　調べた ATL 患者は総数で 44 人であり，すべて例外なくテストＡ群の ATLA 抗体陽性であった。抗体陽性というのは，この ATL ウイルスに感染した結果としてその個体に抗体がつくられていることを示す。またＢ群の悪性Ｔ細胞リンパ腫と診断された患者 40 例の大部分（34 例）も陽性であった。このＢ群患者の殆どは ATL と同じような症状を示す。違う点は一つ，末梢血中に白血病細胞が出現（これを白血化という）していないということであり，成人Ｔ細胞白血病・リンパ腫（ATLL）という定義に入れられる患者である。事実，このＢ群の患者は，その病気が進行中に白血病化するために，診断名が ATL に変更されることが珍しくない。

（日沼頼夫『新ウイルス物語』より）

注１）成人Ｔ細胞白血病と関連すると考えられる抗原
注２）成人Ｔ細胞白血病

設問1 本文と次の図から，ATL ウイルスと病気との関係についてどのようなことがわかりますか。（600 字以内）

設問2 このような研究を患者と健康な人から採血しておこなう場合に，あなたならどのような倫理的な配慮が必要と考えますか。（300 字以内）

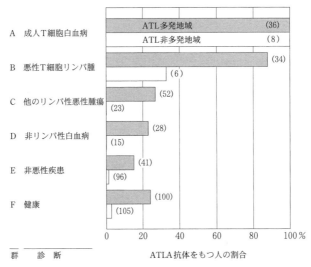

図 ＡＴＬ多発地域と非多発地域の抗体保有率

　ＡＴＬＡ抗体をもつ人の割合を、多発地域(表の網掛バー)と非多発地域(表の白抜きバー)について診断別に比較した。図中のカッコ内の数値は検査した人数である。

POINT 本文と図から，ATL ウイルスと ATL（成人Ｔ細胞白血病）の関係を正しく読み取れれば解答は容易だろう。研究について述べた課題文である以上，研究の目的，すなわち「何を解明しようとしているか」をふまえれば，読解のポイントはつかめる。倫理的な配慮を考えるにあたっては，グラフも参考になる。

解　説

> **課題文の要点**　各段落の要点は以下の通り。
> ❶・❷ ATL ウイルスが本当に ATL（成人T細胞白血病）に関係があるのかを調べる研究がおこなわれた。
> ❸結果は，ATL 患者はすべて例外なく ATLA 抗体陽性であった。また，病気が進行すると ATL になりうる悪性T細胞リンパ腫の患者の大部分も陽性であった。

設問1

要求 ATL ウイルスと病気との関係。
条件 本文と図からどのようなことがわかるか。

方針 本文の冒頭には「ATLA に対する抗体は，ATL 患者のみに検出される抗体であろうか」「このウイルスが本当に ATL というヒトの癌に関係があるのかどうかを決定的にする」といった，研究の目的に関する記述がある。研究結果（本文および図）はその目的に応えるもののはずであり，その視点から読み取っていけばよい。〔解答例〕では，読み取った事実を研究の中心課題である ATL ウイルスと ATL の関係，ATL ウイルスとそれ以外の病気との関係，という順で整理した。

> 　ATL ウイルスと病気との関係について，第一にわかることは，ATL ウイルスが ATL（成人T細胞白血病）に深く関係するということである。図のA群より，ATL 多発地域にせよ，非多発地域にせよ，すべての ATL 患者が ATLA 抗体をもっていることがわかる。ただし，ATL ウイルスに感染すれば必ず ATL を発病するわけではない。図のF群にあるように，健康体であっても ATLA 抗体をもつ，すなわち ATL ウイルスに感染している人もいるからである。
> 　第二に，ATL ウイルスは，悪性T細胞リンパ腫とも関係することがわかる。図のB群を見ると，悪性T細胞リンパ腫の患者のうち，ATL 多発地域の患者の90％近くが ATL ウイルスに感染しているからである。ただし，同病の患者でも ATL 非多発地域の患者の ATL ウイルス感染率は30％強と明らかに低くなる。したがって，ATL ウイルスと悪性T細胞リンパ腫との関係は，ATL に比べれば薄く，限定的であるといえる。これは，ATL ウイルス以外に，悪性T細胞リンパ腫に関係する因子の存在を示唆していると考えられよう。
> 　第三に，他のリンパ性悪性腫瘍，非リンパ性白血病，非悪性疾患と ATL ウイ

ルスの関係についてだが，これらの病気とATLウイルスはほとんど関係していないことがわかる。図のC，D，E，F群にある通り，これらの病気の患者のATLウイルス感染率は，健康な人と変わらないからである。（600字以内）

設問2

要求 このような研究を患者と健康な人から採血しておこなう場合に，あなたならどのような倫理的な配慮が必要と考えるか。

方針 医学研究を行う際の一般的な手続きがここでも求められるのはもちろんだが，「患者と健康な人から採血しておこなう場合に」と設問で注意が喚起されているので，患者と健康な人それぞれについて，どのような問題が生じうるかを考えてみればよい。図のグラフで，ATLを発症していない人からも一部ATLA抗体が検出されていることに着目しよう。

　まず，採血という侵襲を伴う研究を行う以上，その目的や方法，危険の有無などについて，十分な説明をしたうえで同意を得ることは当然必要である。加えて，こうした研究では，結果の告知についても配慮が必要となる。ATLを発症していない人からATLウイルスが検出された場合，発病の予防や周囲への感染の予防といった適切な対処のために，告知するのが望ましいと考えられる。しかし，ATLはがんであり，そのウイルス感染に精神的ショックを受ける人もいるであろうことを無視してはならない。そこで，調査前に，ATLウイルス感染が判明した場合に告知を希望するか否か，本人の意思を確認しておく必要があると考える。（300字以内）

10　科学者の資質

山口大学（医学部医学科）　　　　　　　　　　　　　　　　目標60分

次の文章を読んで以下の問いに答えなさい。

　研究に限らず，大事業の成功に必要な三要素として，日本では昔から「運・鈍・根」ということが言われている。科学者の伝記を読むと，その人なりの「運・鈍・根」を味わうことができる。「運」とは，幸運（チャンス）のことであり，最後の神頼みでもある。①「　　　　」と言われるように，あらゆる知恵を動員することで，逆に人の力の及ばない運の部分も見えてくるようになる。人事を尽くさずにボーッとしているだけでは，チャンスを見送るのが関の山。運が運であると分かることも実力のうちなのだ。

　次の「鈍」の方は，切れ味が悪くてどこか鈍いということである。最後の「根」は，もちろん根気のことだ。途中で投げ出さず，ねばり強く自分の納得がいくまで一つのことを続けていくことも，研究者にとって大切な才能である。論文を完成させるまでの数々の自分の苦労を思い出してみると，「最後まであきらめない」，という一言に尽きる。山の頂上をめざす登山や，ゴールをめざすマラソンと同じことである。

　それでは，なぜ「鈍」であることが成功につながるのだろうか？　分子生物学の基礎を築いた M. デルブリュック（1906〜81 年）は，「②限定的いい加減さの原理（the principle of limited sloppiness）」が発見には必要だと述べている。

　　もしあなたがあまりにいい加減ならば，決して再現性のある結果を得ることはなく，そして決して結論を下すことはできません。しかし，もしあなたがちょっとだけいい加減ならば，何かあなたを驚かせるものに出合った時には……それをはっきりさせなさい。

　つまり，予想外のことがちょっとだけ起こるような，適度な「いい加減さ」が大切なのである。このように少しだけ鈍く抜けていることが成功につながる理由をいくつか考えてみよう。

　第一に，「先があまり見えない方が良い」ということである。頭が良くて先の予想がつきすぎると，結果のつまらなさや苦労の山の方にばかり意識が向いてしまって，なかなか第一歩を踏み出しにくくなるからである。

　第二に，「頑固一徹」ということである。「器用貧乏」や「多芸は無芸」とも言われるように，多方面で才能豊かな人より，研究にしか能のない人の方が，頑固に一つの道に徹して大成しやすいということだ。誰でも使える時間は限られている。才能が命じるままに小説を書いたりスポーツに熱中したり，といろいろなことに手を出してしまうと，一芸に秀でる間もなく時間が経ってしまう。私の恩師の宮下保司先生（脳科学）は，「頑固に実験室にこもる流儀」を貫いており，私も常にこの流儀を意識している。

　第三に，「まわりに流されない」ということである。となりの芝生はいつも青く見えるもので，となりの研究室は楽しそうに見え，いつも他人の仕事の方がうまくいっているように見えがちである。それから，科学の世界にも流行廃りがある。「自分は自分，人は人」とわり切って他人の仕事は気にかけず，流行を追うことにも鈍感になった方が，じっくりと自分の仕事に打ち込んで，自分のアイディアを心ゆくまで育てていけるようになる。

　第四に，「牛歩や道草をいとわない」ということである。研究の中では，地味で泥臭い単純作業が延々と続くことがある。研究は決して効率がすべてではない。研究に試行錯誤や無駄はつきものだ。研究が順調に進まないと，せっかく始めた研究を中途で投げ出してしまいがちである。成果を得ることを第一として，スピードと効率だけを追い求めていては，傍らにあって，大発見の芽になるような糸口を見落としてしまうかもしれないのだ。寺田寅彦は，晩年に次のように書いている。

　　所謂頭のいい人は，云わば脚の早い旅人のようなものである。人より先きに人の未だ行かない処へ行き着くことも出来る代りに，途中の道傍或は一寸した脇道にある肝心なものを見落す恐れがある。頭の悪い人脚ののろい人がずっと後からおくれて来て訳もなく其の大事な宝物を拾って行く場合がある。（中略）

　　頭のいい人は批評家に適するが行為の人にはなりにくい。凡ての行為には危険が伴うからである。怪我を恐れる人は大工にはなれない。失敗を怖がる人は科学者にはなれない。（中略）

　　頭がよくて，そうして，自分を頭がいいと思い利口だと思う人は先生にはなれても科学者にはなれない。人間の頭の力の限界を自覚して大自然の前に愚な赤裸の自分を投出し，そうして唯々大自然の直接の教にのみ傾聴する覚悟があって，初めて科学者にはなれるのである。併しそれだけでは科学者にはなれない事も勿論である。矢張り観察と分析と推理の正確周到を必要とするのは云う迄もないことである。

　　つまり，③頭が悪いと同時に頭がよくなくてはならないのである。

あえて「鈍」に徹して失敗を恐れないことが，科学者には必要なのだ。科学とは，「未知への挑戦」という最大の冒険なのだから。

（酒井邦嘉『科学者という仕事』中公新書　より一部抜粋）

設問1　下線部①の「　　　　」に適切な名句を入れなさい。

設問2　下線部②を著者はどのように捉えているかを述べなさい。（100字以内）

設問3　下線部③とはどのようなことを言っているのか，わかりやすく述べなさい。（100字以内）

設問4　成功につながるには「鈍であるほうがよい」という著者の考え方に対する反論を展開しなさい。（400字以内）

POINT　研究者の資質について，著者の見解は明確であるため，設問要求に沿って反論を組み立てることは容易であろう。科学研究の世界をとりまく現代的な事情をふまえ，具体的事例など，説得力を増す内容をどこまで盛り込めたかで差がつく問題である。

解　説

> **課題文の要点**　各段落の要点は以下の通り。
> ❶・❷研究や大事業の成功に必要な三要素は，「運・鈍・根」と言われる。
> ❸～❽「鈍」とは，予想外のことがちょっとだけ起こる適度な「いい加減さ」を
> 　もつことであり，発見や成功につながる。
> ❾あえて「鈍」に徹して失敗を恐れないことが，科学者には必要なのだ。

設問1

要求　下線部①の「　　　　」に入る適切な名句。

方針　「　　　　」を含む文に続いて「人事を尽くさず…」とあるのが直接のヒント
となる。

> 人事を尽くして天命を待つ

設問2

要求　下線部②を著者はどのように捉えているか。

方針　「限定的いい加減さ」についての引用の後，「つまり」以下に着目しよう。こ
こで著者の解釈が述べられている。

> 　著者は，結果の再現性を失わせない程度の適度な「いい加減さ」をもつこと，
> すなわち少しだけ鈍く抜けていることは，新たな発見につながる予想外のことを
> 引き起こすので，科学者にとり好ましい資質だと捉えている。（100字以内）

設問3

要求　下線部③とはどのようなことを言っているのか。
条件　わかりやすく述べる。

方針　本問でも，下線部直前の「つまり」がヒントとなる。引用文中のそれ以前の
箇所の言い換えを表すことに気づくことができれば，解答に到達できる。

> 科学者には，失敗を恐れず，謙虚に研究対象と対峙し，ひたむきに研究に打ち込む愚直さが必要であると同時に，観察・分析・推理といった研究作業を的確に遂行する知的能力も必要であるということ。（100字以内）

設問4

要求 成功につながるには「鈍であるほうがよい」という著者の考え方に対する反論。

方針 「鈍であるほうがよい」という考え方について，著者は第❺段落の「第一に」以降の箇所で説明している。ここで著者のいう「鈍」のイメージを十分につかんだうえで，「鈍」では不利になる場合を想起すれば，そこから反論を組み立てることができよう。〔解答例〕ではiPS細胞の生成に成功した京都大学の山中伸弥教授（⇨7 先端医療）を例にとり，研究に没頭するだけでは現代科学の最先端を走ることはできないという反論を展開している。

〔解答例〕中で述べたほかにも，山中教授は，海外での研究発表を通じて各国の研究者とネットワークを作る能力にもたけており，そのネットワークを活用した「情報戦」によって，他の研究者に先駆けてiPS細胞の生成を発表できたと言われる。また，医療技術と密接に結びつく研究成果だけに，特許戦略にも常に留意しなければならない立場でもある。「鈍」な研究者も確かに必要だが，研究者像が時代とともに移り変わっていることは否定し得ないだろう。

> 　私は，著者の「鈍であるほうがよい」という考え，特に，研究にしか能のない人の方が大成しやすいという意見に反論する。現代の科学研究は多額の予算を必要とすることが少なくない。予算を確保するためには，政府機関や各種基金，また納税者たる一般市民に対して，プレゼンテーションや各種の交渉が必要となる。さらに，確保した予算を有効活用するには，一種の経営的手腕も要求されよう。実際，iPS細胞の生成に成功した山中伸弥教授は，研究支援を取り付ける手腕や，研究チームの統率力，一般向け講演での話術などにおいても評価が高く，それらが画期的成果を得るための土台を成していたと考えられる。著者のいう研究にしか能のない人にももちろん大きな役割があるだろうが，現代において科学者として研究を続け，さらに成功を収めようと思えば，研究以外にも才能を発揮する「切れ者」でなければならないというのが現実であろう。（400字以内）

医療事故

4

医療事故は，患者やその家族に深刻な被害をもたらす。それだけでなく，医療全般に対する不信感が高まったり，医師が訴訟リスクを嫌って特定の診療科を忌避するなど，いわゆる「医療崩壊」の一因ともなる。医療事故はなぜ起こるのか，医療事故の被害をいかにして最小限に食い止めるのか，現実的な考察を深めておこう。

🔍 必須キーワード

□**医療事故／医療過誤**

　医療事故とは，医療の過程において起こったすべての人身傷害事故を指す。医療事故のなかでも，医療従事者の過失により患者が傷害を負い，過失と傷害との間に因果関係がある場合を特に医療過誤と呼ぶ。

□**ヒヤリ・ハット事例**

　重大な事故には至らなかったものの，なってもおかしくはなかった事例。「ヒヤリ」「ハッ」とした経験のこと。1件の重大な労働災害の裏には，29件の軽微な災害があり，さらにその背後には300件の災害まで至らなかったニアミス（ヒヤリ・ハット）があるとされ，これをハインリッヒの法則という。

□**チーム医療**

　医師や看護師，薬剤師，臨床心理士，栄養士などさまざまな分野の専門職スタッフが連携して，患者中心の医療を実現しようとするもの。特に慢性疾患，悪性疾患，先天性疾患などでは，多くの専門職スタッフがかかわって医療が行われる。

🔍 出題傾向

　医療事故は，近年出題が増えており，その原因や対策を論じさせるものが中心である。医療事故に関しては，大きく刑事，民事の問題が生じるが，抽象的に医療事故と問われた場合は，数多の訴訟が提訴される民事の問題ではなく，新聞報道レベルの刑事の問題について触れるのがよかろう。チーム医療と医療事故に関しては，分業体制が生んだ過失の連鎖の問題が記述のポイントになる。一人の医療従事者の過失が他の医療従事者の過失を招き，過失が増幅されるようなケースである。チームとしてこのような問題にどう対処すべきか，意見をまとめておく必要がある。

視点❶　医療事故の背景

　厚生労働省によると，「医療に関わる場所で，医療の全過程において発生するすべての人身事故」を広く医療事故と呼び，そのうち医療従事者の医療的準則に違反した行為により患者に被害が及ぶことを医療過誤と呼ぶ。

　社会問題として取り上げられやすいのはこの医療過誤であるが，その原因を医療従事者の能力や資質上の問題に結びつけるだけでは，医療事故そのものは減らないだろう。重大な事故の背後には，医療全体の問題が透けて見える。

　第一に，医療の世界が構造的に抱えている問題がある。現代の日本の医療は急速に高度化し，複雑化する一方で，その変化に対応する人員やコストが十分に供給されてこなかった。現場の医療従事者の負担は過重になっており，カルテの確認もれや薬品のラベル誤認といったミスが起こりやすい状況になってしまっている。しかも，医療ミスが問題化しやすい診療科ほど，トラブルを嫌って志願者が減り，さらなる人手不足を招くという悪循環が生じている。こうしたなか，2000年代に入って，国の方針で総医療費が削減されており，医療現場への影響が懸念されている。これらの要因から引き起こされる医療事故を防ぐためには，個々の医師や看護師を問題の原因とするだけでは十分ではない。

✓ 人員確保，労働環境改善といった根本的対策をとり，安全な医療システムを確立しなければならない

のである。

　第二の問題は，医療には不確実性があるという点である。医療は急速に進歩・発展を遂げ，多くの貴重な生命を救ってきたことは事実であるが，生身の人間に相対するものである以上，機械のように常に正確に働くわけではない。同じ病気であっても症状には個人差があり，患者のその日の体調によって対応が変わるなど，不確定要素が必ず入ってくる。医療の不確実性から考えると，医療事故の可能性をゼロにすることはできない。

　それを物語る事例が，2004年に福島県で起こった次の事件であろう。

　出産の際に帝王切開の手術を受けた女性が大量出血して死亡し，2006年に担当医師が起訴された。裁判では，医師のとった措置が争点となった。帝王切開の手術中，女性が「癒着胎盤」という症状だと判明した後，胎盤を剥がすという処置を続けたのは正しかったのか，それとも子宮摘出手術に移行すべきだったのかが争われた。医師の措置について，「誤りだった」とする検察側証人である医師と，「正しかった」とする弁護側証人である医師とで意見が真っ二つに割れた。結局，この事件では医師の無罪が確定している。

　もちろん，裁判所が支持しなかった意見にも医学的な根拠の片鱗が全くないわけではない。つまり，

✓ 医療の世界では，専門家が「正解」とする判断が複数あり，双方が真っ向から対立することがありうる。

判決文に述べられたように，「そもそも，医療行為の結果を正確に予測することは困難」なのであり，このようなケースではなおさらといえる。

●○○ 医療の不確実性について理解を促す

　医療事故が深刻な問題となるのを防ぐためには，医療の不確実性について患者に理解してもらうことも必要になってくる。私たちは医療に安全や完全を求めたがるが，現実にはすべての疾病がいつでも治癒可能というわけではない。医療には限界があることへの理解不足が，かえって医療に対する不信の一因になっている可能性がある。

　また，患者の権利意識が増大した現代にあっても，医師と患者の知識の差はあまりにも大きく，患者は医師の判断を信頼して治療を任せるという関係になりやすい。患者は治療内容を正確に把握することなく，「専門家である医師の判断に間違いはない」「医師の言うことを聞いていれば必ずよくなる」と考えがちである。いきおい，治療の結果が期待と大きく異なれば，患者は医師を非難し，場合によっては感情が怒りとなって現れる。医療事故が訴訟にまで発展するようなケースというのは，医師と患者の間にコミュニケーション齟齬が生じた結果ともいえるのだ。

　そこで，医師は治療を始めるにあたって，

✓ 患者やその家族に治療の副作用や合併症などの危険性にまで踏み込んで説明し，その理解を促すインフォームド・コンセントを地道に重ねること

が必要になる。そのうえで，患者との信頼関係を構築することが何よりも重要であり，医師には高いコミュニケーション能力が要求される。

●●○ 医療事故にどう対処するか

　人為的ミス（＝ヒューマンエラー）に基づく医療過誤については，根絶に向けた努力がなされるべきだろう。人間である以上，誰しもミスを犯す可能性があり，そのことを前提に対策をとる必要がある。

✓ 医療機関には，想定できる危険を未然に防ぐリスクマネジメントとともに，実際に事故が起こった場合の機動性のある行動計画・対策であるクライシスマネジメントが求められる。

　現在多くの病院に医療安全管理部門が置かれ，対策が実施されている。リスクマネジメントについては，事故防止のための基本的な行動指針を示したマニュアルの作成だけでなく，事故につながったかもしれないヒヤリ・ハット事例を収集し，原因を分

析して予防に役立てることも進められている。人間が操作を誤っても，常に安全を保つよう制御された機器の開発なども行われている。これらは個人の努力に頼るのではなく，ミスを防ぐためのシステムを構築し，事故が起こりにくい環境を整えようとするものである。

　しかし，複数の人間によるダブルチェックなど，いかに複雑なシステムを構築してもミスが減るとは限らない。そこで，産業界で使われている危険予知訓練を医療の分野で採り入れる医療機関も出てきている。危険に対する感受性を高めることで事故の抑制につなげようという試みである。こうした安全管理のシステムは常に見直し，必要な改善を図っていくことが重要になる。

　一方，万が一事故が発生してしまった際に，被害を最小限に抑えるための対応を考えるのがクライシスマネジメントである。事故発生時の行動指針をマニュアルに盛り込むことは，個々の病院単位で実施されている。ただし，想定しえない事態が起こるのが医療の分野であり，重大な事故の調査は公的な機関によっても担われるべきだという議論がある。航空・鉄道・原子力など被害が大規模になりうる領域では，警察や検察とは独立した調査機関が設立され，事故の原因調査や再発防止対策の検討が行われている。同様に医療の分野でも，2015年に医療事故調査制度が創設され，第三者機関による調査が制度化された。

視点❷　チーム医療のあり方

　チーム医療とは，従来のような医師を中心とした医療のあり方ではなく，患者を中心にすえて，各専門分野の医療従事者が協力しあって最善の医療を模索するという医療のあり方をいう。

　これまでの医療では，医師が優越的な地位に立ち，治療方針を決定して指示を出し，看護師や臨床検査技師，薬剤師，栄養士といった専門職スタッフがそれに従うという方式がとられていた。しかし，医療全体が高度化・専門化している現状では，医師一人の能力や技量には限界がある。

　さらに，

✓感染症から生活習慣病へと疾病構造の中心が大きく変化したことや，高齢者人口の増大によって，これまでの病気を治す医療から，病気をある程度受け入れる「ケア」としての医療への転換が求められている。

　このような背景から，医療の質の向上を目指して提唱されたのがチーム医療である。

✓チーム医療には，専門職スタッフの医療への積極的な参加だけでなく，専門科を越えて医師同士が意思疎通を行うことで，患者を総合的に診ることも含まれている。

●◐○**チーム医療における医師の役割**

チーム医療においては，医師に期待される役割も変化する。医師には責任感や指導力とともに，自らの限界を率直に認め，他の専門職スタッフの意見に耳を傾ける謙虚さや協調性が必要となる。

看護師や薬剤師，診療放射線技師，栄養士，理学療法士，カウンセラーなど，医療にあたるチームはさまざまな分野の専門家の集合体である。医師の指示に従うだけでなく，各専門分野における主体性を発揮し，対等な立場で連携することが期待されている。そこで，

✓ <u>医師には，それぞれの意見を聞き入れ，患者にとって最善の治療方針をまとめていく，いわば議長のような役割が求められている</u>

といえよう。

●◐○**チーム医療の課題**

現在，日本では，ほとんどの医療行為を医師の指示のもとで行うよう医師法で定められている。今後，チーム医療をさらに推進していくためには，専門職スタッフが，その専門性に応じて医療の一部を担うことができるようにすべきだという意見もある。チーム内で医療領域の分担を定めることで，医師は専門性の高い診断のみにあたるようになれば，医師の過重な負担の軽減につながるだろう。

現在，厚生労働省は，「特定行為に係る看護師の研修制度」を導入している。こうした

✓ <u>チーム医療推進のための制度面での整備は今後の課題となっている。</u>

また，多くの専門職スタッフがかかわるチーム医療では，スタッフ同士が積極的に意思疎通を図るとともに，責任の所在を明確にしておくことが特に重要である。そうでなければ，重大な医療事故を招く要因となりかねない。

▶▷▷**チーム医療と信頼の原則**

チーム医療に関連して，医療過誤における信頼の原則に触れておこう。たとえば，医師がベテラン看護師に血液凝固阻止剤の点滴を指示したところ，看護師が消毒液を取り違えて点滴し，患者が死亡したとする。この場合，医師は患者の死に対して責任を問われるだろうか？　相手が適切な行動をとることを信頼するのが相当な場合，たとえ相手の不適切な行動により不幸な結果が生じても，法的な責任を負わないとするのが信頼の原則である。チーム医療は専門家同士の信頼関係に基づく対等な関係であるから，そこで医療過誤が生じた場合，信頼の原則が適用され，医師の監督責任が問われない可能性がある。ただし，相手が信頼に足る能力を欠く場合などもあり，いつでも信頼の原則が適用できるわけではない。

医療現場における決断　　　　　　　　　　［課題文］

自治医科大学（医学部）　　　　　　　　　　　　　　　　　目標 45 分

「ノーゴー」の決断

　スペースシャトル・チャレンジャー爆発事故（1986 年 1 月）の原因調査が進むにつれて，驚くべき事実が明らかになってきた。

　スペースシャトルは，打ち上げ時に強力な推力を得るために，巨大な主燃料タンクの両脇に一対の固体燃料ロケット・ブースターをつけている。固体燃料ロケットの外壁は，4 つの円筒をつないだ構造になっていて，接合部はガス漏れ防止のために合成ゴム製のリング（その円形の形状から「Ｏリング」と呼ばれる）とパテでシールされている。

　ところが，大統領任命の事故調査委員会の調査が進むにつれ，重大な事実が次々に明らかになってきたのである。謎解きの鍵は，右側固体燃料ロケットの最下段接合部に生じた異常の解明にあった。打ち上げ時のテレビ映像や写真を解析したところ，固体燃料ロケットに点火直後（0.6 秒後），つまりチャレンジャーがまだ発射台にいる段階で，問題の接合部から黒い煙が噴き出し，さらに 59 秒後の上昇中には，炎が現われはじめていたことが明らかになった。

　いったい接合部に何が起きたのか。まず最初の黒い煙は，合成ゴムとパテが焼けたために発生した可能性が強いと推定された。合成ゴムとパテが焼けるというのは，それだけの炎あるいは熱が内部から一瞬のうちに伝わるだけの "ガタ" が生じていたことを示すものである。では，その "ガタ" はなぜ生じたのか。

　そこで着目されたのは，打ち上げの数日前からフロリダ地方を襲っていた寒波の影響だった。この寒波は避寒地として知られるフロリダ地方の気温を数日にわたって摂氏零度前後という異常な低さにし，特に発射台で吹きさらしになっている右側固体燃料ロケットの表面付近温度は，一時は氷点下 22 度まで下がっていた。

　「Ｏリング」の合成ゴムは，低温になると弾力性が低下し，十分な隙間ふさぎの役割を果たせなくなる。しかも，そうした低温下におけるこのロケットの安全性については，設計基準の考慮外だったのだ。

　そうであれば，安全性確保の条件が満たされていないのだから，打ち上げを中止すべきであることは，素人でもわかることである。ところが，NASA（米航空宇宙局）は発射に対し「ゴー」の決定を下した。「ノーゴー」の決断は下さなかったのである。そこで事故調査委員会の調査と議論の焦点は，NASA の打ち上げ決定の経緯の解明へと移った。

　固体燃料ロケットの製造メーカーであるサイアコル社の打ち上げ現場責任者アラン・マクドナルド氏が，聴聞会で証言したところによると，打ち上げ前日，同氏は異常低温の情報に驚き，これでは安全性を保証できないとして，ユタ州ワササチにあるサイアコル社工場の技術陣に検討を要請するとともに，NASA の責任者に対しても，打ち上げ中止の申し入れをした。サイアコル社の技術陣はほぼ全員，打ち上げに反対であったが，NASA の責任者は，「4 月まで（春がくるまでの意）待てというのか」とまでいって，打ち上げへの同意を迫った。サイアコル社と NASA との議論は激しいものであった。サイアコル社側は，ついに折れて，副社長が同意書にサインをしたという。

　NASA の責任者がなぜ強引に打ち上げを決行しようとしたのか，その理由としては，①年間 15 回という過密なスペースシャトル打ち上げスケジュールをこなさなければならないのに，今回のチャレンジャー打ち上げはすでに 2 度もトラブルが生じて延期していたこと，②マコーリフ先生による宇宙からの授業を全米の子供たちが待っていたこと，③その日は，レーガン大統領が議会における年頭教書演説でスペースシャトル計画の成果についても話す予定になっていたことなど，政治的な判断がからんでいたことが指摘されている。

　しかし，技術の論理というものは，冷酷なまでに貫徹される。技術的に安全性が保証されないとなったら，やはり保証されないのである。いくら組織の経営管理者側が「大丈夫だ」といっても，そんなものは安全のための何の支えにもならない。

　そこで私が思い出したのは，アポロ宇宙船による月飛行のころのことである。当時，私は NHK のアポロ特別報道のスタッフとして，ニュースや番組の制作と放送にあたっていた。特に 1969 年 7 月のアポロ 11 号のときは，人類初の月着陸だというので，打ち上げから月着陸，そして帰還まで，すべての局面を追った大規模な放送計画が立てられた。

　それぞれの飛行段階に対応した適切な番組を準備するには，飛行計画を正確に把握しなければならない。そこで私は，現地取材班から取り寄せたアポロ 11 号の詳細な『飛行計画書』を詳しく読んだ。そこで初めて気づいたのは，飛行がある段階から次の段階に入る度に，必ず，

　「ゴー・オア・ノーゴー」（Go or no go）

の関門が設定されていることだった。所定のチェック項目が全部クリアされなければ，「ノーゴー」なのである。この「ゴー・オア・ノーゴー」の関門は，打ち上げ直前のチェックにはじまって，帰還して着水するまで，実に多かった。

　ちなみに，月着陸の際には，高度を下げてきた月着陸船が着陸の 11 分 53 秒前にファイナル・アプローチ（最終進入）のコースに入るのだが，いよいよファイナルに入るときに，「ゴー・オア・ノーゴー」のチェックと判断をしなければならなかったし，

ファイナル・アプローチが順調にいっても，最後にエンジンをカットして着地する直前に，もう一度，「ゴー・オア・ノーゴー」のチェックと判断をしなければならないようになっていた。

アポロ11号は，打ち上げから月までの飛行，そしてファイナル・アプローチまで，「すべて順調」に飛行したが，最後の着陸段階になって，アームストロング船長がいよいよエンジンを切ろうとしたとき，眼下に広がっていたのは，フットボール競技場ほどのクレーター（穴）であった。アームストロング船長は「ノーゴー」の判断をし，エンジンを切らずに，月着陸船をホバリング（空中停止飛行）させた。そして，クレーターを避けて平地を探し，飛行計画より約40秒遅れて，「ゴー」つまりエンジン・カットの決断を下し，みごとに人類初の月着陸に成功したのであった。

飛行計画のいたるところに登場するこうした「ゴー・オア・ノーゴー」の関門を見たとき，私は，アポロ計画による宇宙飛行と月着陸への挑戦が，いかに慎重に石橋をたたきながら進められるようになっているかを認識させられたものだった。そして，その後のスカイラブやスペースシャトルの打ち上げの際，ときおり延期されたというニュースに接すると，打ち上げ前のチェック関門で責任者が「ノーゴー」の判断をしたのだなと，私なりの解釈をして見ていた。

これまでスペースシャトルが大事故を起こさなかったのは，何らかのトラブルが発見されたときに，適切に「ノーゴー」の判断がなされてきたためであったといってもよかろう。これはスペースシャトルだけの問題ではなく，どんなシステムにもあてはまることであって，システムを破局への突入から救うのは，まさに「ノーゴー」の決断なのである。

だが，「ノーゴー」の判断は，やさしいようで難しい。とりわけ国家的要請とか会社の要請，あるいは対外的なメンツなどの事情がからむと，ひたすら「ゴー」に走りがちである。

1975年6月，ニューヨークのケネディ空港に着陸しようとしていたイースタン航空のボーイング727が，滑走路の手前で雷雨にともなう激しい下降気流に遭遇して高度を失い，墜落炎上した事故があった。これは，当時まだ未知であったダウンバースト（発達した積乱雲の下底に発生する強烈な下降噴流）という異常な気象現象によるもので，必ずしもパイロットのエラーとはいえなかった。ただ，イースタン航空機はそういう悪気象を避けられなかったのかという観点から見ると，パイロットの判断に問題がないわけではなかった。

このイースタン航空機の直前に進入降下していた同じ会社の別の便が，あまりの気流の悪さに着陸を断念して，ゴーアラウンド（着陸復航）をしていた。これに対し，墜落した機の機長は，着陸復航した先行機の交信を聞いて副操縦士に，「あいつはバカだな。あの連中，自分で責任をとるのかな」と話していたのが，ボイスレコーダー

に記録されていたのである。この機長は，おれならうまく着陸してみせると考えたのであろう。そして，あえて「ゴー」の考え方をした背景には，燃料節約という会社の要請や機長の腕前というメンツの意識があったに違いない。いざとなると，「ノーゴー」の決断をするのは，難しいものである。

さまざまな事故の経緯を調べてみると，このように「ノーゴー」をためらって，「ゴー」の判断をしてしまった例が，非常に多い。

かつて日本航空社長だった松尾静磨氏（故人）が，「憶病者といわれる勇気を持て」といったことがある。「ノーゴー」の判断をすると，スケジュールが遅れるため，非難されたり嘲笑されたりすることさえある。中曽根首相が外遊に出発しようとしたとき，専用機にトラブルが生じ，出発が大幅に遅れたことがあった。自民党やマスコミは日本航空を非難したが，たとえ首相専用機であろうと，「ノーゴー」の決断をすべきときには，「ゴー」のサインを出してはいけないのである。

チャレンジャーの発射に，NASA の責任者が「ゴー」の決定を下したのは，既述のように技術的な判断からでなく，政治的な判断からであったに違いないことは，容易に想像できる。そして，そういう政治的な判断，あえていうなら不純な判断こそ，アポロ計画以来のアメリカの有人宇宙飛行の輝かしい安全の記録を，一挙に台無しにしてしまったのである。

NASA の責任者が，いかに日程やメンツを優先させていたとはいえ，これがスペースシャトルの最初の打ち上げであったなら，「4 月まで待てというのか」などという乱暴なことはいわなかったであろう。そういう強引な判断の背景には，スペースシャトルの打ち上げがすでに 24 回もうまくいったという慣れから来る慢心があったに違いない。慣れというのは，怖いものである。「ゴー・オア・ノーゴー」の適切な判断は，初心を忘れない慎重さがなければできるものではない。

チャレンジャー爆発の惨事は，安全の大原則をあらためて教えてくれたといえよう。

（柳田邦男『事故調査』新潮社，1994 年 より）

設問 医療現場における決断において，「医療」が「宇宙や航空」と，同様な点と異なる点とを記せ。（400～500 字）

POINT 医療現場では人命にかかわる決断を迫られることが多い。他の領域における人命にかかわる決断との共通点と相違点をどこまで思いつけるかがポイントである。実際の医療現場での事例を多く知っていれば有利な問題であろう。この問題に限らず，本書で取り上げたような事例については概要を理解しておくとよいだろう。

解　説

> **課題文の要点**　各段落の要点は以下の通り。
> ❶〜❻スペースシャトル・チャレンジャー爆発事故の原因調査が進むにつれ，重大な事実が次々に明らかになってきた。
> ❼〜❿安全性確保の条件が満たされていないにもかかわらず，NASA が打ち上げを決行しようとしたのには，政治的な判断がからんでいた。
> ⓫〜⓯アポロ 11 号のときは，飛行計画のいたるところに「ゴー・オア・ノーゴー」のチェックと判断をする関門があり，宇宙飛行と月着陸への挑戦が実に慎重に進められていた。
> ⓰〜㉑どんなシステムでも，「ノーゴー」の決断は重要であるが，その判断は難しい。さまざまな事故の経緯を調べると，「ノーゴー」をためらって，「ゴー」の判断をしてしまった例が非常に多い。
> ㉒・㉓チャレンジャーの発射に NASA の責任者が「ゴー」の決定を下した背景には，慣れから来る慢心があったに違いない。
> ㉔チャレンジャー爆発の惨事は，安全の大原則をあらためて教えてくれた。

設　問

要求　医療現場における決断において，「医療」が「宇宙や航空」と，同様な点と異なる点。

方針　「医療」と「宇宙や航空」が，一歩間違えば人命にかかわる分野であることは言うまでもない。したがって，安全性確保の条件が満たされなければ「ノーゴー」の決断をすべき，という原則は医療にも当てはまることはすぐにわかるはずである。課題文にあるような組織の要請やメンツ，慣れからくる慢心といった原因により，本来「ノーゴー」の決断がなされるべき場面で「ゴー」が決断されてしまうことも，医療の世界でもありうるだろう。

　異なる点は，課題文から直接導けない分，論述が難しい。「医療」の対象とするものは何か，「医療現場における決断」とはどのようなものか，といった観点で，「宇宙や航空」にはない医療の特殊性を考えてみるとよい。〔解答例〕で心臓のバチスタ手術[※1]を例に挙げているように，自分の意見を補強する例を思いつくと，なおよいだろう。

　「宇宙や航空」の分野では，技術的に安全が保証されていなければ，人命にかかわる以上，即座に「ノーゴー」の決断が下されるべきである。このことは，医療現場で手術等の治療行為が行われようとするとき，安全性確保のための条件が満たされていなければ，その処置を中止すべきであるのと同様である。また，組織的な要請やメンツ，慣れからくる慢心により，この原則がしばしば破られてしまう点も共通する。高度な知識と技術を身につけた医師がメンツから判断を誤ることは十分に考えられるし，慢心は医療事故の大きな原因となる。

　一方，規格通りに生産された機器を扱う宇宙や航空と異なり，医療は生身の人間を対象とする。医療における技術的な安全保証は統計的なものでしかなく，人体には個人差があるため決断には不確実性が伴う。さらに，治療方針の決断には専門家である医師だけでなく，患者の意思もかかわってくる。そのため，患者の同意のもと，安全性が完全には確保されていない新療法にあえて「ゴー」を出すこともありうる。それが患者を救うかもしれないからだ。現在では定着した心臓のバチスタ手術なども，当初はこのような決断のもとに実行されたと考えられる。

（400〜500字）

※1　**バチスタ手術**
拡張型心筋症で伸びきった心筋の3分の1程度を切り取って，収縮力を回復させる手術。考案したブラジル人医師の名前をとってこう呼ばれる。それまで拡張型心筋症の治療法は，心臓移植の他になかった。日本では1996年12月に初めて行われ，1998年に保険が適用されるようになった。

12 医療の不確実性

課題文

奈良県立医科大学（医学部医学科）　　　　　　　　　　　目標 60 分

　次の文章を読んで，医療の不確実性についての患者と医師の間における認識の差がどのような問題を引き起こしていると考えられるか，600 字以内で述べよ。

　医療とは本来，不確実なものです。
　しかし，この点について，患者と医師の認識には大きなずれがあります。
　患者はこう考えます。現代医学は万能で，あらゆる病気はたちどころに発見され，適切な治療を受ければ，まず死ぬことはない。医療にリスクを伴ってはならず，100 パーセント安全が保障されなければならない。善い医師による正しい治療では有害なことは起こり得ず，もし起こったなら，その医師は非難されるべき悪い医師である。医師や看護師はたとえ苛酷な労働条件のもとでも，過ちがあってはならない。医療過誤は，人員配置やシステムの問題ではなく，あくまで善悪の問題である。
　しかし，医師の考え方は違います。人間の体は非常に複雑なものであり，人によって差も大きい。医学は常に発展途上のものであり，変化しつづけている。医学には限界がある。医療行為は，生体に対する侵襲（身体へのダメージ）を伴うため，基本的に危険である。人はいつか必ず死ぬ。しかも，医療は，いつでもすべてに対応できるような体制をとれない。
　ややこしい状況，とくに救急医療の現場では，常に最適の医療が最速で提供できるわけではありません。すべての患者の病状に応じた完璧な準備などありえないし，そこに居合わせた医師個人にそれを求めるのは無理というものです。野球にたとえるなら，10 割打者でなければ「おまえはダメなやつだ」というのと同じです。
　医療行為は不確実です。医療の基本言語は統計学であり，同じ条件の患者に同じ医療を行っても，結果は単一にならず，分散するというのが医師の常識です。

（小松秀樹『医療の限界』より）

POINT 　医療の不確実性についての患者・医師間の認識のギャップが，近年の医療ミスをめぐる紛争の増加につながっているという構図をこの問題で確実に把握しておこう。また，解決策については，課題文中にもある通り人員配置やシステムの問題にも目を向ける必要がある。地域医療や診療科による医師偏在問題（⇨ 8 地域医療と医師不足）と一体として理解するとよい。

解　説

> **課題文の要点**　各段落の要点は以下の通り。
> ❶・❷医療とは本来不確実なものであるが，患者と医師の認識には大きなずれがある。
> ❸患者は，現代医学は万能で，適切な治療を受ければ，まず死ぬことはないと考える。彼らにとって医療過誤は，あくまで善悪の問題である。
> ❹一方，医学には限界があり，医療はいつでもすべてに対応できる体制をとれない，というのが医師の考え方である。
> ❺とくに救急医療の現場では，常に最適の医療が最速で提供できるわけではない。
> ❻医療行為は不確実であり，同じ条件の患者に同じ医療を行っても，結果は単一にならない，というのが医師の常識である。

要求　医療の不確実性についての患者と医師の間における認識の差がどのような問題を引き起こしていると考えられるか。

方針　「どのような問題を引き起こしていると考えられるか」と問われているので，問題を的確に指摘する必要がある。第❸段落末尾には「医療過誤は，人員配置やシステムの問題ではなく…」という患者の認識が述べられており，認識の差が近年の医療過誤をめぐる問題などにおいて表面化することが示唆されている。そのことから，いわゆる「医療崩壊」の問題へと目を向けることができるだろう。〔解答例〕の他にも，医療崩壊につながる現象として，患者のコンビニ受診の問題（⇨8 地域医療と医師不足）を取り上げることができる。

> 　患者は現代医学を万能視し，医療により有害な結果が起きたら医師が悪いと考えている。しかし医師にとっては，医学には限界があり，基本的に医療行為とは危険なものであって，確実に望まれた結果を出すことはできない。
> 　このような認識の差は，医療事故の問題で顕在化し，現代のいわゆる「医療崩壊」につながっていると私は考える。患者側の認識に立つ限り，たとえ医師が正しい治療法を選択し，患者を救うために全力を尽くしたとしても，結果的に患者が亡くなるなど不幸な結果に終わった場合には，医師の能力や人格のみが疑われることになる。福島県の病院で起きた事件では，産婦人科医にとって一般的な処置を選択し，救命の努力を尽くした医師が逮捕され，起訴されるに至った。この事件以来，産婦人科をはじめ医療過誤に問われやすいとされる診療科では医師志

望者の減少が加速した。その結果，人員不足となった医療現場，特に地方のそれ
は機能不全に陥ってしまっている。

　解決策としては，原因である医師・患者間の認識の差を埋める努力は当然必要
である。医師は，治療のメリットだけでなく副作用や危険性についても十分に説
明を重ね，患者との信頼関係を築くべきである。そのためには，医療従事者が患
者との緊密なコミュニケーションを図れる環境も必要である。特定診療科の増員
など，医師不足を解消するための対策をとることが喫緊の課題であると考える。
（600 字以内）

13 チーム医療 テーマ

近畿大学（医学部） 目標 40 分

論題：「チーム医療」について

(注) 横書きで 400 字（20 字×20 行）以内にまとめること。

POINT チーム医療に関する基礎的理解を問う問題。面接対策としても，本問の〔解答例〕や視点解説程度の知識は整理しておく必要がある。

解 説

要求 「チーム医療」について。

方針 制限字数が少ないので，チーム医療の定義や内容を丁寧に説明すればそれだけで紙幅が埋まってしまう。〔解答例〕では，説明部分を少し切り詰め，チーム医療についての自分の考えを織り込んでいる。

> 　チーム医療とは，患者を中心にすえて，医療従事者が対等な立場から意見を述べ合い，最善の医療を模索する医療のあり方である。従来の医療では，医師が治療方針を決定し，他の医療従事者がそれに従うというトップダウンの形式が普通であった。しかし，医療が高度化するにつれ，医師一人の能力には限界が出てきた。また，現代の疾病の中心は生活習慣病であり，患者は長期にわたって疾病とともに生きることになる。そのため，他の診療科の医師や看護師，薬剤師など複数の医療従事者が連携し，多方面から患者を支える全人的な医療が求められている。
>
> 　今後，チーム医療がさらに進展していくなかで，医師に期待される役割も変化するだろう。医療にあたるチームはさまざまな分野の専門家の集合体であるから，医師はそれぞれの意見を聞き入れ，時には対立を調整しつつ，患者にとってよりよい治療方針に統合する，議長のような役割を担うことになると考えられる。
> （400 字以内）

　現代医療における患者の意思尊重の流れは，「どのように死ぬか」についても本人の意思を尊重すべきという考え方に行き着いた。安楽死や尊厳死が議論の的になっている背景にも，自己決定権という原理が控えているのである。ここでは，混同しやすい安楽死・尊厳死の概念を整理するとともに，現在の議論状況を把握しておこう。

🔍 必須キーワード

□安楽死
　死が差し迫った患者の苦痛を和らげるために，本人の意思に基づいて医師など第三者が患者の死期を早める処置をとること。

□尊厳死
　人間らしい最期を迎えたいという患者の望みに基づいて，治癒の見込みがなくなった段階で延命治療をやめ，自然な死を迎えさせること。

□リヴィング・ウィル（生前の意思）
　生前に「不治で死期が迫っている場合，延命治療を拒否する」といった意思表示を書面に残しておくこと。生前遺言ともいう。日本では現時点では法制化されていないので，医師に対してこの実施を強要することはできない。

□死生観
　死を通した生の見方やとらえ方。個人の文化的・社会的背景が色濃く影響する。どのように死ぬかはどのように生を全うするかという問題でもある。私たちは死をタブー視するのではなく，いかに有意義な死を迎えるのか，社会的議論を深める時期にきているといえる。

🔍 出題傾向

　安楽死・尊厳死の是非が正面から問われることは少ないが，判断の難しいテーマであり，議論をよく把握したうえで意見が述べられるようにしておきたい。なお，尊厳死・安楽死に関しては注意点がある。それは日本の尊厳死の概念とアメリカのいくつかの州で設けられている尊厳死法の概念が全く異なるということである。すなわち，日本の尊厳死は「治療の中止」であり，延命治療を中止する意だが，アメリカのオレゴン州，カリフォルニア州で施行されている尊厳死法の内容は自殺の幇助であり，全く意味合いが異なるからだ。つまり医師が患者に毒物を処方することが許されているのである。なぜこのような相違が生じるのか，熟考する必要がある。

視点❶ 安楽死の問題点

　安楽死について見ていく前に，安楽死・尊厳死という二つの言葉について整理しておこう。

●◐○ 安楽死・尊厳死とは何か

　安楽死とは，患者の耐え難い苦痛を終わらせるために，医師など第三者が患者の死期を早める措置をとることをいう。安楽死は主に次の三つに分類される。

間接的安楽死：生命短縮の危険を伴う安楽死。苦痛緩和・除去のための措置が，結果的に死期を早めること。

積極的安楽死：生命短縮を手段とする安楽死。本人の意思に基づき致死薬を投与するなどして直接死に導くこと。

消極的安楽死：不作為（＝積極的な措置をとらないこと）による安楽死。延命治療を差し控えたり，中止したりして死期を早めること。

　このうち消極的安楽死は，人工呼吸器などの生命維持装置によって，生命の延長が見込める場合であっても，それをせずに死期を早めるものである。現実の医療現場でも広く行われているとされる。一方，一般に「安楽死」という場合は，積極的安楽死のことを指している。

　次に尊厳死とは，患者の人としての尊厳を第一に考え，人間らしい最期を迎えたいという患者本人の望みに基づいて，治癒の見込みがなくなった段階で延命治療をやめて，自然な死を迎えさせることをいう。延命措置を行わないことが肉体的・精神的苦痛を取り除くことにつながることから，尊厳死は消極的安楽死と重なり合うといえる。

●◐○ 日本では法整備が進んでいない

　現代の医療が，患者の自己決定を重視する方向性であることからすれば，安楽死といえども，患者が望む以上は許されるべきという考え方がありえよう。実際，オランダやベルギーなどでは厳しい条件のもとで積極的安楽死が合法化されている。

　なかでもオランダの例は，「治る見込みのない病気で無駄に苦しむよりも，安らかな死を選ぶ権利が認められるべきだ」という理念のもと，安楽死合法化運動が国民の間に広がった結果，2001 年に安楽死法が可決されたという経緯がある。自己決定権尊重の論理が，国民的な議論を呼び起こし，安楽死を認める法整備に結びついたのである。結論に対しては賛否さまざまな立場があり，国によっても事情が異なるが，安楽死をめぐる議論の一つのモデルといってよかろう。

　一方，日本における安楽死議論はというと，深まっていないといわざるを得ない。1991 年には，東海大学安楽死事件が起こった。

> 末期がんで昏睡状態であった患者に対して，家族の要望に従い延命治療を中止した医師は，最終的に塩化カリウムを注射して患者を死なせた。

1995年の判決において，横浜地裁は積極的安楽死容認の要件を示している。これは，

✓ ①耐え難い肉体的苦痛がある，②回復の見込みがない，③苦痛の除去に他の手段がない，④患者本人による明確な意思表示がある

の4要件を満たした場合にのみ積極的安楽死を認めるというものである。事件では，患者の明確な意思表示がなく，意識を失っていた以上肉体的苦痛もなかった（＝①・④を満たしていない）として，医師には有罪判決が下されている。

ただし，この4要件は末期がん患者に対するもので，安楽死一般の基準としうるかどうかは問題が残る。つまり，日本においては，安楽死を認める場合の明確な基準は打ち立てられていない。

法整備が進まない一方で，医療現場でしばしば安楽死事件が起こるのは，安楽死が要請されるような状況が現実にありうるということだろう。厚生労働省の「終末期医療に関する調査等検討会」は報告書をまとめ，「自己の終末期医療について意思を表明した場合，その人の意向は尊重されることが重要」との認識を示した。安楽死に関する社会的な議論が期待される。

視点❷　尊厳死は許容されるか

●○○尊厳死の欲求はなぜ高まってきたのか

安楽死が古くからある概念であるのに対し，医療技術の発達によって末期患者の延命が可能となるなか，出現したのが尊厳死という考え方である。脳の機能が完全に停止していても，人工呼吸器をはじめとする生命維持装置により，呼吸や循環を保つことができるようになった。延命治療では，患者は家族から隔絶され，集中治療室（ICU）で管理される。これらは，医学の延命至上主義がもたらしたものである。しかし，過剰な延命治療により，患者のQOLが損なわれ，「死にたくても死ねない」状況も生まれているといわれる。

回復の見込みがないにもかかわらず，生命維持装置によって保たれるこうした生のあり方を拒否し，一人の人格として尊厳をもって自然な死を迎えたいという尊厳死の欲求が年々高まってきた。この背景には，死を自分の手に取り戻そうとする患者の切実な願いがあるといえるだろう。

●○○延命治療中止の是非

　尊厳死（消極的安楽死）にあたる延命治療の中止についても，安楽死と同様，日本では具体的な法律が整備されていないのが現状である。実際，人工呼吸器を外して患者を死なせた延命治療の中止事例では，警察が動いて事件化した例も見受けられる。

　富山県の公立病院で起きた，次のような事例がある。

> 　2000～2005年にかけて，当時の外科部長が終末期にあった複数の患者の人工呼吸器を取り外していたことが2006年に発覚した。外科部長は病院側に「患者のための尊厳死だった」と説明したが，警察は殺人罪の可能性もあると見て捜査を開始した。

　このように，延命治療の中止といえども，殺人（刑法199条）もしくは同意殺人（刑法202条）と見なされる恐れがあるのだ。ただし，この事件を含め，延命治療の中止のみを行ったケースでは，医師の取り調べが行われたり，書類送検されたりしたことはあっても，実際に医師が起訴されたことはまだない（2017年時点）。

　しかしながら，尊厳死をこのようなグレーゾーンに置いておくことは，決して好ましいことではない。犯罪なのかどうかがはっきりしなければ，現場の医師たちが混乱するからである。結果，治癒の見込みのない患者でも，延命治療を続けておこうと医師たちが考えるようになるとすれば，終末期を迎えた患者の尊厳という観点からは非常に問題がある。

　また，こうした延命治療の中止事例では，脳死判定が行われず，特定の医師の独断でなされたこと，カルテに十分な記録が残っておらず，患者や家族の意思も不明確であることなどが問題となることが多い。

　したがって，安楽死の場合と同じく，ここでも必要なのはオープンな議論であり，尊厳死に関する明確な基準づくりである。

●●○患者本人の意思確認が重要

　前述した厚生労働省の「終末期医療に関する調査等検討会」の報告書では，患者の意思を尊重したうえで延命治療の中止を認める際の明確なルールづくりが必要との見解が示されている。これは，同省が2003年に行った意識調査で，痛みを伴う末期症状の患者になった場合，単なる延命治療を望まないとする人が一般国民の74％に上ったという結果を受けたものである。

　注目すべきは，ここで尊厳死を正当化する根拠となっているのが，あくまでも患者本人の意思だという点である。このため，「苦しむ患者を見るに忍びなく」といった，医師や家族の事情による尊厳死の選択は，少なくとも患者の自己決定権によっては正当化されえない。

✓ **今後，尊厳死をめぐる法整備を行うとすれば，患者本人の意思表示の確保，意思確認のルールづくりが重要なポイントになってくるだろう。**

　尊厳死の前提として普及が求められるのが，リヴィング・ウィル（生前の意思）である。これは，患者が十分に判断能力のある段階で，どのような死に方を望んでいるかを事前に文書の形で明示したものである。ただし，患者の病状や心境には波があり，患者の意思が不変であるとはかぎらない。そのため，リヴィング・ウィルの内容はいつでも変更ができるとされている。このリヴィング・ウィルを含めて，延命治療の中止を望むとする患者本人の意思が明確な場合，その実施が現実的に検討されうる。

　一方，リヴィング・ウィルが存在せず，患者本人の意思が不明確であって，末期状態にある場合はどうであろうか。延命治療の中止に関して，家族によって患者の意思が推定できるときは，それが尊重されるとするのが一般的な考え方である。しかし，それも不可能な場合，救命の手だてを尽くしたうえで，家族との合意を目指すことが基本となる。医師によって回復の見込みがないと判断されても，意識が戻らない状態で何年も生きる患者の例も知られている。

　いかに生き，いかに死ぬかという死生観は個々人によって異なる。尊厳死が自分らしく死ぬことを望むあり方をいうのであれば，最後の最後まで生きようとする願いも尊重されるべきである。本人の意に沿わない医療が行われないためにも，日頃から家族などとこうした問題について話し合っておくことが必要だろう。

14 尊厳死への対処 課題文

千葉大学（医学部）　　　　　　　　　　　　　　　目標90分

次の文章を読んで，設問に答えなさい。

　彼女があと僅かな命であることは，既に誰の目にも明らかだった。七月下旬の，ある日曜日の朝のことである。彼女の容態は，早朝からひどく悪化し，嘔吐がつづき，私が彼女の病棟に出かけたとき，彼女は腸閉塞の症状を示し，血圧は下り，個室の重症室に移された。彼女の苦しみを止めるには，モルヒネの注射しかなかった。私は，いつもの二倍の量を注射して，彼女の苦しみが軽くなることを願いつつ，彼女の弱くなっている脈拍を数えていた。私はときどき，彼女の手を意識的に強く握り，「今日は日曜日だから，お母さんが午後からこられるから頑張りなさいよ」と激励した。

　そのころは，今日私たちが行なっている高栄養輸液や，静脈内点滴ブドウ糖輸液といった方法はなく，口から何もとれないような患者には，一日に一回くらい，左右の大腿に太い針を同時に刺して，500ccの生理食塩液を皮下注射したものである。脱水状態の患者には，500ccくらいの液を30分で注入し終るが，注射の局所が腫れあがるので，暖めたタオルで大腿をくるんで軽くマッサージをするのが当時の看護婦のつとめであった。そのことによって局所の皮下にたまった水分を早く拡散させて腫れをとり，痛みをとる作業である。少女は，私がモルヒネを注射するとまもなく，苦しみがすこし軽くなったようで，大きな眼を開いて私にこういった。

　「先生，どうも長いあいだお世話になりました。日曜日にも先生にきていただいてすみません。でも今日は，すっかりくたびれてしまいました」といって，しばらく間をおいたのち，またこうつづけた。「私は，もうこれで死んでゆくような気がします。お母さんには会えないと思います」と。

　そうして，そのあとしばらく眼を閉じていたが，また眼を開いてこういった。「先生，お母さんには心配をかけつづけで，申し訳なく思っていますので，先生からお母さんに，よろしく伝えてください」。彼女は私にこう頼み，私に向って合掌した。私は一方では弱くなってゆく脈を気にしながら，死を受容したこの少女の私への感謝と訣別の言葉に対して，どう答えていいかわからず，「あなたの病気はまたよくなるのですよ。死んでゆくなんてことはないから元気を出しなさい」といった。そのとたんに彼女の顔色が急に変ったので，私はすぐ病室から廊下に出て，大きな声で看護婦を呼び，血圧計とカンフル剤を持ってこさせた。ビタカンファーを一筒皮下注射し，血圧を測ろうとしたが，血圧はひどく下り，血管音はもう聞けなかった。

　私は眠ったような彼女の耳元に口を寄せて大きく叫んだ。「しっかりしなさい。死ぬなんてことはない。もうすぐお母さんが見えるから」と。

　彼女は，急に気づいて茶褐色の胆汁を吐いた。そしてそのあと，二つ三つ大きく息をしてから無呼吸になった。私は大急ぎで彼女のやせた左の乳房の上に聴診器をあてたが，狼狽した私の耳は，心音をとらえることがもうできなかった。こうして彼女は永遠の眠りに入った。これは，私が今日まで四十年あまりにわたる臨床医としての生涯のなかで，死をみとった六百名あまりの患者のなかで，私にとって死との対決の最初の経験であった。

　私は，いまになって思う。なぜ私は，設問1「＊＊＊＊＊＊＊＊＊＊」といわなかったのか？　「お母さんには，あなたの気持を充分に伝えてあげますよ」となぜいえなかったのか？　そして私は脈をみるよりも，どうしてもっと手を握っていてあげなかったのか？

　それからは，受け持ちの患者が重い場合には，日曜日でもかならず病院に出かけて患者を一度は診ることが習慣化した。これが臨床医の第一の義務であり，また特権でもあると思う。

　死を受容することはむつかしいという。しかし十六歳の少女が，死を受容し，私に美しい言葉で訣別したその事実を，私はあとからくる若い医師に伝えたい。医学が，看護がアートであるということは，このような死に対決できる術を，医学や看護に従事するものがもつことをいうのではなかろうか。

設問4
To cure sometimes
To relieve often
To comfort always

　これは古き時代の西洋のあるすぐれた臨床医が遺した言葉だという。それは，近代外科学の父といわれるフランスのアンブロワズ・パレ（Ambroise Pare, 1517〜1590）だとの説もある。

（日野原重明『死をどう生きたか』より一部改変）

設問1　設問1の下線部「＊＊＊＊＊＊＊＊＊」で筆者はなんと言うべきだと思ったのか，15字以内で書きなさい。

設問2　あなたは死期を迎えたこの患者に対する筆者の考えをどう思いますか。300字以内で述べなさい。

設問3　この死を受容している患者さんの意識の回復が不能となった時点で，本人の幼少時に両親が離婚して別れたため，本人がその後一度も会ったことがない姉がやってきて，どのような方法を用いてもよいから一日でも長く助けて欲しいと言ってきたとする。あなたはどのように対応しますか。300字以内で考えを述べなさい。

設問4　本文中の下線部（設問4）に示す西洋のある臨床医の言葉が意味するところを説明し，かつこれに対するあなたの意見を，360字以内で述べなさい。

POINT　臨床医の体験談を元に，尊厳死への対処を考えさせる問題である。課題文の内容は比較的平易であり，出題者の意図も設問で明確にされているが，それだけに尊厳死や延命治療について，基礎的な論点を押さえていた受験生とそうでない受験生の差は大きくついただろう。設問2の〔方針〕で述べる要素を中心に，こうした問題について考える際の検討ポイントを理解しておく必要がある。

解　説

> **課題文の要点**　各段落の要点は以下の通り。

❶・❷ある日曜日の朝，あと僅かな命である彼女の苦しみを止めるために，私はいつもの二倍の量のモルヒネを注射し，ときどき彼女の手を強く握って激励した。

❸〜❺死を受容した少女は私への感謝と訣別の言葉をいった。私はどう答えていいかわからず，「死んでゆくなんてことはないから元気を出しなさい」といった。

❻彼女は胆汁を吐いたあと無呼吸になり，永遠の眠りに入った。臨床医としての生涯のなかで，私にとって死との対決の最初の経験であった。

❼・❽それからは，患者が重い場合には，日曜日でもかならず病院に出かけて患者を一度は診ることが習慣化した。これが臨床医の第一の義務であり，特権でもある。

❾・❿医学や看護がアートであるとは，このような死に対決できる術を医学や看護に従事するものがもつことをいうのではないか。

設問1

要求　下線部「＊＊＊＊＊＊＊＊＊」で筆者はなんと言うべきだと思ったのか。

方針　下線部の2文後の「どうしてもっと手を握っていてあげなかったのか？」にヒントがある。この一文と整合する内容のことを記せばよい。激励の言葉ではなく，ありのままの患者のあり方を受け入れ，認める言葉である。

あなたは，十分に頑張りましたよ（15字以内）

設問2

要求　あなたは死期を迎えたこの患者に対する筆者の考えをどう思うか。

方針　筆者の考えについて，①患者の自己決定，②患者の症状の医学的・科学的状況，③医師の判断の妥当性などの要素から検討し，意見をまとめる。方向としては，①を重視し，②が回復の見込みがなく，③が正当であれば，患者に穏やかな死を迎えさせることは是認しうるのではないか。

　筆者は，死を受容した少女に対して，なぜその気持ちをくみ取れなかったのかと自問し，医師が死に対決できる術をもつことの大切さを説いている。生命の尊厳を何よりも尊重する考え方からは，医師は最後まで患者の救命に尽力すべきである。一方で，筆者の考えにあるように，客観的に救命が不可能であり，かつ本人も死を受容している場合には，可能な限り患者の苦痛を取り除き，穏やかな死を迎えさせることも，医師の重要な役割と考えられる。後者を選択する場合，医師には豊かな経験に裏づけられた確かな判断力が要求される。それらの条件が満たされているならば，筆者の考え方は是認されよう。その方が，患者の希望に沿うことになるからである。（300 字以内）

設問 3

要求 この死を受容している患者さんの意識の回復が不能となった時点で，本人の幼少時に両親が離婚して別れたため，本人がその後一度も会ったことがない姉がやってきて，どのような方法を用いてもよいから一日でも長く助けて欲しいと言ってきたとする。あなたはどのように対応するか。

方針 患者の自己決定と親族である姉の意思が対立するケースである。原則として尊厳死か延命か十分な比較検討が必要であり，二つの意思の衝突を合理的に解消する能力と説明が求められている。〔解答例〕以外にも，姉は患者本人と幼少時以降一度も会ったことがない点に着目し，死にかかわる決定では本人の意思（や身近な家族によって推定される本人の意思）が最優先されることを重点的に述べてもよい。

　妹に一日でも長く生きて欲しいと願う姉の心情に配慮しながら，本人の意思が文書などで明確であり，延命処置を望まないことで母親の了解もとれているのであれば，姉にこの事実を話し，医師として本人の意思を尊重する意向を説明する。もし文書がなくとも，死を受容した妹のこれまでの苦難の経緯を説明し，意識の回復が不能となった今，これ以上の延命処置には多くの苦痛が伴うことを話す。そして関係者で十分に議論を重ね，意思統一を図る。方向としては「尊厳ある死」をすすめるが，一人でも延命処置を望む者がいる以上，医師は結論を押しつけるのではなく，関係者すべてに死が受容されるまで，患者や家族に寄り添う姿勢を心がける。（300 字以内）

設問4

要求　• 本文中の下線部（設問4）に示す西洋のある臨床医の言葉が意味すると
ころ。
　　　• これに対するあなたの意見。

方針　「臨床医（アンブロワズ・パレ）の言葉が意味するところを説明し」とある
から，解答の前半で必ず説明し，後に自身の見解を述べなければならない。その際，
検査・診断・治療（Cure）が医療のすべてではなく，患者を病める一人の人間とし
て癒し支える（Care）ことが重要であるという中心命題を外さないようにしたい。

　「医師はときに病気を治療し，しばしば苦痛を除去するが，患者に寄り添うこ
とは常時できる」という言葉は，医師は患者の病気を治療するに万能ではないが，
精神的に安心を与え，心の平穏をもたらすことは，意識次第で常に可能だという
ことを意味すると考えられる。患者の気持ちを理解し，患者が満足して日々を過
ごせるように努めることは，医師の重要な責務である。それがなければ，専門技
能や知識を具備していても，決して名医とは呼べないだろう。この言葉が名言と
して伝わっているのは，医療に携わる人々に，患者の心を支えることの難しさと
大切さが実感されているからであろう。パレの時代以上に病を治療する技術が発
達した現代では，逆に医師が技術ばかりに走り，患者の心が置き去りにされる危
険性は増しており，この言葉のもつ意味が一層大きくなっているといえる。（360
字以内）

15　死の意味と医療　[課題文]

浜松医科大学（医学部医学科）　　　　　　　　　　　　　　　目標 80 分

以下の文章を読んで問に答えなさい。

（中略）

　その山本周五郎の代表作の一つに『虚空遍歴』という作品がある。その最後の場面で，主人公の中藤中也が死ぬ前に，夢の中の祖父のことばだといって，付き添うおけいという女性に語りかける次のようなことばがある。

　……死ぬことはこの世から消えてなくなることではなく，その人間が生きていた，という事実を証明するものなのだ。死は，人間の一生にしめ括りをつけ，その生涯を完成させるものだ。消滅ではなく完成だ。

　この作品が書かれたのは，1961 年から 63 年にかけてのこと，日本は高度成長に浮き足立ち，多くの日本人は病いや死のことなど考えもせず，ひたすら生の欲望を無限に追求することに狂奔していた時代であった。

　それから 30 年，高度成長の申し子としての高度医療の達成を背景に，高齢化社会と慢性病の時代が到来し，私たちはだれもが病いや死と否応なく向き合わざるを得ない時代を迎えた。（以下，略）

（立川昭二『生と死の現在』142 頁，岩波書店，1995 年 より）

> **設問**　下線部に書かれているように死が完成だとすると，医療はそれにどう関わって行くべきなのか。あなたの考えを 750～800 字で書きなさい。

POINT　死の意味という哲学的テーマはきわめて難解であるが，課題文や設問をよく検討すれば，問われているのは終末期医療（⇨ 9 超高齢社会と医療）の役割に対する理解であるとわかる。終末期医療の基本的な問題点を把握していれば，やや多めの字数にも戸惑うことはないはずである。

解　説

> **課題文の要点**　各段落の要点は以下の通り。
> ❶・❷山本周五郎の代表作の一つ『虚空遍歴』の最後の場面では，死ぬ前の主人
> 公が，付き添う女性おけいに，死は人間の生涯を完成させるものだと語りかけ
> る。
> ❸・❹作品が書かれてから 30 年，高度医療の達成を背景に，高齢化社会と慢性
> 病の時代が到来し，私たちは病や死と否応なく向き合わざるを得ない時代を迎
> えた。

設　問

要求　下線部に書かれているように死が完成だとすると，医療はそれにどう関わ
って行くべきなのか，あなたの考え。

方針　制限字数に比較的余裕があるので，〔解答例〕では，終末期医療の役割とし
て，いくつかの項目を立てて論述するようにした。こうした長めの答案では，答案作
成前に構成を固めておくことに特に注意すべきである。

　　死が生涯の完成であるとすれば，どのような死を迎えるかはその人の生涯を決
　定的に意味づけることになる。また私たちは，死を身近に意識してこそ，命の大
　切さに気づき，よりよく生きたいと願う。高齢社会を迎え，生活習慣病が疾病構
　造の中心を占めるようになり，誰もが病と付き合って生きて行かねばならなくな
　った。そんななか，残された生をどのように過ごすかが最も切実な問題となるの
　は，終末期の場面であろう。そこでは，死に臨む人がその人らしい終末期を送り，
　望む形で死を迎えるためのサポートこそが医療の重要な役割となる。
　　具体的にはまず，患者への正確な情報提供が求められる。終末期の患者にとっ
　て，自分の余命や，いつ自力で移動できなくなるのか，といった情報は，残され
　た時間の過ごし方を考えるうえで欠かせない。こうした告知は患者にショックを
　与える可能性があり，十分な配慮が必要だが，患者の終末期を充実させるために，
　患者の希望に応じて適切に情報提供することを心がけるべきだろう。
　　次に，QOL 向上のための持続的なケアが必要である。終末期に襲い来る全人
　的な苦痛は，患者の QOL を著しく低下させる。終末期をできる限り快適に過ご
　してもらうため，身体的な痛みを軽減し，精神的苦痛を取り除くペインコントロ
　ールを主とした緩和ケアは重要である。希望者には終末期を自宅で過ごすことが

できるよう，在宅医療の一層の充実も望まれる。

　加えて，社会との関わりにおいては，安楽死や尊厳死についての議論を進めなければならない。医療の高度化によって生命の延長が可能になったが，延命治療を望まない，自分で納得した時点で死を迎えたいという患者の自己決定権は尊重されるべきである。無論，患者の死期を早める決断が軽々になされてよいはずもなく，安楽死や尊厳死を容認するならば，厳密な基準作りが必要となろう。このことは生と死に関わる専門領域としての大きな課題だといえる。(750〜800 字)

16 自己のとらえ方と死

千葉大学（医学部）　　　　　　　　　　　　　　　　　　目標90分

次の文章を読んで，設問に答えなさい。

さて，本文で取り上げたいのは「自分の死」というさいの「自分」である。

人は通常自分をどのように認識しているのか。このもっとも身近な，もっともわかりきっていそうで，しかし正面きって理解しようとするとするりと逃げてしまう「自分」。昔から多くの宗教家，哲学者が考え，さらに近年では物理学者さえも取り上げている「自分」。この自分を考えるさいただちに気づくのは，「世界の中心としての自分」と「人の間の一人としての自分」の両面性であろう。そのどちらに重心を多くかけるかによって「自分の死」の意味合いも変わってくるのではないか。

たとえば自分の死を「自己決定権」の立場から考える場合，そこに想定されている「自己」は，文化人類学者クリフォード・ギアツ風にいうならば，他者との間に画然とした境界のある思考，判断，行為のダイナミックな中枢と考えられよう。すなわち自己（あるいは個人）はそれぞれが決断と権利の主体であり，他者とは無関係な行為をとりうる「アトム的自己」とみなしうるのではないか。

これにたいし，自分の死をみずからに与えられ，許された死と考える場合の「自分」は精神病理学者木村敏の指摘するように，みずからの持ち分あるいは分け前の意味が濃いのであって，その分け前はみずからの属する共同体のそのときの獲物や収穫量によって変動するであろう。木村の『人と人との間』（弘文堂）の一部を引用すれば，

　　セルフ（自己）とは，いかに他人との人間関係の中から育ってくるものであっても，結局のところは自己の独自性，自己の実質であって，しかもそれがセルフと言われるゆえんは，それが恒常的に同一性と連続性を保ち続けている点にある。これに対して日本語の「自分」は，本来自己を超えたなにものかについて，そのつど「自己の分け前」なのであって，恒常的同一性をもった実質ないし属性ではない。

したがって，「自分」は状況に応じて，あるいは周囲の他者との関係によって柔軟に大きくなったり小さくなる可変性があり，他者との境界は判然と区別しえない。もしここで「自分」よりも「自己」という言葉で統一するならば，それは(1)□□□□□□とでも称されよう。

子どものころ，父の大事な客が訪れると，私が飼育をまかされていたニワトリをつぶして供応するのだった。いつも飢えていた戦争直後であったから，貴重な肉を食べ

る機会が生じたのを喜ぶと同時に，その首を絞め，羽毛をむしる過程で，可愛がっていた生命体を殺す事実の重みが感じられた。このように(2)［　　］。この関係を経験的に知ることが生の全体認識である。

　現在先進国では，日常生活においてそのような経験をすることはまず少ないであろう。スーパーマーケットではトリもブタもウシもすべて切り身として提供されている。私たちは便利な商品にまで還元されたものを食べるだけで，これが商品化される過程の流れの向こう端で呼吸し，鳴き声を上げ，痛みを感じた生命体であったことを想像する能力さえ失っている。それどころか，都市という人工環境で，効率や利便性といったイデオロギーに取りかこまれ，はじめから還元化された食品により育てられた子どもたちは，「切り身」という無痛，無悲，無感動なものが生命維持の基本である食生活を構成すると思いこまされているように見える。これを「生の還元的認識」と呼ぼう。

　私は飽食の国々といまだ飢餓と隣り合わせの国々の間を往来する間に，生の全体的な認識を取り戻すとともに，(3)人間の生命の経済的非等価性を痛感するようになった。それは私の平等主義的倫理意識を傷つけたが，同時に生かし生かされるという関係においては生起せざるをえないことも納得がいった。そしてさらに私の「自己」観に修正を行う必要を感ずるようになった。いうまでもなくそれはアトム的自己から(1)［　　　　　　　　］へとである。

　ネパールは世界の最貧国の一つであり，医師一人にたいする人口は一万数千人と医療（ただし西洋式の）過疎の国である。病人は何日もかけて医師を訪ねてくる。K医師が外科医としてそこで働いていたとき，下肢にがんができた女性を診て病肢の切断を勧めた。(4)しかし彼女は延命治療を断ったそうである。

　(1)［　　　　　　　　］にとっては，自己は周囲と切り離しがたい関係により結ばれた存在である。所属集団の他者との関係を良好に維持することは，ほとんど意識にのぼらないほど本質的営みとなっている。自分の行動は周囲を意識することによりつねに抑制され，爆発的行動は少ない。自分の役割，本分を果たし，所属集団（社会）での他者との関係の向上が自己実現と感じられる。当然，協調し，和を保つことを好む。がんのような悪質な病は所属集団の働き手としての役割を果たせなくなるからことさら恐ろしいのである。ゆえにがんを患っているのを知っているにもかかわらず，がんなぞないかのごとくふるまい，周囲もそれを容認する。

　死はいうまでもなく万人に来る。その意味で死自体は誕生と同様ひとつの過程にしかすぎない。ゆえに「自分の死」を意義あらしめるものがあるとすれば，それは自分であり，それが自分の認識する世界とどのような文脈で結ばれ，またその存続に役立ったかという意識であろう。その観点からするならば，ネパールの母の理解した自分はもっとも幸せなものであったと思われる。

(5)二十一世紀以降の地球という壊れやすい閉鎖系で百億にも達する人間がきわどい生存を続けざるをえない状況では、どのような自己観が適しているのであろうか。

(大井玄『いのちをもてなす』みすず書房、2005年、原文から抜粋、一部改変)

設問1 (1)〔　　　　　　〕にはどのような表現が用いられることになるか。具体的表現を10字以内で記しなさい。

設問2 (2)〔　　　　　　〕にはどのような表現が用いられることになるか。具体的表現を60字以内で記しなさい。

設問3 下線部(3)について、200字以内で説明しなさい。

設問4 アトム的自己の持ち主にとって、病気や死はどのようにとらえられるのか。200字以内で記しなさい。

設問5 下線部(4)について、彼女はなぜ延命治療を断ったのか。またそれに対してあなたはどう考えるか。400字以内で記しなさい。

設問6 下線部(5)について、筆者の考えを述べるとともに、自分の死についてあなた自身の考えを400字以内で記しなさい。

POINT 他者とはっきりとした境界をもち、独立した決断と権利の主体であり、他者とは無関係な行為をとりうる自己、すなわち「アトム的自己」をとらえたうえで、それと対置されるもうひとつの自己像を理解する。それはすなわち、他者との関係のなかではじめて存在する、他者と切り離しがたい「自分」である。

解　説

> **課題文の要点**　各段落の要点は以下の通り。
>
> ❶・❷「自分」には，「世界の中心としての自分」と「人の間の一人としての自分」の両面があり，どちらに重心を多くかけるかによって「自分の死」の意味合いも変わってくる。
>
> ❸自分の死を「自己決定権」の立場から考える場合，そこに想定されている「自己」は，決断と権利の主体であり，他者とは無関係な行為をとりうる「アトム的自己」とみなしうる。
>
> ❹・❺自分の死をみずからに与えられた死と考える場合の「自分」は，みずからの分け前の意味が濃く，状況や周囲の他者との関係によって柔軟にその大小が変わる。
>
> ❻・❼現在先進国では，食べるために生命体を殺す重みを感じるような経験をすることは少ない。はじめから商品に還元化された食品により育てられた子どもたちは，「切り身」という無痛のものが食生活を構成すると思いこまされているように見える。
>
> ❽私は飽食の国々といまだ飢餓と隣り合わせの国々との間を往来する間に，私の「自己」観に修正を行う必要を感じるようになった。
>
> ❾～⓫万人に来る死自体はひとつの過程にしかすぎず，ゆえに「自分の死」を意義あらしめるものは，自分が世界とどのような文脈で結ばれ，またその存続に役立ったかという意識である。
>
> ⓬二十一世紀以降の地球で百億にも達する人間がきわどい生存を続けざるをえない状況では，どのような自己観が適しているだろうか。

要求　(1)□□□□□□□にはどのような表現が用いられることになるか。

条件　具体的表現を記す。

方針　課題文で３つ目の空所(1)の後にある「周囲と切り離しがたい関係により結ばれた存在」という表現から，空所には "他者との関係によって把握される自己" というような語が入ることがわかる。なお出典では，「関係の自己」と表現されている。

他者と関係をもつ自己（10字以内）

設問2

要求 (2)[　　　　　]にはどのような表現が用いられることになるか。

条件 具体的表現を記す。

方針 家で飼育するニワトリが，食糧としての貴重な肉に変わる瞬間が存在する。しかし，私たち人間は，このように他の生命体を犠牲にして生き続けているのである。本問では，他の生命体の摂取が人間の生存の前提となっていることに触れることができればよい。なお出典では，「自己の生命維持を目的として，自分が食べることには他の生命体の犠牲がともなうことを知る」と表現されている。

> 自己の生命を存続・維持するためには，日々食べることが必要であり，それには他の生命体を犠牲にすることが要求される（60字以内）

設問3

要求 下線部(3)について，説明。

方針 下線部の「生命の経済的非等価性」とは，経済事情によって，生命の価値に差異が生まれるということである。それを象徴するエピソードが第❾〜⓫段落に書かれているので，ここを参考に，非等価性が生まれる理由も含めて記述する。

> 下線部は，人間の生命の価値が，その人間の置かれた経済的な環境によって変わってしまうことを示している。豊かな国であれば，怪我や病気によって人間の生命の価値が揺らぐことはないが，貧しい国ではそうではない。貧しい社会における人間の生命の価値は，どれだけの労働力になるかという点において判断され，怪我や病気によって働けなくなった人間は，社会に迷惑をかける無価値な存在と見なされうるからである。（200字以内）

設問4

要求 アトム的自己の持ち主にとって，病気や死はどのようにとらえられるのか。

方針 第❸段落にあるように，アトム的自己の持ち主は，病気や死を自己決定権の立場から考え，他者との関係のなかでとらえることをしない。この点に注意してまとめればよい。

　アトム的自己とは，他者との間に画然とした境界をもち，他者と無関係な行為をとりうる決断と権利の主体である。その持ち主は，周囲に対して相互協調的とはならず，相互独立的に接すると考えられる。ゆえに，彼らは病気や死を所属集団での他者との関係によってとらえることはない。彼らにとって病気や死は，あくまで個人が自己決定によって対処すべき問題であり，自己の恒常的同一性を脅かす敵対的存在である。（200字以内）

設問5

要求
- 下線部(4)について，彼女はなぜ延命治療を断ったのか。
- それに対してあなたはどう考えるか。

方針 第❾〜⓫段落に，ネパールが最貧国の一つであることや，延命治療を断ったネパールの母についての筆者の解釈が述べられているので，この文脈で考える。ここには，他者との関係において自己を位置づけ，家族を支える母の姿があることを理解しよう。

　女性が延命治療を断った理由は，彼女が生や死を個人の問題としてではなく，他者との関係のなかでとらえているからである。ネパールが最貧国の一つであることを勘案すると，彼女も重要な労働力であり，夫とともに働き，母として子を養い，共同体に貢献する立場にあったと考えられる。したがって，病肢の切断により働けなくなれば，たとえ自分の生命が延命できても，所属集団のなかでの役割を果たせなくなり，自らの価値を失うことになる。彼女はがんを放置して働き続けることで，自らの生と死を共同体の存続に役立てる道を選んだのである。私は彼女の決断について，医師を目指す人間としては，延命の手段がありながらもそれを諦めざるを得ないことに悔しさがつのる。一方で，医療の本務が患者の幸福にある以上，彼女が社会的な結びつきから自分の死を意義あるものと見なし，死が幸福な選択であると納得できているならば，その決断は尊重されるべきだと考える。（400字以内）

設問6

要求 ・下線部(5)について, 筆者の考え。
・自分の死についてあなた自身の考え。

方針 全体の文脈から筆者は, 他者との関係性を認める自己を是としていると理解できる。そして, この考えを支持するならば, 課題文にもあるように, 「自分の死」を自分の認識する世界との文脈のなかでとらえることができる。〔解答例〕ではこの立場に沿って記述している。

> 筆者は「世界の中心としての自分」というアトム的自己から, 「人の間の一人としての自分」という他者と関係をもつ自己へと, 私たちの自己観を転換するように求めている。それは下線部で, 人口が急増し, 自然環境が悪化しつつある閉鎖的な生態系である地球において, 人間はどのように行動すべきかを, 筆者が私たちに問いかけていることからもわかる。私も筆者の考えに賛成である。確かに, 個人主義を徹底する立場から, 他者との間に画然とした境界を設ける思考・判断・行為というものを私たちは観念しうる。だが, 課題文にも示されたように, 私たちの生は, 生かし生かされるという関係で機能的に結びつき存在しているのである。それは死についても同様である。私は, 自己が所属する家庭・社会, ひいては世界のなかで, 自分の死がいかなる意義をもち, また機能的に結びついているか, そういう視点から自分の死を把握したいと考える。(400字以内)

生命倫理

生命倫理の領域は，生殖医療や安楽死をはじめとして，論争的なテーマを多く含む。それだけに，浅薄な理解で論ずると単なる時事問題的なアプローチになりかねない。大切なのは，人間の生命と医学のあり方を中心に，問題の本質がどこにあるのかをまずとらえることである。そのうえで，思考のためのヒントとして，最近の事例についても知見を広げておきたい。

🔍 必須キーワード

☐ **生命倫理（学）（バイオエシックス）**

医学や生命科学の急速な発展によって生じた，人間の生死に関する倫理的・哲学的・社会的諸問題について学際的に研究する学問。

☐ **臓器移植**

病気などで機能が損なわれた臓器の代わりに他から臓器を移植する医療行為。臓器提供者をドナー，臓器受給者をレシピエントという。生体移植（原則として親族間に限られる）のほか，脳死後と心停止後の移植があるが，心停止後よりも脳死段階で臓器を摘出・移植したほうが成功率が高くなるとされる。

☐ **脳死**

生命維持の中枢である脳幹を含む，脳の全体の機能が回復不可能な停止状態に陥ること。生命維持装置を使わなければ自発的な呼吸ができず，心臓が停止して心臓死に至る。脳幹の機能が維持され自発呼吸などが可能な植物状態とは区別される。

🔍 出題傾向

生命倫理そのものを主題とした出題はそう多くないが，先端医療をはじめとして，どのテーマにもからんでくる重要な問題である。生命倫理については，生殖医療に代表される先端医療の問題がまず思い浮かぶが，専門家の目からは，科学的根拠のない医療類似行為はどこまで許容されるかというテーマなどが重要である。

医療の世界のなかには患者の自己決定権の対象になる処置と，自己決定権の対象にならない処置がある。後者のなかで侵襲度が低い医療類似行為がどこまで許容されるのかを探ることは，生命倫理との関係で一考の余地があろう。

視点❶　生命倫理とは

　生命倫理の論点はきわめて広範にわたる。患者の自己決定権やインフォームド・コンセントの問題をはじめ、安楽死・尊厳死といった死生観にかかわる問題、脳死と臓器移植の問題、人工妊娠中絶や代理出産、着床前診断などの生殖に関する問題、さらには遺伝子組換え作物や実験動物の扱いなども含まれる。医学的な観点からは、特にヒトの生命に関する論点が重点的に論じられることになる。

●●○生命倫理が成立した背景とは？

　生命倫理（学）は、1970 年代初頭のアメリカで提唱された「バイオエシックス（bioethics）」という言葉にあてられた訳語である。

　生命倫理が成立し、注目されるようになった背景には、疾病構造の中心が感染症から生活習慣病へと大きく変化したことや、1960 年代以降の目覚ましい医療技術・医療機器の進歩がある。治療の対象が慢性疾患中心になると、病気の完全治癒を目指す医療から、病気とともに生きる患者を支える医療へと変革が求められるようになった（⇨ 3 医学と科学）。そうした医療では、患者が治療に主体的に参加することも当然必要になってくる。また、

　✓ 生殖技術の発展や生命維持装置の開発によって、生命の誕生と終わりへの人為的な介入が可能になり、従来の倫理的価値観では対応しきれない問題が生じるようになった。

さらには、1950～60 年代のアメリカで、消費者運動や人権運動が盛んになり、医療の場面でも患者の権利要求が高まっていたことや、ナチスなどによる被験者の人権を無視した人体実験の歴史への反省も、生命倫理の成立に深くかかわっている。

　このような社会的要請に基づき、医学・生物学・政治学・法学・経済学・社会学・哲学・心理学・宗教学などの学問分野にまたがる学際的な研究がスタートしたのである。

●●○生命倫理のジレンマ──「生命の尊重」と「人間の尊厳」

　生命倫理について、さまざまな問題を考えていくうえでの原則とは何だろうか。

　まず、いついかなる場合も生命を尊重するという原則を考えてみよう。医学の根本にある考え方で、SOL（生命の尊厳）（⇨ 2 医師の適性）ともいわれるものである。生命尊重という原理がはらむ問題を考えさせる事例に、「ベビーK事件」として知られる次のようなケースがある。

　1992 年にアメリカ・ヴァージニア州で無脳症児が生まれた。無脳症は先天性疾患で，脳組織の大部分が形成されない。多くの場合は死産となり，出生した場合も短期間で死に至る。

　この赤ん坊（ベビーK）に対しては，母親の希望により，医師団は当初人工呼吸器の装着などの延命治療を行った。しかし，無脳症は回復の見込みがなく，今後患者が自発呼吸をするようになることも期待できない。そのため，二度目の呼吸不全を起こしたのを機に，医師団は母親に治療中止をすすめた。ところが，母親は「すべての生命は神聖であり，生きるに値する」という自らの宗教的信念に基づき，医師の提案をしりぞけたのである。さらに，病院の倫理委員会は，人工呼吸器装着を続けるのは無益であると判断し，人工呼吸器の取り外しを許可するように法的な申し立ても行われたが，これは却下された。

　この事例において，医師団や病院の倫理委員会は生命を軽視しているといってよいのだろうか。これは一筋縄ではいかない問いである。ベビーKは先天性疾患によって意識がなく，自発呼吸や運動もできず，延命治療によって生かされ続けるしかない。通常の生活ができないことはもちろん，これから自我や人格が育っていくことも期待できない。果たして，このような生命も尊重されるべきだろうか。

　あるいは，母親の「すべての生命は神聖であり，生きるに値する」という信念に首肯する人もいるだろう。だとしても，ベビーKを無理やり生き長らえさせることが本当の意味で生命の「尊重」といいうるのだろうか。

　このような問題を生命の尊重という観点のみから考えるならば，生命倫理をめぐる議論は粗雑なものとなりかねない。

　そこで，生命倫理のもう一つの重要な原則として挙げるべきは，人間の尊厳にかかわる QOL（生命の質）の観点である。この原則は，しばしば生命の尊重とは衝突することがある。**安楽死**や**尊厳死**（⇨5 生命と死）は，その典型的な場面であろう。とにかく延命を続ければ生命は維持できるが，それによって患者が長い苦痛を受けたり，自律的な主体としての行動が全くできない状態で生かされることは，個人の尊厳の観点から大いに問題がある。

　しかし，最後まで治療を諦めず，苦痛のなかでも生きようとすることが，一概に意味のないことだということもできない。ベビーKの事例でいえば，医師団や病院の倫理委員会のように，人工呼吸器を装着し続けることが「無益」であると第三者が判断してよいかという問題もある。この考え方が行きすぎると，生命そのものに質的な違いを認めることになり，今日の問題では，出生前診断や人工妊娠中絶による生命の選別を無条件に肯定することになる。

　医療をめぐる新たな議論は，今後も数多く現れるだろう。どのような問題であれ，

生命の尊重と人間の尊厳は、生命倫理について考察する出発点として、特に重要な観点だといえる。

視点❷　改正臓器移植法の影響

　臓器移植に関する日本の状況を見ていこう。現在、脳死および心停止後の臓器移植は、日本臓器移植ネットワーク[1]の仲介によって各指定病院で実施されている。

　注目すべきは、2010年7月に改正臓器移植法が施行されたことである。今回の法改正には大きな変更点が含まれ、臓器移植の年齢制限が撤廃されて、

✓ 15歳未満の子どもからの臓器提供が可能に

なり、本人が生前に拒否表明していなければ

✓ 家族の同意のみで臓器提供が可能に

なるなど、国内での臓器提供・移植を拡大しようとするものであった。なかでも最大のポイントは、

✓ 事実上脳死を一律に「人の死」と位置づけた

ことである。従来、脳死は臓器移植をする場合に限って「人の死」と認められるという扱いであったが、改正法ではこの条文が削除されたのである。

　脳死を「人の死」とすることについては、改正の過程で議論が重ねられた。改正案では、本人や家族が臓器の提供を望まない場合は、脳死の段階でも治療を続けることができるので、臓器提供を希望しない人の権利は守られるとされた。しかし、基本的に脳死が人の死と認められてしまうと、結果として臓器提供しない患者が脳死状態になった場合にも治療が打ち切られるのでは、あるいは医療保険が適用されなくなるのではといった懸念を表明する人々もいる。

　確かに臓器移植は、それによってしか助からない人がおり、いっそうの充実が期待される治療法である。にもかかわらず、移植用臓器は常に不足しており、臓器提供の件数を増やすことは急務なのである。だが、提供者を増やすための法改正が終末期医療の現場に混乱を招くようなことはあってはならない。

●◐○ 小児脳死移植をどのように考えるべきか

　15歳未満の子どもからの臓器移植が認められたことについても、注意すべき点がある。これまで心臓などの移植を受けるには、巨額の費用がかかる海外渡航しか道がなかった難病の子どもや親たちにとっては、待ち望んだ改正といえるだろう。この法改正を受け、2012年6月には、国内で初めて6歳未満の小児からの脳死臓器提供があり、移植手術が実施された。

　しかし、子どもからの脳死移植には特有の難しさがあることも忘れてはならない。

まず，子どもは脳機能の回復力が大人に比べて強く，子どもの脳死判定は大人の場合に比べて難しいとされる。このため6歳未満の脳死判定ではより厳しい基準が設けられているが，現段階では実施しないとする病院もあるという。また，虐待などによって死亡した子どもから臓器提供がなされることが万一にもないよう，厳正なチェックを行う必要がある。子どもの臓器提供の是非や，子どもの脳死判定基準の妥当性については，今後も慎重に検討していく必要があろう。

●◐○ 脳死移植は広く受け入れられ，定着するだろうか

　日本では，脳死を人の死と見なすことについては異論が多く，人の死は個人の生死観にゆだねるべきだとする意見も根強い。

✓ 脳死移植が今後，社会に広く定着するためには，必要な情報を公開し，公正な検証を重ねていくことが重要である。

患者や家族のプライバシーを守ることは当然であるが，一方で，移植医療への国民の理解を深める取り組みが求められている。さらに，

✓ 大きな負担を抱えるドナー家族への精神的ケアとサポートは喫緊の課題である。

提供者が子どもである場合はなおさらであろう。2011年4月に実施された10代前半の少年を提供者とする脳死移植では，家族は「命をつなぐことができる人たちのために，彼の身体を役立てることがいま彼の願いに沿うことだと考えた」と述べている。年少の子を失い，悲しみに打ちひしがれるなかで，臓器提供を決意した家族のアフターケアについて，きめ細やかな体制を整備する必要がある。

　また，家族の承諾のみで提供が可能になったが，だからといって本人の意思が軽視されるような事態は絶対に避けなければならない。今後，個人が臓器提供について意思表明をする機会を広げるよう，ドナーカードのさらなる普及をはじめとする社会全体の取り組みが必要になってこよう。

●◐○ 移植医療は私たちの身体観・生命観にもからむ

　このように，法改正後も移植医療にはなお制度上・運用上のさまざまな課題があることは，肝に銘じるべきである。

　さらに本質的な問題として，臓器を交換可能な部品と見なすことは是か非かという問題がある。人体を部品と見なす身体観と功利主義的発想が結びつけば，人の身体は有効活用すべき資源と見なされることにもなりかねない。この構図が最も鮮明に現れるのは，臓器を「商品」として扱う臓器売買であろう。移植用の臓器は慢性的に不足しているため，発展途上国の貧しい人たちの臓器を富裕な外国人が買う臓器売買が国際的な問題となっている。こうした臓器売買において，公正な取引が成り立つのかどうかは疑わしい。また，移植医療の本場アメリカでは，人体を材料とした皮膚・骨・

血管などが商品化され，「組織バンク」と呼ばれる企業が成長している。これらは，出産を商業的なサービスとして扱う側面をもつ，**代理出産**の問題（⇨7 先端医療）とも通底する問題をはらんでいる。

✓ 移植医療の問題は，私たちの身体観・生命観にもからむ問題であり，手続きをないがしろにした拙速な移植が実施されるようなことがあれば，「人間の道具化」は起こりうる。

ひいては，人間の身体や生命を，無制限な操作の対象とすることにつながる大きな問題が投げかけられているといえよう。

※1 **日本臓器移植ネットワーク**
政府の認可を受けた臓器移植の幹旋機関。医療機関と連携をとり，臓器提供の際は適切かつ公平にレシピエントを選択する。円滑な臓器移植を実現するために，移植コーディネーターと呼ばれる医療専門職が，ドナーとレシピエント，病院を仲介する業務を担う。

▶▷▷ 修復腎移植（病気腎移植）

修復腎移植とは，がん患者などから摘出した腎臓を修復したうえで，別の患者に移植する治療法である。日本では心停止後の腎臓移植が 1979 年から行われているが，移植用腎臓の不足は深刻である。

修復腎移植は，愛媛県の宇和島徳洲会病院の万波誠医師らのグループが 1990年代初頭から取り組んできたものである。従来，腎臓がんなどの患者から摘出された腎臓は，摘出と同時に破棄されていた。医師らは，摘出された腎臓の患部を切除するなどして修復を施したうえで，人工透析を受けている重篤な腎不全患者に移植する手術を行った。

しかし，この治療法の医学的な妥当性や，適切な手続きの有無などが疑問視され，修復腎移植は強い批判にさらされた。実施の発表直後から日本移植学会などからは否定的な声明が出され，厚生労働省が修復腎移植を禁止するに至った。

その後，アメリカの移植外科学会シンポジウムで修復腎移植が再評価を受けたことなどにより，2009 年 12 月から臨床研究として，2017 年からは先進医療として再開されることになった。

こうした先端医療は，安全面はもちろん，解決すべきさまざまな倫理的・法的・社会的問題に遭遇する。そういった意味では先端医療は社会とともに進むべき医療であり，国民の理解を得て行うべきものである。ドナーやレシピエントへの十分なインフォームド・コンセントはもちろん，倫理委員会などの承認を得たうえでの手続きやルールの明確化が不可欠である。

17　生命倫理の原則 課題文

東京医科歯科大学（医学部医学科）　　　　　　　　　　　　目標 **60** 分

次の文章を読み，後の設問に答えなさい。

　宗教，文化，社会環境，家庭環境が異なれば，当然，人々の見解が違っても不思議ではありません。仮にそれらが同じでも，人は様々な考えや意見をもっています。この多様な社会にあって，受け入れられる単純な価値観とか，唯一の正解などは期待できません。（中略）

　生命倫理の基盤になっている哲学には，少なくとも2つ，ミルの功利主義とカントの人権主義があるといわれます。ミルの考えは，「最大多数の最大幸福」，「結果が手段を正当化する」などの言葉でまとめられるように，できるだけ多くの人に，最少の危険性で，最大の便益をもたらすのが善である，というものです。一方，カントの考えは，仮に少数であっても，それらの人の権利は守られるべきであり，それらの人の意見は尊重されるべきである，というものです。生命倫理とは，ある意味では，この両極にある見解をどう一本化させるか，であると説かれています。

　そこで，医療において，こうした見解を具体化させるための基本原理として，ビーチャムとチルドレスは，次の4つをあげています。

　①　個人を尊重し，その人の意思決定を尊重する。

　②　できるだけ危害（被害）を避ける。

　③　できるだけその人自身のためになることをする。

　④　できるだけ公正に対応する，たとえば，危険と便益，費用と効果などの比率に
　　　配慮する。

　インフォームドコンセントの考えは，こうした原則を具体化するための1つの手段と考えてよいでしょう。最終的には，(A)「当事者が自己決定能力をもつ成人なら，その決定した内容が他人に危害を加えない限り，仮に論理的に正しくなくても，当事者本人が決めたことを尊重する」という解決法が基本になるのです。問題はそれに至るまでの過程です。

　まず，医療側からの一方的な説明でなく，自由に質問ができ，医療側と患者間で対話に近い形で，情報の開示がなされることが最も望まれます。その時，一般の人が理解できる言葉で対応しなければなりません。正しい情報が伝えられていなければ，①の原則に反し，個人を尊重したことにはなりません。もし，危険にさらされる状況が隠されていれば，②の原則に反することになります。

　次に，当事者の意思決定に外圧がかかってはなりません。自由意思で決めたものでなければ，①，③の原則のいずれにも反する事になります。当然拒否の意思表示もありえます。また拒否しても何ら不利益を蒙ることはないという保証がなければなりません。そうでなければ②の原理に反します。実際の施行に際しては，④の原則が問題になります。払う費用と得られる便益の関係は公正でなければなりません。とくに，限られた公的財源の利用が求められるとなれば，④の公正の問題はさらに重要になります。

　ところで，この4つの倫理原則のなかで，<u>②の被害防止と①の個人の尊重といずれをとるかが問題になるときは，どう対処すべきなのでしょうか</u>。（中略）

　別の問題は，相手が子ども，または知的障害者の場合です。他に，遺伝カウンセリング，遺伝子診断（検査），出生前診断（検査）などいわゆる遺伝サービスでの議論を複雑にしている問題が少なくとも2つあります。1つは，遺伝子は個人の所有であると同時に，血縁者で共有するものであるという事実です。もう1つは，出生前診断では妊娠している母親と胎児の間には，時に利害の対立が存在する可能性があるという事実です。

（松田一郎『動きだした遺伝子医療』より，一部改変）

設問1　下線Ⓐにあるように，理論的に正しくなくても当事者本人が決めた医療を尊重する場合，どのような過程を経て具体化するのがよいと考えられますか。あなたの考えを述べなさい。（200字以内）

設問2　下線Ⓑにあるように，倫理原則の②の被害防止と①の個人の尊重が相反する場合，あなたはどちらを尊重しますか。具体的な例を提示して考えを述べなさい。（400字以内）

POINT　患者の自己決定権尊重という原則をふまえたうえで，ではどこまで自己決定権を尊重してよいのか，その限界はないのかという論点は，生命倫理・医療倫理における定番の論点といえる。自分なりの考えを準備しておくべき問題である。

解 説

> **課題文の要点**　各段落の要点は以下の通り。

❶多様な社会にあって，受け入れられる単純な価値観や唯一の正解は期待できない。

❷生命倫理の基盤になる哲学には，ミルの功利主義とカントの人権主義があるといわれる。生命倫理とは，ある意味ではこの両極にある見解をどう一本化させるかであると説かれている。

❸医療において，こうした見解を具体化させるための基本原理として，ビーチャムとチルドレスは次の4つをあげている。
> ①　個人とその人の意思決定を尊重する。
> ②　危害（被害）を避ける。
> ③　その人自身のためになることをする。
> ④　公正に対応する。

❹〜❻インフォームドコンセントは，こうした原則を具体化するための1つの手段であるが，問題は最終的な解決法に至るまでの過程である。

❼4つの倫理原則のなかで，②の被害防止と①の個人の尊重といずれをとるかが問題になるときは，どう対処すべきなのだろうか。

❽別の問題は，相手が子ども，または知的障害者の場合である。他に，遺伝サービスでの議論を複雑にしている問題がある。

設問1

> **要求**　下線Ⓐにあるように，理論的に正しくなくても当事者本人が決めた医療を尊重する場合，どのような過程を経て具体化するのがよいと考えられるか，あなたの考え。

方針　下線部の次段落以降で，自己決定は当事者への十分な説明・情報提供のもと，自由意思でなされなければならないことが述べられている。この部分を医療現場での具体的な手続きとして述べるなら，インフォームド・コンセントということになろう。

> 　この場合，医師・患者間でより念入りなコミュニケーションを重ね，インフォームド・コンセントを得る必要がある。自己決定権は尊重すべきだが，理論的に正しくない選択に至るには理由があるはずだ。そこで，患者のもつ価値観や社会的背景を考慮したうえで，その選択がなぜ正しくないかを本人や家族にわかるよ

うに説明する。一方で，医師として提案する医療についてもリスクと利益を正確に伝え，改めて意思を確認すべきである。(200字以内)

設問2

要求 下線⑥にあるように，倫理原則の②の被害防止と①の個人の尊重が相反する場合，あなたはどちらを尊重するか。

条件 具体的な例を提示して考えを述べる。

方針 患者の自己決定と，医学の立場から見た合理的な（課題文の表現でいえば理論的に正しい）決定が食い違う事例は多い。具体例を思いつけば，自説を展開することは難しくないだろう。典型的なものの一つに，〔解答例〕で挙げた信仰上の理由による輸血拒否の事例（⇨2 医師の適性）がある。

　被害防止と個人の尊重が相反する場合，私は個人の尊重を優先させるべきであると考える。とはいっても，被害防止を軽視するものではなく，個人の尊重と両立しうる被害防止の手段を可能な限り模索するのである。
　こうした対立が生じる具体的な例としては，信仰に基づく輸血拒否が考えられる。患者の信仰は個人の尊厳の根幹にかかわる重大な価値であり，軽んずることは許されない。実際，最高裁判所は無断輸血の事例で病院の判断を違法としている。したがって，そのような場面で医療に携わる者が考えるべきことは，被害を防ぐために安易に個人の尊重を投げ出すことではなく，新たな被害防止の方法を模索することであろう。この場合は，患者本人の血液を輸血する自己血輸血という方法で対処することが考えられる。このように，個人の尊重を徹底し，さまざまな制約のなかでも有効な治療方法を研究していくことは，結果的に医療全体の発展にもつながるといえる。(400字以内)

18 生活の質と命

日本医科大学（医学部）　　　　　　　　　　　　　　　　目標60分

　欧米を中心に，屍体や脳死患者から「顔面移植」が行われている。血管や神経を吻合することにより，皮膚や骨，筋肉をも含む「顔面」すべてを他人に移植できる。移植を受けた患者は，生涯免疫抑制剤を飲み続ける必要がある。写真の女性は，飼い犬に噛まれた傷に対して顔面移植を受けたが，免疫抑制剤の影響で癌ができ12年後に亡くなった。生活の質と命のバランスについて，考えることを600字以内で述べなさい。

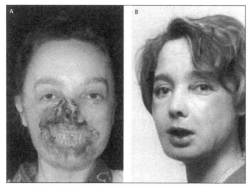

術前　　　　　　　　顔面移植術後

（論文から引用：Devauchelle B, et al. First human face allograft: early report. Lancet. 2006 Jul 15; 368（9531）: 203-9.）

POINT　患者が顔面移植手術を選択し生活の質を追求すると，それは同時に免疫抑制剤の継続的な使用を意味し，生命の短縮につながる可能性が生じうる。この場合，顔面移植手術を選択する患者の自己決定権に何らかの制約や限界は生じるのか，生じるとすればどこで線引きされるのか。

解　説

要求　顔面移植の例をもとに，生活の質と命のバランスについて，考えることを
述べる。

方針　生活の質と命はどのように均衡が保たれるべきかが問われている。しかし，
本問の場合，顔面移植手術を受けた患者は結果として 12 年間，命を長らえており，
実のところ両者の価値を比べる意味は希薄である。患者は長期にわたり生存しており，
その意味では，バランスよく移植後の人生を生き抜いているからである。生活の質と
命のバランスを考慮しなければならないようなケースは，生活の質の追求と命の長さ
が相反し，両者が両立しないケースであろう。

　たとえば，患者が顔面移植を受けたのち数週間で死亡したというような場合，両者
は相反する関係であると考えられる。このケースでは，顔面移植手術を受けるか受け
ないかの最終決定に患者自身が深くかかわることになる。すなわち，自己決定権の重
みが増し，それが正しいかどうかを精査する必要性が出てくる。では，正しい自己決
定とはいかなるものであろうか。

　イギリスの哲学者ミルによれば，自己決定権の正当化には以下の 4 つの要件が必要
とされる。

1．自己決定権者が自己決定可能年齢にあること（日本では 15 歳以上と考えられて
いる）。

2．その決定が任意の自己決定であること。つまり自由意志による自己決定であるこ
と。

3．他者を害さない自己決定であること。

4．正しい情報による自己決定であること。

　この女性について考えてみると，1，2，3 の要件は満たしていると考えられる。
4 については問題文中に記述はないが，免疫抑制剤の使用により発がん率が高まるこ
とは医師から告げられていたと推測しうるため，要件を満たし，彼女の自己決定は可
能であると考えられる。その場合，命が縮まる危険性が高まったとしても，生活の質
を優先したいという患者の自己決定が許容されることになる。

　ちなみに問題文が引用している文献にあたると，この女性はあご，口，鼻の部分を
ドナーから移植され，顔は修復することができたものの，免疫抑制剤の服用のみなら
ず，皮膚移植の処置が必要となり，それが生活の負担となっていたとのことである。
確かに顔を失うという重大な生活上の損失は回復したが，必ずしも生活の質が向上し
たとはいえない側面もある。これらの情報を女性が知らされていなければ，4 の要件

を満たさないとの見方も出てくるであろう。

　医師としては，患者の自己決定に際し，患者の正しい判断を支える正しい情報を知らせることが必要となる。

　医療には，患者の生命と生活の質を守ることが求められる。しかし，どちらかが損なわれるリスクが高い治療の選択には，権利の主体者である患者の自己決定が大きくかかわる。その際，患者が正しい自己決定をするためには，決定に際し何よりも正しい情報が医師から与えられなければならない。なぜなら，患者は対立する価値を前に，悩ましい決断を迫られているからだ。その決断に情報は重要な役割を果たす。本問で言うならば，顔面移植を選択したことで服用することになる免疫抑制剤の存在を患者は知らねばならない。また，その副作用でがん発症のリスクが高まることも告知されねばならない。この負の側面はもちろん手術前に，医師により適切に知らされていたであろうが，手術前の告知の段階で，移植後の正確な予後を推測することは困難と考えられる。その意味から移植により，患者に直近で不利益がもたらされる可能性があるならば，患者への説明と同意はより厳格なものとなるべきだ。

　顔面移植による免疫抑制剤の副作用は確かに患者の身体に負荷をかけ生命を縮めるものではあったが，患者はその道を選び，生活の質を保ちながら12年間生存している。つまり彼女の自己決定は直近の不利益に結びつくものではなく，さらにあるレベルの容貌をも取り戻している。患者が生活の質と命のバランスを判断し有効な選択をするための医師の役割は大きいのだ。（600字以内）

19 臓器移植と生命倫理

横浜市立大学（医学部医学科）   目標 60 分

　臓器移植と生命倫理について，具体的な事例を挙げながらあなたの考えを 1,000 字
以内にまとめて述べなさい。

POINT　臓器移植を生命倫理的観点から見ると，問題とすべきトピックは多い。脳死
の扱い，臓器売買，修復腎移植などである。個々のトピックはもちろん，そもそも
臓器移植は人の身体を別の人を救うための「道具」として使うことなのではないか，
という背景にある大きな問いを意識しておくと，深い考察を展開できよう。

解　説

要求 臓器移植と生命倫理について，あなたの考え。

条件 具体的な事例を挙げながら述べる。

方針 臓器移植と生命倫理がリンクする場面として，最も代表的なのは死生観の問題がからむ脳死移植と，身体の商品化が問題視される臓器売買であろう。どのようなテーマを選ぶにしても，臓器移植は一部の患者にとって効果的な治療法であるという点から論じ，ではなぜ臓器売買はもちろんのこと，脳死移植も手放しで容認できないのか，という方向に展開すれば，バランスのよい説得的な解答になるだろう。〔解答例〕では，2010 年施行の改正臓器移植法を切り口とし，脳死移植の是非を中心に取り上げた。

> 臓器移植と生命倫理の問題を考えるにあたって，2010 年の改正臓器移植法施行は重要な出来事である。改正により，15 歳未満の子どもからの臓器提供が可能になる，本人が生前に拒否表明をしていなければ家族の同意のみで臓器提供が可能になるなど，国内での臓器提供・移植の機会は大幅に広がった。
>
> 臓器移植は，それによってしか救えない患者がおり，期待も大きい。ところが現実には，移植用臓器が不足して長い待機期間を強いられ，その間に亡くなる患者も多いという。特に難病の子どもは，旧法では海外渡航して移植を受けるしかなかった。その意味で，臓器移植の機会を広げた法改正の意義は大きい。
>
> しかし，今回の改正によって，臓器移植と生命倫理の問題については，いっそう注意深い対応が必要になったと私は考える。
>
> 最大の問題点は，改正法が脳死を一律に「人の死」と位置づけたことである。脳死状態に陥った人でも，生命維持装置によって呼吸や循環を保つことは可能である。しかし，基本的に脳死が人の死と認められてしまうと，医療現場での意識の変化は避けられないだろう。結果として，臓器提供を望まない患者が脳死状態になった場合に治療が打ち切られる，医療保険の適用で不利な扱いを受けるといった事態が懸念されている。臓器移植法の改正が終末期医療の現場に混乱を招き，終末期患者の生命が軽視されるようなことはあってはならない。
>
> また，脳死判定の手続きの問題も解消されていない。改正で 15 歳未満の子どもからの臓器提供が可能になったが，子どもは成人と比べて脳死判定が困難だといわれる。現在，6 歳未満の小児の脳死判定では成人より厳しい判定基準が設けられているが，その妥当性については今後も検討を重ねていく必要がある。年少の子の死を前にして，難しい決断を委ねられることになる，ドナー家族への精神

的ケアも大きな課題である。

　そもそも臓器移植は，ドナーの臓器を他人の健康のために役立てるのであるから，人の身体を他人のための道具として利用する行為だともいえる。たとえ善意の臓器提供であっても，そこでルールの不徹底や手続きの軽視といった不備が生じれば，「人間の道具化」は起こりうる。それは個人の尊厳を危機に陥れるということを忘れてはならないと考える。(1,000 字以内)

　生命科学や遺伝子工学の進歩と医学への応用によって，現在の先端医療は生命への直接の介入を伴うようになった。生殖医療や遺伝子診断などはそのよい例だろう。それゆえに，先端医療の研究や実践にあたっては，生命倫理にかかわる問題が浮上せざるを得ない。この点に留意して，本質的な理解を心がけてほしい。

Q　必須キーワード

□生殖補助医療技術（Assisted Reproductive Technology, ART）

　不妊を克服するための技術。1970年代に体外受精の技術が樹立され，その後新たな技術の開発が進んでいる。新しい生殖技術としては，顕微授精，代理出産，男女産み分け，受精卵や卵子の冷凍保存などがある。

□新型出生前診断

　出生前スクリーニング検査の一種。妊娠中に母体から採血し，そこに混じる胎児のDNA断片を調べる低侵襲性の検査である。事前に染色体異常の有無を知ることで，生後に問題となる症状への対応や精神面・環境面の準備を整えることができる。

□再生医療

　患者本人あるいは他人の細胞や組織を培養等加工して用いることで，失われた組織や臓器の機能を修復し再生する医療。現在，ES細胞（胚性幹細胞）やiPS細胞（人工多能性幹細胞）の研究・開発に大きな期待が寄せられている。

Q　出題傾向

　先端医療は大問のテーマとして出題されるだけでなく，生物学などとからめ，設問単位で問われることもある。近時，日本語，英語ともによく問われているのは，遺伝子診断技術の問題である。日本の問題としては，新型出生前診断の是非としてよく出題されている。遺伝子診断技術は先進的であるが，患者の個人情報の保護の問題や差別の問題などを招来する。先端医療が新たにもたらすさまざまな問題について学習しておきたい。各分野のもつ可能性と問題点を押さえ，客観的な意見が述べられるようにしておこう。

視点❶ 生殖医療の問題点

生殖医療には，性質の異なるさまざまな医療技術が含まれる。

①生殖を促進する技術：

　不妊治療のための人工授精[※1]や体外受精[※2]，代理出産など。

②生殖を抑制する技術：

　避妊や人工妊娠中絶など。

③生殖の質をコントロールする技術：

　出生前診断（胎児診断），着床前診断など。いかなる子をもちたいかにかかわる。

　先端医療には，一般に安全面でリスクを伴うのはもちろん，倫理的な問題がついてまわる。生殖医療においても例外ではなく，倫理面で大きな議論が起きている。

　そこで，生殖医療の3つのカテゴリーから，ここではまず，①の不妊治療（＝生殖補助医療技術）にかかわる問題点を取り上げ，続いて②・③を取り上げる。

●◎◯体外受精についての議論

　1978年に世界で初めてイギリスで体外受精が成功し，俗に「試験管ベビー」と称される体外受精児が誕生した（日本では1983年に東北大学医学部附属病院で成功）。不妊を克服する技術としては，古くは18世紀から人工授精が行われてきたが，それでも妊娠しない場合の方法として，体外受精技術の開発が進んだのである。今では不妊治療の手法としてすっかり一般化してきている。

　一方で，体外受精にはさまざまな問題点が指摘されている。まず，妊娠・出産にかかわる女性の身体的・精神的ダメージの大きさがある。排卵誘発剤を用いることで，一度に多数の卵子を得ることが可能になったが，その副作用は無視できない。卵子採取の際には痛みも伴う。また，成功率を高めるために，複数の胚を同時に子宮に移植することが行われており，母子ともにリスクの大きい多胎妊娠（同時に2人以上の子どもを妊娠すること）が発生しやすい。さらなる問題点として，保険が適用されず経済的負担が大きいことも挙げられる。

　体外受精児の健康への影響調査もこれからの課題である。現在のところ，体外受精を原因とした障害や疾患が起こりやすいとの報告はない。しかし，体外受精の技術はまだ40年余りの歴史しかもたず，安全性の検証はいまだ途上にある。厚生労働省は，2007年から体外受精児の健康について追跡調査を開始しているが，出生というプライバシー権にかかわる問題だけに，やり方を誤れば新たな差別を生む恐れもある。

　✔ <u>体外受精児の追跡調査は個人のプライバシーに十分配慮し，厳密なルールを整備したうえで，慎重になされなければならない。</u>

　倫理面では，次のような問題もある。夫婦の配偶子（卵子・精子）を用いた体外受

精では妊娠に至らなかった場合，第三者の配偶子や胚を用いた体外受精が技術上は検討されうる。しかし，家族関係に混乱が生まれる可能性や，生まれてくる子への告知の可否，通常匿名で配偶子等の提供が行われるため，子の出自を知る権利をどう保障するかなどの問題が出てくる。社会的コンセンサスも得られていない現状から，配偶子や胚の提供による体外受精については，日本では現在は認められていない。

✓ 生殖補助医療技術が高度に発展し，一般化しつつあるなか，規制も含めた法整備が求められている。

●◎◎代理出産は許容されるのか

　最近話題になることの多い代理出産も，不妊を克服する技術の範疇に含まれる。アメリカなどでは，体外受精により得たカップルの受精卵を第三者の代理母の体内に移すなどして，妊娠・出産してもらうことが認められている。他人が妊娠・出産に介在する代理出産では，第三者からの配偶子提供による体外受精の場合と同様に，家族関係が混乱する恐れがある。さらに，他の女性から卵子の提供を受けて，別の代理母の体内に移植して妊娠・出産した場合，生まれた子どもは遺伝上の母，分娩した母，養育上の母という3人の母親をもつことになり，事態はより複雑になってしまう。

　日本ではまだ代理出産に関する法的な規制はない。しかし，2008年に日本学術会議が出した提言「代理懐胎を中心とする生殖補助医療の課題」によると，代理懐胎（代理出産）は原則禁止が望ましく，営利目的での代理懐胎については施行医と依頼者だけでなく，斡旋者も処罰の対象とされる。その反面，先天的に子宮をもたない女性，または治療で子宮摘出を受けた女性に限って，厳重な管理下での代理懐胎の臨床試験は可能である。ただし，それによって生まれた子の母親は代理母であり，依頼者との親子関係は養子縁組で結ぶよう提言されている。

　そもそも，妊娠や出産には大きなリスクを伴う。妊娠した女性は約10カ月にわたって行動を制約され，出産にあたっては大きな負担に耐えなければならない。このようなリスクを他人に転嫁することは許されるのだろうか。仮に，医学の進歩によって出産のリスクが限りなく低くなったとしても，他人の身体を道具化することは許されるのだろうか。また，女性の出産機能を商品化することは個人の尊厳を軽視しているのではないかなど，代理出産には，臓器移植や臓器売買の問題（⇨6 生命倫理）にも通じる，さまざまな疑念と批判がある。

●◎◎出生前診断・着床前診断の是非

　次に，出生前診断や着床前診断について考えてみよう。出生前診断は，胎児に超音波検査や羊水検査などを行い，遺伝子や染色体を調べて異常の有無を判定する方法である。新型出生前診断では，母体からの採血による診断が可能となった。一方，着床

前診断は，体外受精で得た受精卵の遺伝子を検査し，将来起こりうる疾患や障害を調べる方法である。

　出生前診断は，もともと胎児を診断することで，胎児や母体の安全を図るものであった。事前に障害や先天性疾患をもった子どもが生まれる可能性が高いとわかっていれば，出産に備えて知識を深め，設備の整った病院に移るなど，万全な準備を整えることが可能になる。しかし現実には，出生前診断で胎児が障害や疾患をもつ可能性が高いことが判明した場合，人工妊娠中絶に至るケースが生じている。生まれてこようとする生命のうち，あるものを抑止することは，生命の選別につながってしまう。

　中絶を伴わないにせよ，いずれ生まれてくる生命の選別を行う点で，妊娠前の着床前診断も倫理上の問題をはらんでいる。その実施については，適用範囲の歯止めなき拡大につながらないように，日本産科婦人科学会が「『着床前診断』に関する見解」で具体的な指針を示している。すなわち，臨床研究として行われること，実施する医師が生殖医療に関する高度な知識・技術をもっていること，出生前診断・遺伝子診断等に関して業績を有する施設が行うこと，適用対象は重篤な遺伝子疾患の他，染色体転座に起因する習慣流産（反復流産を含む）である。

　一方で，子を産むか産まないかの選択権は親，特に母親の自己決定権の範囲内にあるとする考え方（リプロダクティブ・ライツ＝生殖に関する権利）もある。この権利と，選別される生命の「生まれる権利」との衝突をいかに調整するかが，生殖医療の②・③のカテゴリーに共通する議論の焦点になっている。

　生殖医療は，不妊に悩む人々の「子どもが欲しい」という切実な願いに応える形で発達してきたが，健やかな子どもの誕生への願いが完璧な子ども（デザイナー・ベビー）を産みたいという欲望へと変化する兆しも見られる。こうした医療行為はそもそも「医療」と見なせるのか，また医師がこれらの行為に関与することは許されるのか，という根本的な問題がここで提起されているのである。

●◐○不妊治療の保険適用拡大

　2022年4月から人工授精，体外受精，顕微授精などのいわゆる不妊治療に対する保険適用が拡大されることになった。厚生労働省によれば，対象となるのは不妊症と診断された男女で，治療開始時点で女性の年齢が43歳未満であることが要件である。43歳未満とした対象年齢については批判もあるが，従来の助成制度の年齢制限と同等であり，日本で不妊治療を受けている女性のおよそ半数が40歳以上である一方，年齢が上昇するにつれて体外受精の成功率が低下するとの，専門家からの指摘がある。

視点❷　注目される先端医療

　近年注目されている先端医療には，再生医療，ゲノム医療，ウイルス療法などがある。再生医療は最も注目されている先端医療の一つで，幹細胞の特性を利用し臓器や組織を再生する医療である。しかし，倫理的な問題が指摘されるなど課題も多い。ゲノム医療は遺伝子を解析し個々の患者に最適な治療を導き出す医療で，近年では予防医学の分野でも注目されている。しかし，遺伝情報の取り扱いに対する懸念がある。ウイルス療法は，遺伝子組換え技術を利用して特定の疾患のみを攻撃するウイルスを作成し，疾患を治療する医療である。現在は脳腫瘍の治療として承認されており，今後他の疾患への利用が期待されている。

◉◐◯再生医療

　再生医療とは，本人もしくは他人の細胞・組織を培養するなどの加工をして，疾患がある臓器や組織を修復，再生する医療のことである。

　再生医療において重要なのは幹細胞である。幹細胞とは，自己複製能と分化能を持つ細胞のことである。自己複製能は，自らとまったく同じ能力を持った細胞に分裂することができるという能力を指し，分化能は，体内に存在する神経細胞，肝細胞，筋細胞などさまざまな細胞に分化する能力を指す。幹細胞の中でも，再生医療において用いられるのは，体のどんな細胞にも分化できる多能性幹細胞である。多能性幹細胞のうち，ES 細胞は，受精卵後の胚盤胞の段階に発生した胚（内部細胞塊）から分離され培養された細胞である。iPS 細胞は，分化した体細胞に，ES 細胞に特異的に発現している 4 つの遺伝子を導入することで作られる。ES 細胞は受精卵から細胞塊を取り出すため，倫理的な問題が指摘されている。iPS 細胞は，ES 細胞と比べ皮膚や血液など採取しやすい体細胞を使って作ることができ，かつ患者自身の細胞から作ることができるため，移植の際の拒絶反応が起こりにくい。一方で，腫瘍が形成されるという懸念が指摘されており，安全性の向上に関する研究が進められている。

◉◉◐ゲノム医療

　ゲノム医療は，効率的で効果的に病気の診断と治療を行うことを目的とし，ゲノム情報を網羅的に調べる医療である。ここでいうゲノムとは，DNA に含まれる遺伝情報全体のことを指す。特に注目されているのが，がんゲノム医療である。がんゲノム医療は，患者に合わせた治療を行うために，がんの組織の多数の遺伝子を同時に調べ，遺伝子変異を明らかにし，診断，追加治療の必要性の有無，効果的な抗がん剤の選択の補助などを行う。日本ではゲノム医療の保険診療対象は標準治療を終えた固形がんのみとなっている。ただし，2019 年 9 月から 2020 年 8 月までの間にゲノム医療を受

けた患者のうち，検査の結果で示された抗がん剤を，実際に投与された患者の割合は8.1％にとどまる。そのため，9割以上が治療につながらない検査を保険診療の対象としていることに疑問も呈されている。

ゲノム医療の可能性は，すでにがんになっている場合のみならず，将来がんを発症する可能性についても予知し得る点にある。そのため予防医学の領域においても活用が想定されている。14章で詳しく述べるが，その際問題となるのは，将来罹患する恐れのある疾病が明らかになり，その情報が漏洩，流出した場合，新たな差別につながる危険性があることである。また，罹患する可能性のある疾病を知ることで，患者が将来を悲観する危険性も生じうる。

●○○ウイルス療法

がん細胞だけで増えるように遺伝子組換え技術を用いて改変したウイルスをがん細胞に感染させ，ウイルスにがん細胞を殺させ治療するがん療法をウイルス療法という。この療法は，ウイルスが直接がん細胞を殺すのみならず，がん細胞に対するワクチン効果も引き起こし，従来の手術，放射線，化学療法といった治療法とも併用が可能である点に特徴がある。

2015年に米国のアムジェン社が，ヘルペスウイルスに遺伝子改変を加え，皮膚がんの一種であるメラノーマを対象とした治療薬を開発し，世界で初めて承認された。日本では2021年に東京大学が開発した，第三世代の遺伝子組換え単純ヘルペスウイルスⅠ型G47Δを用いた脳腫瘍療法が，世界で初めての脳腫瘍ウイルス療法として承認されている。他にも，鳥取大学とアステラス製薬が，天然痘のワクチンとして使われていたワクシニアウイルスの遺伝子改変をし，ウイルス製剤を開発している。また，岡山大学ではアデノウイルスを遺伝子改変し，主に食道がんに有効な治療薬を開発している。アデノウイルスの遺伝子改変によるがん治療薬の開発は，鹿児島大学でも行われており，骨転移，軟部腫瘍転移，悪性骨腫瘍，悪性軟部腫瘍を対象としている。

他にも，麻疹ウイルスを使った乳がんや肺がんを対象にした治療法の研究が東京大学の別のグループで行われるなど，
ウイルス療法は各研究機関や製薬会社で実用化に向け開発されつつある。

視点❸ AI医療

AI医療は，AI技術を使って最適な治療法の実現を可能とする医療である。医療の質の平等を目指すために有効である点から，医療水準の低い国や地域での活用が注目されている。ただし，AIへの情報入力に膨大な労力を要する点や，医師自身のAI技術への理解が必要とされるといった課題も多い。

●○○IBMワトソン

　アメリカのIBM社によって開発された質問応答システムであるIBMワトソンは，ニューヨークのがん専門医療・研究機関の医師たちのがんの診断・治療のデータを学習し，医療用AIとして活用されるようになった。そのため，医療分野では主にがん医療の診断と治療法の提示において活用されている。日本の事例としては，「骨髄異形成症候群」で東京大学医学部附属病院に入院していた66歳の女性の治療に活用した例が挙げられる。彼女にはそれまでの抗がん剤治療の効果がなかったため，ワトソンにこの女性のゲノムを入力したところ，別の白血病を発症している可能性が提示された。ワトソンの解析結果を参考に抗がん剤を変更したところ，彼女は回復した。

　このように，ワトソンは医師に，病気の診断や治療法を薦めるが，それはこれまでの医師による診断や治療法によって形成されているものである。そのため，画期的で独創的な治療法を提示するわけではないが，蓄積している大量の医学情報を活用し，短時間で判断するという点で価値がある。問題点としては，病院が多数の患者のカルテを入力しなければならない点である。また，医学情報も随時更新しなければならず，目まぐるしく変わる情報を更新し続けるのは容易ではない。

　さらに，ワトソンが学習している診断・治療データを提供した医師や彼らと同レベルの先端医療を行っている病院，また医療先進国や先進的医療を行っている地域では，自分たちの診断や治療法と大きく変わらないアドバイスしか得られないため，ワトソンに対する評価は低い。一方で，医療の発展が途上にある国や地域では評価が高い。たとえばモンゴルのある病院にはがん専門医がいないため，一般医療の医師らががん患者に対応していた。このような病院がワトソンを導入すれば，診断，治療法，専門知識を補うことができる。同じアジア圏でも，韓国など医療水準の比較的高い国や地域では，ワトソンは米国の患者向けにカスタマイズされており使いにくいという声もある。だが，韓国でワトソンを活用している病院の医師の評価は異なる。医療現場にはベテランで地位の高い医師の意見が，若手の医師の意見よりも優先される傾向があり，それが治療の際に不利益となることもあったが，ワトソンにより是正されたという。ワトソンにより提示された治療法であれば，若手の医師の意見も通りやすくなったからだ。ワトソンには課題もあるが，効率化や医療現場の民主化，医療の地域差を無くし医療の質の平等を実現させるという点において，大きなメリットが期待されるのである。

●●○ニューラルネットワーク

　もう一つ注目されるものとしてニューラルネットワーク技術の導入が挙げられる。ニューラルネットワークとは，1950年代にアメリカを中心に研究が始まったAIの一種で，脳内のニューロンのネットワーク構造を模した数学モデルである。ニューラル

ネットワークはデータから学習し，ディープラーニングを行うことができる。

ディープラーニングは，多層構造のニューラルネットワークを使った機械学習の一種で，データを入力し学習させる技術だ。ある種のパターンを認識することに長けており，特に画像診断に活用できるとされる。たとえば眼の疾患では，眼科医が大量の網膜画像を診断して，個々の網膜画像にその診断をラベル付けしたデータを基に，大量の網膜画像の解析で画像上の特徴点を自動的に識別し，それぞれの疾患を選別することができるようになる。ニューラルネットワークは，さらに大量の網膜画像を解析し続けると眼の疾患の特徴点を学習していき，その結果，ラベル付けされていない網膜画像の疾患も判定できるようになる。この AI の実用化が進めば，医師が不足している地域や特定の専門医がいない病院でも診断できるようになると期待されている。一方で，

✓ 医療用ニューラルネットワークはあくまでも医師のサポート役であり，最終的な治療法の判断は医師に委ねられる点を理解しておくべきだ。

●◐○ AI 医療の問題

根本的な問題として，AI には NBM（Narrative-Based Medicine）のような対応は行うことができない点が指摘される。患者にはそれぞれ人生観や宗教観，ライフスタイルがあり，求める治療も個々人によって千差万別である。たとえば同じ病気であっても，若年者と高齢者では治療方法は異なる。高齢者の場合，治療によって寛解が望めたとしても，治療に伴う危険や副作用，合併症のリスク，後遺症からの回復，治療費などを勘案し，それらのリスクを引き受けたうえで余命が元々の寿命と比べてどの程度なのかを考慮する必要がある。すなわち，積極的な治療を行うことが患者にとって最適な選択とはいえない場合があるのだ。このように患者一人一人によって最適な治療法は異なるため，AI が判断した治療法が必ずしも患者の望む結果を生むとは限らない。最終的には医師が患者一人一人と向き合い，寄り添って治療方針を決めなければならない。

ワトソンのような AI は，クイズのような正解のある問題を扱うことには長けている。しかし，クイズには正解があるが，生身の人間，患者を扱う医療においては唯一絶対の正解など存在しない。つまり，どんなに優れた人工知能であっても，最終的に微妙な判断は人間が行う必要がある。また，14 章で詳しく述べるが，データに含まれる個人情報の取り扱いに関する問題についても議論の余地がある。

※1　**人工授精**
　子宮に直接精子を注入して受精させる方法。夫の精子を用いる配偶者間人工授精 AIH と，第三者の精子を用いる非配偶者間人工授精 AID があり，国内ではどちらも実施が認められている。

※2　**体外受精**
　卵子と精子を採取して体外で受精させ，培養してできた胚を子宮に移植する方法。体外受精の一つとして，卵子の細胞質に精子を人為的に注入する顕微授精も行われている。

▶▷▷ ゲノム編集とゲノム医療

　ゲノム（genome）とは，遺伝子（gene）と染色体（chromosome）を組み合わせた造語である。一般に，配偶子（生殖細胞）に含まれる染色体の遺伝情報の全体を指す。換言すれば，生物をその生物たらしめるのに不可欠なひとそろいの遺伝情報といえよう。このゲノム上の特定の部位を削除したり，そこに別の遺伝子配列を挿入したり，置換したりすることをゲノム編集という。2018 年には，この技術を用い，中国の研究者が「受精卵から双子の赤ちゃんを誕生させた」と発表し，世界中に衝撃が広がった。生命の設計図を操作し，現実に子供を誕生させたという報告は，世界に波紋を広げた。このような研究は，科学研究と医療の規則を破るものであるとの批判もなされた。

　一方，人間の体を形成する設計図である遺伝情報を網羅的に検証し，その結果を基により効果的，効率的に疾患の診断，治療や予防を行う医療が注目されている。いわゆるゲノム医療と呼ばれるもので，難病や生活習慣病などが対象となっている。難病に関しては，アメリカのテキサス大学とイギリスの王立獣医科大学の研究チームが実施したデュシエンヌ型筋ジストロフィー症の犬を対象とした治療があり，一定の成果が見られている。

　ゲノム編集は，我々人間の永遠のテーマである不老長寿に関わる研究にも及んでいる。すでに米ハーバード大学医学大学院で寿命に関わる多数の遺伝子をゲノム編集し人間を若返らせようとの研究も進んでいる。米ハーバード大学医学大学院の G・チャーチ教授は，「22 歳の肉体年齢と 130 歳の人生経験を両方兼ね備えた人間を誕生させる」との抱負を語っている。しかし，「ゲノム編集」ベビー同様，新たな研究には光と影がつきものだ。このケースにおいても我々が手にする利益とともに，研究者の倫理がどうあるべきかが問われるのではないか。

20 今後の生殖医療と問題点 課題文

北里大学（医学部）　　　　　　　　　　　　　　　　　　目標 90 分

次の文章を読んで問いに答えなさい。

　世界初の「試験管ベビー」の誕生から 30 年がたった今，体外受精は珍しいもので
はなくなった。これからの 30 年でも，また同じくらいに変革的な技術が生み出され
るかもしれない。

　ここは英国。とある病院の分娩室でその子が生まれたのは，もう日付も変わろうと
しているときだった。体重 3400 グラム。それは，普通でない赤ちゃんの，普通の誕
生だった。この日―2038 年 7 月 25 日―の記念に，両親は新聞を一部とっておくこと
にした。両親にとって，この子は夢見ていたとおりの子だった。それはそうだ。両親
は医学的に可能なことはすべて確かめたうえで，この子を産んだのだから。彼らは，
胚の段階で細胞を 1 〜 2 個取り出し，ゲノムの塩基配列を調べた。彼らはまた，体外
受精操作で作ったほかの複数の胚についても同じことをしていた。そのなかでこの子
を選んだのは，病院の Baby's First Four Letters TM 分析で，この胚なら，やせ型
で幸せな，がんと無縁の子に育つ確率がいちばん高いといわれたからだった。

　さて，あなたはこの 30 年後のシナリオに現実味を感じるだろうか。今から 30 年前
の 1978 年 7 月 25 日，私たちは史上初めて，体外受精児の誕生を迎えた。新聞各紙は
この子をスーパーベイブとよび，両親は Louise Brown と名づけた。以来，初めは
人々を驚愕させ，多くの異論を生んだ体外受精も，ごく当たり前にとらえられるよう
になった。この世に生を受けた体外受精児は，すでに四百万人にのぼる。今回，今後
の 30 年について，生殖医療の専門家に予想してもらった。一部の技術は，実現すれ
ば同じように革新的なものになりそうだ。

　例えば，体細胞から精子と卵子が作製できるようになったらどうだろう。体外受精
用の材料がふんだんにもたらされることになり，不妊症が完全に過去のものとなる可
能性がある。また，このシナリオでは胚も大量に供給されるようになることから，遺
伝子の選別が不可欠なものとなるかもしれない。生殖細胞や胚を遺伝子レベルで増強
したり改変したりすることも，広く認められていく可能性がある。

　すでに，現代社会は個別化遺伝学の時代に入りつつあり，コストを負担すれば誰で
も既知のリスク遺伝子を調べてもらうことができる。まもなく，一般個人の全ゲノム
配列の解読も実現されるだろう。こうした技術は，体外受精を取り扱う医療機関にも
広がるはずだ。たしかに，何千もの遺伝的リスク変異がさまざまな健康状態の要因と

なっているわけで，遺伝的に完璧な将来が約束された胚など存在しないと考えられる。しかし，こうした技術があれば，例えば家族を苦しめるパーキンソン病を避けるなど，両親は子どもに与えたい形質として譲れないもの五項目のリストを作成し，その基準に最もよく当てはまる胚を選ぶことができるのだ。はたまた，知能や野心など，健康とは無関係の側面が注目される可能性もある。遺伝子選別に関する倫理的問題を問う議論は，今後数年で熱を帯びてくる気配があり，また，実際にそれは議論されるべき問題である。

　一方，体外受精の安全性懸念は，30年たった今でも解消されていない。体外受精が重大な害を及ぼすわけではなさそうだが，より小さな問題については，今後，膨大な数の子どもたちが中年以降の年齢に差しかかって初めて顕在化してくるのかもしれないのだ。しかし，そのような研究はまだほとんど着手されていない。体外受精児を追跡する大規模な記録はほとんど存在せず，着床前遺伝子診断などのごく新しい技術を施された子どもたちの情報となると，さらに少ない。そのような長期の研究は，親子のプライバシーを守る必要があるとともに，参加したがらない親子が多いことから，高コストで困難なものとなっている。しかし，そうした記録の優先度は高い。次世代の生殖補助技術が登場してくるなか，その重要性はさらに高まる。確かに，子を産もうという人はリスクを負う必要があるのだろうが，少なくともそれがどんなリスクなのかは知っておくべきだ。

　やはりこの30年で解決されなかった問題として，十分な安全性と倫理的要求を確実に満たすにはどうすべきか，ということが挙げられる。解決モデルの一つとして，幅広い評価を集めている英国のヒト受精・胚機構では，規則の制定と施行にあたり，法的な裏づけを得ることになっている。しかし，そうした規制の存在しない米国のような国では，透明性や安全性の確保，それに，両親と生まれてくる子の双方に対して最善の結果を約束することは，医師の責任に委ねられている。

　確かなことが一つある。未来に生まれくる子自身は，巻き起こる議論や，自らの出生の技術的経緯など知る由もなく，この世に出てくるだろうということだ。その子の存在は，人間の生物学にもはや神聖なものなど存在しないことの実証となるだろう。だからこそ研究者は，実験室でのスタートの瞬間から，人間の生殖が何ら貶められるものではないことを約束する必要がある。

Nature ダイジェスト Vol. 5, No. 9, pp. 6-7, September 2008
© 2008 Nature Japan K.K. Part of Springer Nature Group.

設問1 文章に見合った30字以内のタイトルを付けなさい。

設問2 生殖医療について作者はどう考えているか。具体的に200字以内でまとめなさい。

設問3 生殖医療の十分な安全性と倫理的要求を確実に満たすためにはどうしたらよいか。三つのキーワード（選別，リスク，プライバシー）を用いて800字以内で論述しなさい。

POINT 先端医療のなかでも，生殖医療は生命倫理との関係で議論になることが多い分野である。特に，出生をコントロールするという契機を含むため，生命の選別と結びつくことは避けられず，それが人の尊厳に対する脅威となることが懸念されている。生殖医療については，生命の尊厳，平等性という観点から批判的検討を加えるという基本をマスターしておきたい。

解　説

> **課題文の要点**　各段落の要点は以下の通り。

❶〜❸世界初の「試験管ベビー」の誕生から30年がたち，体外受精は珍しいものではなくなった。今後の30年について，生殖医療の専門家に予想してもらった。

❹体細胞から精子と卵子が作製できるようになれば，不妊症が完全に過去のものとなり，遺伝子の選別，生殖細胞や胚の増強・改変が広く認められていく可能性がある。

❺遺伝子選別に関する倫理的問題を問う議論は，今後数年で熱を帯びてくる気配があり，実際に議論されるべきである。

❻一方，体外受精の安全性懸念は今でも解消されておらず，次世代の生殖補助技術が登場してくるなか，体外受精児を追跡する記録の重要性はさらに高まっている。

❼十分な安全性と倫理的要求を確実に満たすにはどうすべきか，ということは，この30年で解決されなかった問題である。

❽未来に生まれくる子自身は，巻き起こる議論や，出生の技術的経緯など知る由もない。研究者は，人間の生殖が何ら貶められるものではないことを約束する必要がある。

設問1

要求　文章に見合ったタイトル。

方針　第❶〜❺段落までが今後の生殖医療についての予想・展望であり，第❻〜❽段落は生殖医療の問題点についての作者の懸念である。また，作者の主張は安全性と倫理的要求の二側面にわたっていることをふまえてまとめる。

> 安全性と倫理的要求をめぐる生殖医療の未来予想と問題点（30字以内）

設問2

要求　生殖医療について作者はどう考えているか。
条件　具体的にまとめる。

方針 作者の考えが表れているのは第**❻**〜**❽**段落であるから，そこを中心にまとめればよい。課題文前半の内容は，主張の前提となる事実認識として必要な箇所を採れば足りる。

> 　作者は，生殖医療の進歩は胚段階での遺伝子診断と遺伝子選別につながると予想し，それに伴う倫理的問題の議論が高まりつつあると見ている。一方，体外受精の安全性のように，技術導入から時間がたってもいまだ解決されない問題にも懸念を示している。これらの問題を解決するための規制も万全とはいえないなかで，作者が重視するのは，研究者が人間の生殖の尊厳に対する十分な配慮を堅持しながら研究に取り組むことである。(200字以内)

設問3

要求 生殖医療の十分な安全性と倫理的要求を確実に満たすためにはどうしたらよいか。

条件 三つのキーワード（選別，リスク，プライバシー）を用いて論述する。

方針 課題文の内容をふまえたうえで，三つのキーワードを見れば，倫理的要求につながる「選別」，安全性についての議論に関係する「リスク」「プライバシー」という大まかな分類ができる。そこで，キーワードを中心に，生殖医療の倫理的要求と安全性という二つの論点について自分の考えをまとめていけばよいだろう。

> 　まず，生殖医療の倫理的要求を満たすために，胚段階での遺伝子選別に規制を加えるべきだと私は考える。親が望む性質をもつ子を産むために，遺伝子レベルで選別を行うことは，優生学的発想につながり，障害や先天性疾患をもつ人への差別を助長する恐れがあるからである。ただし，選別の全面禁止は現実的ではない。すでに着床前診断が容認されている国は多くあり，事実上の遺伝子選別が行われているからだ。そこで具体的には，適用範囲の歯止めのない拡大とならないために，その実施は生殖医療について十分な技術的背景と経験をもった医師により，遺伝子技術に関してしかるべき業績を有する施設で，重篤な遺伝子疾患を対象に，臨床研究としてのみ施行されるべきと考える。
>
> 　次に，生殖医療において十分な安全性を確保するためには，まずは体外受精児について，その後の成長過程を詳しく記録する必要があろう。作者も指摘するとおり，出生後ただちには現れず，中年以降に発現する可能性のある障害や疾病のようなリスクまで考慮すると，大規模かつ緻密な追跡調査は必須だと考えられる。問題は，そのような記録・調査は，体外受精児とその親に負担を強いるものだと

いうことである。この点については，データの蓄積によってリスクの予想が可能になったり，問題が現れた場合の対処法を早期に確立できたりと，記録・調査は当事者にとっても健康と安全を確保するものであるという点を詳しく説明し，理解と協力を求めるしかないと思われる。

　もちろん，こうした記録を行う以上，プライバシーの保護には万全を期さなくてはならない。生殖や血縁に関する問題は，多くの親子にとって各人の名誉と尊厳に直結するものであり，個人情報の誤用や漏洩から新たな偏見が生じる危険性も高い。したがって，生殖医療の追跡調査に関する個人情報の保護については，法規制も含めた特別なルール作りが必要であろう。(800 字以内)

21 人工知能と医療 　　　　　　　　課題文

福井大学（医学部医学科）　　　　　　　　　　　　　　　　　目標 **90** 分

「ワトソン医師」は万能か　韓国でみた AI 医療

　「Ask Watson（ワトソンに尋ねる）」——。医師がモニター画面上のこの表示をクリックすると，男性患者は思わず身を乗り出した。映し出されたのは，数年先までの詳細な治療や投薬の計画。医師は一言だけこう付け加えた。「ワトソンによると，これがあなたのベストな治療法です」

　韓国ソウル郊外，仁川市にある嘉泉大学ギル病院は昨秋，米 IBM の人工知能（AI）「ワトソン」を国内の病院で初めて導入した。助言の対象となるのは，乳がんや肺がんなど 8 種類のがん。昨年 12 月には，病院の 1 階に「人工知能がんセンター」を開設。約半年で，既に 400 人の患者が「ワトソン医師」の助言を受けた。

　ワトソンに尋ねるときは，患者の属性や過去の手術・治療経験など，20〜30 の情報を入力した後に，「Ask Watson」をクリックする。ワトソンは世界中の論文や治療データなどを元に，複数の治療方法や投与する薬の情報を導き出し，優先順位をつけて表示する。最新の研究成果も迅速に反映できるのがワトソンの強みだ。

　ギル病院では，優先度の高さなども鑑みて，医師が最終的に患者の治療法を決定する。「患者の満足度は高い。なくてはならない存在だ」。嘉泉大学の李彦（イ・オン）教授は，その働きぶりをたたえる。昨年 3 月，「世界最強の棋士」と言われる韓国人棋士が囲碁の AI「アルファ碁」に敗れたこともあり，韓国では AI に対する理解や興味・関心が高い。「医師が説明しても納得しなかったが，ワトソンの薦めならと納得する患者も多い」と，李教授は笑う。

　しかし，そんな韓国でも，ワトソンの病院導入を巡っては推進派一色ではない。

＜中略＞

　「人種の差」による精度の不確実性も問題視されている。「ワトソンはアジア人種の特殊性を考慮していない」とデジタルヘルスケア研究所の崔允燮（チョイ・ユンソプ）博士は指摘する。もともと欧米人向けに作られている AI のため，韓国人には合わない治療方法や保険適用外の薬を薦めることもある。ギル病院もそうした事実は認めており，その際は，2 番目の選択肢を選ぶなどの対策を取っている。「ワトソンと医師の，いわば二重のチェックになっている。誤診は起こらない」（ギル病院）。万が一ワトソンが薦める治療法を選択し患者の身に何かあったとしても，責任の所在はあくまでも医師側にある。

＜中略＞

　人手が潤沢な都心の病院からは「高い導入コストを払うほどのメリットはない」との声が聞こえるが，人手不足が深刻な地方では注目度が高い。ギル病院の李教授は「医療の質の平等」にもつながると強調する。「紹介状」がなくても首都圏の大学病院と同じレベルの治療を受けることができるためだ。ベテラン医師の判断が最優先で，最新の医療を学んだ若手医師は意見すら聞いてもらえない現状もあるなかで，ワトソンへの期待は大きい。現在は，ギル病院を皮切りに，釜山や大邱など5つの地方病院がワトソンを導入している。

　李教授は米国の IBM 本社に直接連絡を取り，ワトソンの国内初導入に向けて手を尽くしてきた。数々の議論があることも承知の上で，「それでも次世代の医療のためにワトソンは必要だ」と語気を強める。「誰かが前例を作らなければ，貴重な医療データが後世に生かされない」（李教授）

　技術の信頼性，法律や規制への対応，受け入れ側に立つ人々の感情……。AI の導入が実社会で広がり始め，課題も浮き彫りになってきた。医療のように人の命がかかわる世界は特に，克服すべき点は多いだろう。患者の視点に立ったとき，あなたはワトソン医師が薦める治療法を素直に受け入れることができるだろうか。導入の賛否を巡る議論が日本で起きる日も，そう遠くない。

（『日本経済新聞（電子版）（2017 年 7 月 27 日）』「『ワトソン』医師は万能か　韓国でみた
AI 医療」より抜粋・改変）

設問　AI の導入された未来の医療現場で，あなたは医師としてどのように活躍できるか，科学的な観点に基づいて，600 字以内で意見を述べなさい。

POINT　AI 医療について課題文の内容を把握した上で，将来医師としてどのように
AI とかかわっていくかを自分の知識もふまえながら述べることがポイントである。

解 説

> **課題文の要点** 各段落の要点は以下の通り。
> ❶・❷米 IBM の人工知能ワトソンによる AI 医療が韓国の病院で導入されている。
> ❸〜❺ワトソンは世界中の論文や治療データなどを基に治療法などを導き出すことができる。
> ❻反対派は，ワトソンはアジア人種に合わせていない，保険適用外の薬を薦めることがある，などの反対意見を述べている。
> ❼・❽ワトソンは，人手不足が深刻な地方の病院での活用や，医療の質の平等の実現のために必要だという意見もある。
> ❾ AI が医療分野に広がる場合，信頼性や法規制への対応，患者側の感情など，克服しなければならない点は多い。

設 問

要求 医療に AI が導入されることにより，医師が担う分野がどのように変化するか理解できていること。

方針 課題文の内容を解読し，「AI の導入された未来の医療現場」を想定し，そこで自分がどのように活躍できるかを予測した内容としなければならない。課題文では，実際に医療現場で活用されている AI ワトソンの例が説明されている。

ワトソンはデータ解析に活用されているが，最終的な患者の治療法を決定するのはあくまでも医師である。それは，課題文にもあるように，人種の差を考慮していないことや保険適用外の薬を薦めるなどの事例があるためだが，未来の医療現場ではこのような状況はクリアされている可能性が高い。しかし，それでもなお最終的に患者の治療法を決定するのは医師でなければならないだろう。なぜなら，AI がどんなに改良されたとしても，患者に寄り添った医療を AI が行うことは難しいと想定されるからだ。

また，AI が誤った判断をした場合，ディープラーニングにより自律的な学習を行った AI の行動を予測することは難しく，過失は問えないことになる。

最後に，課題文では AI 導入が医療の質の平等につながるという考えが示されているため，日本において問題となっているへき地医療（⇨8 地域医療と医師不足）を例に，その点において医師がどのように活躍できるかを説明するとよいだろう。以上の3点について述べるとよい。

　AIの導入された未来の医療現場で，私は以下の3点において活躍できると考える。1つは，患者が持つ個々の背景に寄り添った医療の実践である。AIのデータ解析の時間短縮は人間の知能をはるかに超越するが，AIからの医療データをもとに実際の治療を行うためには，患者の人生観や宗教観，生活スタイルなどを考慮した上で最終的な判断を行う必要がある。人間は，患者に寄り添った医療を行う点でAIに優る。

　2つ目は，AIの判断が正しい判断であるかどうかをチェックし，治療の責任を引き受けることである。AIの学習形態はディープラーニングであり自らが進化し続けるため，AIの判断は予測不能である。すなわちAIから生じた過失を問うことはできず，AIの判断を検討して患者との調整役を引き受ける医師が必要となるはずだ。その点において役割を果たすことができる。

　3つ目は，へき地医療にAIを活用して医療の質の平等を実現することである。現状，へき地に派遣される医師の多くは若手で経験も浅い。しかも一人ですべての診療科を担当し，医療資源も豊富でないため，都市で受けられる医療とへき地医療との格差が問題となっている。私が医師としてへき地に派遣されることになれば，AIとともに現地に赴き，AIを活用して都市の医療水準になるべく近い水準の医療を提供できるような働きをしたい。以上，AIが導入された未来の医療現場でも私は医師として活躍できると考える。(600字以内)

地域医療と医師不足

8

「医師が不足している」という話題をよく耳にするが，その実態については誤解も多い。確かに医師の絶対数が不足しているのは事実だが，問題の中核は地方で働く医師の不足（地域偏在）や，特定の診療科における医師不足（診療科偏在）である。さらに，女性医師が出産・育児を機に離職しがちであることも見逃せない。これらの問題はすべて根底でつながっており，全体としての解決策立案が求められている。

🔍 必須キーワード

☐**地域医療**

　医療機関での疾病治療・ケアだけにとどまらない，地域に密着した医療のあり方。医療従事者が行政や住民と連携しつつ，地域に働きかけて，疾病の予防や健康の維持・増進のための活動を行うことなどを指す。これからの地域医療は，医療や福祉が一体となって，高齢者や慢性疾患の患者を支えていく包括ケアの態勢を整えることが重要になる。

☐**診療科偏在**

　特定の診療科の医師数・志望者数が減少し，診療科によって医師数に偏りが見られること。少子高齢化という社会状況，医療訴訟のリスク，過酷な勤務状況などから小児科医や産科医，外科医などが不足しており，救急医療分野での医師不足も深刻化している。

☐**立ち去り型サボタージュ**

　医療現場における長時間労働など苛酷な労働環境下で，医師，看護師などが労働意欲を喪失し退職することを指す。都市，地方の別なく発生する。医師不足が叫ばれる我が国においては医療崩壊につながりかねない現象といえる。

🔍 出題傾向

　医師不足について記述を求められたら，類型化して答えることが重要である。すなわち，地域に医師が不足している現状と，産科，小児科，外科，麻酔科，病理など，特定の診療科で医師が不足していることを分けて記述したほうがよい。

　実際出題を分析すると，地方の医師不足に焦点をあてたもの，診療科偏在を取り上げたもの，双方にかかわるものがあり，問題の要求に沿った論述が求められている。地域医療のあり方そのものを問う出題や，女性医師に焦点をあてた出題もある。いずれの場合も対策まで提示することが望ましいだろう。

視点❶　地方の医師不足の要因

　現在，地方での医師不足（医師の地域偏在）が深刻化している。地域医療の問題とは，医師不足による地域医療崩壊の問題であるといっても過言ではない。

　地方の医師不足の原因の一つは，2004年に始まった新医師臨床研修制度であるといわれる。従来は，医学部を卒業した新人医師の研修先は実質的に大学病院に限られており，まずは大学の医局に所属することが医師のキャリアの出発点になっていた。このため，医局は一般病院への医師派遣など，医師の人材配置の権限を掌握していた。

　新医師臨床研修制度では，高度な専門医療に偏ることなく，プライマリケア※1を中心に幅広い診療能力を習得させること，ただ働き同然でアルバイト生活を余儀なくされていた新人医師の処遇を改善することを目指し，臨床研修指定病院の要件が緩和され，研修医が自由に研修先を選べるようになったのである。

　しかし，施設が充実した大都市の病院であれば研修中に多くの症例に接することができるため，研修医が都市部の一般病院に集中するようになり，一方で，勤務条件が過酷で薄給といわれ，一般の症例が少ない大学病院には研修医が集まらなくなった。そこで，大学病院は，医師不足を解消するために，これまで医師を派遣していた関連病院から医師を引き上げ，その結果，地方の医師不足が一気に深刻化したのである。地域医療の担い手が減少したことで，病院の縮小や閉鎖などが進み，地方に踏みとどまった医師の超過勤務が大きな問題となっている。

　では，いかにして現状を改善していけばよいのだろうか。

●◐◑医療崩壊をどのようにして防ぐか

　まず，医師の数を増やす必要がある。日本では医療が急速に高度化し，複雑化しているにもかかわらず，臨床医など医療におけるマンパワーが決定的に不足している。これについては，医師全体の絶対数の増加と地方の医師数の増加の双方を考える必要がある。前者については，すでに2008年度より，政府主導のもと，医学部定員の増加が実施されている。後者については，国公立大学を中心に医学部入試に「地域枠」を設けたり，将来地域医療に従事することを希望する医学生に都道府県が奨学金を出すなどの取り組みが行われている。

　地域医療の重要性を理解させる教育プログラムを導入し，志望者を育成することも必要だろう。

　また，大学医学部の数は，一般に「西高東低」といわれるように，人口構成と比較して，西日本に多く，東日本（特に人口の多い関東地方）に少ないといわれている。そこで問題となるのが，医学部新設の是非についてである。これには教員数確保の問題があり，必要な人材募集により，地域の一般病院から医師が流出する懸念がある。

その上，医師数の増加が人員不足の診療科や地域に反映されて有効に機能するとは必ずしもいえないとの意見もある。いずれにせよ，政府による財政支出や人員のコントロールをはじめ，医療行政がどうあるべきかという問題に帰着するだろう。

さらに，限られた医師数で医療システムを有効に回していく工夫も並行してなされる必要がある。たとえば，2001 年の岡山県での導入を嚆矢とするドクターヘリ（救急医療の専門医など医療従事者が搭乗して離島などの救急現場に向かうヘリコプター）の使用は，一層の拡大が期待される。へき地に常駐するのは難しくとも，都市を拠点にドクターヘリに協力するのはやぶさかでないとする医師は少なくないはずである。

●○○へき地医療

これまで，へき地医療対策においては，「無医地区の解消」が目指されてきた。「無医地区」とは，医療機関のない地域で，当該地域の中心的な場所を起点として，概ね半径 4 km の区域内に人口 50 人以上が居住している地区であって，かつ容易に医療機関を利用することができない地区のことである。これらの地域の解消は，道路整備等で医療機関へのアクセスが改善したことや人口減少による理由が大きく，必ずしも医療機関の増加や医師の派遣の増加によるものではない。そのため，現在，無医地区等のへき地に居住する住民に対する医療提供体制の確保のために，へき地医療拠点病院からへき地診療所に対して，医師等の派遣を行っている。ただ，へき地医療拠点病院からの派遣だけでは医師が確保できないケースがあるため，へき地医療拠点病院以外の都心部の医療機関からの医師等の派遣が推進されている。

へき地医療の医師不足及び医療の質の確保のために注目されているのが，7 章でも触れた AI 医療である。人手不足が深刻な地方病院に AI による応答システムであるワトソンを導入すれば，首都圏の大学病院と同レベルの治療を受けられるため，医療の質の平等を実現できる可能性がある。7 章で述べたように，ワトソンはニューヨークのがん専門医療・研究機関の医師たちのがんの診断・治療のデータを学習しており，最新の医学論文を随時更新して学習させれば，世界でトップレベルの医療データに基づく判断が可能となる。へき地医療では一人の医師が複数の診療科を担当しなければならず，専門外の疾病に関する判断を迫られることもあるが，医師の派遣とともに AI を導入すれば，膨大な学習データによって診断の効率化を図り，特定の診療科における医師の不在をカバーすることができると期待できる。

視点❷　医師の労働環境

　医師はその専門性により人々の命を支える公益性の高い職業であるが，それゆえに激務となりやすい職業でもある。特に若い勤務医や研修医は長時間労働が常態化しており，2016年には当時研修医であった女性が過労死する事件が起きている。女性は過労死ラインの2倍にあたる，月平均187時間の残業を行っていたとされる。また，医師の自殺率は一般より高く，この背景にも長時間労働があるとされている。加えて，負担の大きい科の人員が不足する，診療科偏在も問題となっている。医師不足の解消のためには，こういった労働環境の改善も急務である。

●◯◯医師の義務と権利

　医師の激務の背景には，医師法19条1項の「診療に従事する医師は，診察治療の求があつた場合には，正当な事由がなければ，これを拒んではならない」という規定がある。これは，いわゆる医師の「応召義務」と呼ばれる規定であり，医師が激務に陥りやすくなる要因と考えられる。軽い症状で緊急性がないのに，外来診療をしていない休日や夜間に病院の緊急外来を利用する，コンビニ受診※2の増加が問題となるのは，応召義務が背景にある。

　一方で医師にも人権があり，憲法で規定される幸福追求権があるため，医師の過労は重大な問題となっている。しかし医師法17条には「医師でなければ，医業をなしてはならない」とも規定されており，医業は医師の独占業務といえる。医師免許を持つ者は限られており，全国でも33万人ほどしかいない。この点を考慮すれば，応召義務が医師に課せられる根拠は理解しうる。以上見てきたように，

　医師の応召義務と幸福追求権，すなわち義務と権利が対立するという難しい背景が存在し，医師の労働環境の改善が容易には進まないという現状がある。

●◯◯産科・小児科医の不足

　産科医と小児科医は，相対的に医師数が少なくない地域等においても不足しているとされている。背景には，産科医と小児科医を選ぶ医学生，研修医が少ないこと，経験を積んだ医師が現場から立ち去る立ち去り型サボタージュがみられること，女性医師が活躍できていないことなどが指摘されている。周産期医療は当直や拘束の回数が多く激務であり，訴訟リスクも高い。小児科は総合診療の要素が強く，内科では呼吸器科，循環器科，消化器科，神経内科，血液科などに細分化されているのに対し，少ない人員でこれらのすべてをカバーしなければならないことから，医師不足に陥りやすい。また，近年の少子化により親の子育てに対する意識の変化から，小児救急医療

等の利用が増加しており，宿直や夜勤に続いて翌日の勤務をしている小児科医が約7割にものぼるというデータもある。これらの理由から産科と小児科は，医学生や研修医から敬遠され，立ち去り型サボタージュも起きやすくなると考えられている。

●○○ 女性医師の離職

　女性医師の離職を防ぐことも，医師不足の対策として注目されている。日本の医師に占める女性医師の割合はOECD諸国の中で最低の位置にある（2021年現在）。この背景には女性医師の離職も一つの要因としてある。2014年の日本医師会の調査によれば，医師資格をもつ女性の35歳時点での就業率は約75％であり，離職の主な理由は「出産・子育て」となっている。

　医師の仕事は一般に多忙で，不規則な生活となりやすい。そのため，出産や子育てを医師の業務と両立させることは容易ではない。人生における一つの節目を迎えた医師が離職せざるを得ない状況に置かれているのだ。これは，他の業種にもみられる20代後半～30代後半の女性の就業率が下がる「M字カーブ」と呼ばれる現象と要因を同じくする。「M字カーブ」問題においては，離職せざるを得ない女性が多いことに加え，離職した後の復職が難しくなっていることも問題として指摘しうる。医療の世界では常勤医から一度離職した医師が再び常勤医に戻ることは難しく，復職後のキャリアの選択肢は狭まってしまう。また，この年代は研修や大学院での研究といった，医師としての業務の研鑽が求められる難しい時期だ。ライフイベントを優先することで医師としてのキャリア形成を中断せざるを得ないという事情も加わり，復職を妨げる要因が増幅している。

　我が国における子育て期の医師の就業支援策はまだ手厚いとはいえない。子どもを預けられる院内保育園の充実や時短勤務の設定といった，働きながら子育てができるような制度を設けるほか，一度離職した医師が復職しやすい制度の創設といった対策が講じられる必要がある。家庭内での家事負担の分担といった，男女の労働のバランスに関する社会全体の理解が求められるべきことはいうまでもない。

※1　**プライマリケア**
　初期診療。日常生活のなかで，患者の抱える健康上の問題・疾病に総合的・継続的・全人的に対応する診療のこと。日本では長年家庭医，かかりつけ医，一般内科医などの身近な医師が担当し，地域医療を支える役割を担ってきた。本来，このような診療能力はすべての臨床医に必要とされ，これを専門に担う総合医の養成も行われはじめている。

※2　**コンビニ受診**
　軽い症状で緊急性がないのに，外来診療をしていない休日や夜間に，病院の緊急外来を気軽に利用すること。コンビニ受診が増えると，救急医療が本来行うべき重症患者や入院患者の急変への対応が困難になるとの指摘がある。

22　医師偏在の解決策　　　　　　　　　　テーマ

岡山大学（医学部医学科）　　　　　　　　　　　　　　　　　目標 45 分

　現在我が国では，医師の地域偏在と診療科偏在が社会問題となっている。これらの原因は少子高齢化社会，医師研修制度の変化，地方における指導医不足，医療過誤責任体制の不備などのほか，「楽をして高報酬を」と望む若手医師や医学生の傾向も指摘されている。これらの問題を解決するために，厚生労働省，文部科学省，大学，地方自治体などが様々な方法を提案している。これらの問題についてあなたはどう考えるか，できるだけユニークな解決策を提案しなさい（600 字以内）。

POINT　医師の地域偏在と診療科偏在の解決策として，「できるだけユニークな解決策」を提案することが求められている。といっても，「ユニーク」という点を追求するあまり，画餅の提案に陥らないことが重要である。問題に述べられている原因やすでに行われている対策をヒントに，実現可能性のある解決策を考えよう。

解　説

要求 現在我が国では，医師の地域偏在と診療科偏在が社会問題となっている。原因として，少子高齢化社会，医師研修制度の変化，地方における指導医不足，医療過誤責任体制の不備などのほか，「楽をして高報酬を」と望む若手医師や医学生の傾向も指摘されている。これらの問題を解決するために，厚生労働省，文部科学省，大学，地方自治体などが様々な方法を提案している。これらの問題についてあなたはどう考えるか，できるだけユニークな解決策。

方針 本問で取り上げられた医師の偏在問題の解決策としては，複数のアプローチがあろう。地域偏在と診療科偏在のそれぞれについて，問題で挙げられているような原因とからめながら，考えうる解決策をまとめるとよい。ただし，「できるだけユニークな解決策」とあるので，すでに広く導入されているものについては解決策としての言及は避けるべきである。

〔解答例〕では，医師の地域偏在については医学部偏在の解消とプライマリケア教育に特化したメディカルスクールの設置を，診療科偏在については医学部入試制度の観点から「特定診療科志望入学枠」の導入を提案している。

〔解答例〕以外にも，①医師研修制度に関連して地方病院における臨床研修プログラムの改善を提案することや，②医師の絶対数不足に着目し，離職した女性医師の復職支援を提案することも可能である。

> 　医師の地域偏在については，医学部入試に「地域枠」を設けるなどの取り組みがあるが，私はまず，地方の医師数を抜本的に増やす必要があると考える。都道府県ごとの人口と医学部定員の比率にはばらつきがある。国は都道府県ごとの人口構成や医師の不足数等を把握したうえで，定員を拡充するだけでなく，必要な地域に医学部を新設すべきである。さらに，新設の医学部は，大学で幅広い知識や教養を身につけた学部卒業生を対象に4年間の医学教育を行うメディカルスクールとし，プライマリケアを行う家庭医養成を目的とする。少子高齢化が急速に進む現在，地域医療の危機はより深刻な問題となっている。初期診療で病気の前兆を見逃さず，専門医を紹介できる医師を養成することで，地域医療の質を確保し，医師不足も緩和できると考える。医学部新設には教員数確保などの問題もあるが，検討の余地は大いにあるだろう。
> 　次に，診療科偏在について考えてみよう。新医師臨床研修制度の施行により，医師は希望する病院で研修ができるようになり，小児科や産科のように激務で，

しかも医療訴訟などのリスクがある診療科を避けるようになったといわれている。この問題を解決するためには、「地域枠」と同様に「特定診療科志望入学枠」を設け、小児科や産科を志望する学生に限定して、卒業後の勤務を条件に授業料の減免を行う。厳しい診療科でも医師数が確保されれば、勤務状態の改善につながるだろう。（600字以内）

23 地域包括ケアシステム 〔課題文〕

富山大学（医学部医学科）　　　　　　　　　　　　　　　目標 60 分

「地域包括ケアシステム」に関する以下の文章を読んで，問いに答えなさい。

　いよいよ本格的な超高齢社会に突入した。いわゆる 2025 年問題(設問1) をどうクリアするのか，大きな課題である。政府も 2013 年 8 月に取りまとめられた社会保障制度改革国民会議の報告書に基づき，第 6 次医療法改正，介護保険制度改革等を行うに至った。社会保障審議会医療部会の意見では，「医療機能の分化・連携及び地域包括ケアシステムの構築に資する在宅医療の推進」と謳っている。従来「地域包括ケアは介護の分野の問題で医療関係者は必要であれば支援する」という消極的な考えをもった医療関係者が少なくなかったが，今回の医療法改正はかなり医療の世界にインパクトを与えたように思われる。

　2008 年には，介護のみならず医療・予防・住まい・生活支援を同じサイズの円で描いた，いわゆる「5 輪の花」図（図1）が提示された。この図は，「地域包括ケアシステムとは介護サービス，特に介護保険給付サービスだけの将来像ではない」という認識を普及させることに役立った。

　東日本大震災後，私たちが改めて気付かされた事実は，「安定した住まいは医療・介護を継続的に利用するためのベースである」との，い

図1　「5 輪の花」図

わば当たり前の理解である。つまり，地域包括ケアシステムの構成要素としての住まいが受け持つ機能は，医療・介護とは横並びではなく，基盤部分に位置付けられなくてはならない。また，たとえ住まいが準備されても，住まい方との組み合わせが悪ければ，そこでの安定的な生活の継続は難しい。

　住まいに続いては生活支援を取りあげよう。そもそも生活とは住居内家事の遂行に限られるものではない。家族との時間は元より，買い物や散歩を含む地域とのかかわり，友人・知人との会食や趣味の集いなどの総体が生活と呼ぶに値するあり方であろう。そうした生活が安定的に継続できて初めて医療・介護が担う機能が意味をもつ。ゆえに自力では生活維持が困難な状況に直面した人々に対し，適切な支援を行う体制が不可欠なのである。

　住まいと生活支援の確保を前提に，プロフェッション*による専門的な仕事が展開される。その仕事に対しては質と効率性が問われて当然であろう。社会保障制度，社会福祉制度，新しくはキャリア段位制度等による重層的支援や評価がプロによる仕事の仕組みを支えていく。

　なお，「住まいと住まい方」，「生活支援・福祉サービス」，「介護・リハビリテーション」，「医療・看護」，「保健・予防」と，「5輪の花」図の要素はすべて2つの言葉を列挙するように変わってきた。これらの進化とは別に，2012年度に提示された新たなコンセプトとしては，何より「本人・家族の選択と心構え」が挙げられる。団塊の世代は数が多い。後世代に過重な負担をかけないためにも，後期高齢者年齢に達した後，さらに既婚者にとっては配偶者死別後の住まい方や，家族・社会とのかかわりを考え，老いと死に対する心構えをもつべきとの強い提言である。以上で述べた進化が目指す日常生活圏域の姿，つまりは地域

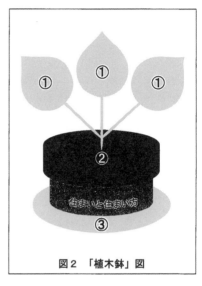

図2　「植木鉢」図

包括ケアシステムが目指すところは，「ケア付きコミュニティ（care in community）」の構築と捉えられる。これらをまとめた絵柄がいわゆる「植木鉢」図^(設問2)（図2）である。

　ちなみに，地域包括ケアシステム^(設問3)の英語表記は ＿＿＿ ＿＿＿ ＿＿＿ ＿＿＿ ＿＿＿が最もふさわしい。「生活圏域をベースとする」「統合」だからである。職種間連携，組織間連携は必須の要素といえる。

（『日本医師会雑誌 第143巻 第4号 2014年 特集 地域包括ケアの今と将来』の山口昇「巻頭言 地域包括ケアの今を考える」と田中滋「地域包括ケアの概念と変遷」より抜粋・改変。）

*プロフェッション：専門訓練を受けた人，専門職

設問1　「2025年問題」とは，どのようなことだと考えますか。80字以内で述べなさい。

設問2　この文章の内容に基づいて，「植木鉢」図の①，②，③にあてはまる言葉を書きなさい。①は3つあります。

設問3 この文章の内容に基づいて,「地域包括ケアシステム」を5つの英単語で書きなさい。

設問4 「地域包括ケアシステムの中で医師が果たすべき役割」について,あなたはどのように考えますか。400字以内で述べなさい。

POINT にわかにはイメージできないであろうが,これから医療の世界に足を踏み入れる人たちは課題文を読む限り相当な覚悟が要求されそうである。まず,2025年問題にどう対応するかを大局的かつ,個別レベルで考察する必要性が出てこよう。大局的には国家の医療財政の問題であり,個別的には自らが働く医療現場で生じる現実的な問題である。そこでは,「医療・看護」のみならずコメディカルとの連携領域として,「保健・予防」「介護・リハビリテーション」などへのかかわりも要求される。ケア付きコミュニティの構築に医師はどうかかわり,何ができるのかが本問を通じ問われていることである。

解　説

> **課題文の要点**　各段落の要点は以下の通り。
> ❶・❷超高齢社会に突入し，介護，医療，予防，住まい，生活支援という 5 つの
> 　要素が同等の必要性をもつという考え方に基づき，医療法改正が行われ，地域
> 　包括ケアシステムが認識されるようになった。
> ❸〜❺地域包括ケアシステムの要素のなかでも住まいの機能は基盤部分に位置づ
> 　けられる。また，生活支援は，住居内家事の遂行のみならず，地域とのかかわ
> 　りや他者との交流においても，それを安定的に継続できる支援を意味する。住
> 　まいと生活支援の確保を前提に，介護，医療，予防は質と効率性を併せ持つプ
> 　ロフェッションの専門的な仕事として展開される必要がある。
> ❻・❼5 つの要素は「住まいと住まい方」「生活支援・福祉サービス」「介護・リ
> 　ハビリテーション」「医療・看護」「保健・予防」と進化し，さらに団塊の世代
> 　が後世代に過重負担をかけないために「本人・家族の選択と心構え」というコン
> 　セプトも新たに加えられた。地域包括ケアシステムが目指すのは「ケア付き
> 　コミュニティ」の構築といえよう。

設問 1

要求　「2025 年問題」について述べる。

方針　「2025 年問題」とは，高齢者の割合が約 3 割になり，介護費や医療費などの
社会保障費の費用が急増することが予想される問題のことである。第❻段落にも「団
塊の世代は数が多い」とあることから，これは推測できる。「2025 年問題」について
的確に述べ，本文の内容をふまえて「地域包括ケアシステム」と絡めて述べることが
求められている。

　まず，人口の多い団塊の世代が後期高齢者の年齢に達し，後期高齢者の割合が格段
に高くなり，さまざまな分野の費用負担が急増する「2025 年問題」について述べる
ことが必要である。さらに，課題文ではその問題を解消するために「地域包括ケアシ
ステム」をどのように構築していくか，政府の見解として，介護，医療，予防，住ま
い，生活支援を同じサイズの円で描いた「5 輪の花」が提示されている。つまりこの
文章で訴えているのは，介護サービスだけでは 2025 年問題をクリアすることはでき
ず，諸要素を包括的に整備していかなければならないということである。そのことを
関連づけて述べる必要がある。さらに課題文中に，団塊の世代は後世代に過重な負担

をかけないために，心構えをもつべきとの提言が紹介されていることから，「2025年問題」は後世代への負担も考慮されねばならない。以上のことを端的にまとめて述べるとよい。

> 高齢者の割合が増加し，約3割を占める状況となる。その結果，社会保障費等の費用急増が予想され，後世代への負担も増し，それに対する整備が急務となる問題。（80字以内）

設問2

要求 課題文の内容に基づいて，図の空所を補充する。

方針 そもそも「5輪の花」として，介護，医療，予防，住まい，生活支援を同じサイズの円で同等のものとして描く考え方があった。しかし，第❸段落から第❺段落まででではそれぞれの位置づけが述べられており，さらに第❻段落で新たに「住まいと住まい方」「生活支援・福祉サービス」「介護・リハビリテーション」「医療・看護」「保健・予防」と，「5輪の花」の要素がより具体化され，進化したと述べられている。さらに「本人・家族の選択と心構え」という新たなコンセプトが追加されたとも述べられている。そのことをふまえて図2の植木鉢を見ると，「住まいと住まい方」が植木鉢の土台部分にある。これは第❸段落の「住まいが受け持つ機能は，医療・介護とは横並びではなく，基盤部分に位置付けられなくてはならない」という箇所と符合する。住まいに続いて取り上げられているのは「生活支援」であり，「住まいと生活支援の確保を前提に，プロフェッションによる専門的な仕事が展開される」とあることから，図2の植木鉢の「住まいと住まい方」の上の②は「生活支援・福祉サービス」であることがわかる。そしてその上の①が「介護・リハビリテーション」「医療・看護」「保健・予防」で構成されることがわかる。植木鉢のさらに下部の③に新たな要素である「本人・家族の選択と心構え」が入ると推測される。

> ①「介護・リハビリテーション」「医療・看護」「保健・予防」
> ②「生活支援・福祉サービス」
> ③「本人・家族の選択と心構え」

設問3

要求 課題文の内容に基づいて，「地域包括ケアシステム」を5つの英語で書く。

方針 最終段落から,「地域包括ケアシステム」の英語表記は「生活圏域をベースとする」「統合」を意味するとわかる。まず,「ケアシステム」はそのまま care system になる。「生活圏域をベースとする」は「生活圏域」は地域と同様の意味でありcommunity になるので,「ベースとする」をそのまま加えて community based になる。あとは,「統合」を動詞で考えて integrated とすればよい。

> community based integrated care system

解答例

設問 4

要求 「地域包括ケアシステムの中で医師が果たすべき役割」について,あなたはどのように考えるか。

方針 課題文の末尾にある「職種間連携,組織間連携は必須の要素といえる」という部分を意識しながら,医師というプロフェッションとしての役割にとどまらず,他の職種との連携についても述べることが求められている。医師として主にかかわるのは「医療・看護」だが,コメディカルとの連携を考えれば「保健・予防」「介護・リハビリテーション」にもかかわることになる。また,患者の生活背景などを考えながら治療にあたることを考慮すれば「住まいと住まい方」「生活支援・福祉サービス」にも何らかの形で関与する可能性が出てくる。医師は医学のプロフェッショナルとしての仕事だけをすればよいわけではない。包括的に患者の QOL を見据えた治療,ひいては他の職種との連携を密にしていくことが求められているのである。解答にあたってはそうした考えを前提として述べることが必要である。

> 　医師がプロフェッションとして地域包括ケアシステムに直接的に関与するのは,「医療・看護」の立場からである。しかし療法士や介護士らコメディカルと連携してチーム医療に携わる必要性から,「保健・予防」「介護・リハビリテーション」にも医師としての立場から関与することになる。また,治療するうえで患者の生活背景や本人の希望を考慮し,可能な限り患者の QOL を向上させる医療を提供しようとすれば,「住まいと住まい方」について患者に助言したり,「生活支援・福祉サービス」についてもソーシャルワーカーらと連携をとりつつ患者の生活維持のために関与していく必要性が生じる。むろん,医師は全ての分野に精通しているわけではないから,それぞれのプロフェッションと随時意見を交わしながら,かかわっていくことが必要とされる。医師は地域包括ケアシステムの全ての要素に何らかの形で関与する必要があるのである。(400 字以内)

解答例

24 医師の長時間労働　　　　　テーマ

昭和大学（医学部医学科）　　　　　　　　　　　　　目標 60 分

注意事項

・題名を記入する必要はありません。

・横書きで書いて下さい。

・文字数は 600 字以内で所定の用紙に書いて下さい。

　政府は 2017 年働き方改革実現会議を首相官邸で開き，長時間労働の是正や同一労働同一賃金の導入を盛り込んだ実行計画をまとめました。医師の労働時間は職種別で最も長いといわれています。総務省の調査では過労死ラインとされる月 80 時間を超えて残業する人の割合は全体で 14 ％に対し，医師は 41.8 ％でした（朝日新聞 2017 年 9 月 10 日）。医師には医師法で定められた診療を求められたら拒めない「応召義務」があります。

　医師の長時間労働を改善するにはどうしたらよいか，あなたの考えを述べなさい。

POINT　医師に課せられた「応召義務」と医師の個人としての人権の対立について述べるとともに，解決策を提示できるかどうかがみられている。

解　説

要求　医師の労働時間の長さに関して考えを持っていることと，改善策を考えられること。

方針　問題文中の「応召義務」とは，医師法19条1項に定められている「診療に従事する医師は，診察治療の求があつた場合には，正当な事由がなければ，これを拒んではならない」という義務のことである。これは，患者が治療を求めてきた場合に，正当な理由がないのに断ってはならないという決まりであり，医師の労働時間の短縮が難しくなっている要因の一つだ。

　2021年に厚生労働省が示した医師の残業時間の上限は，最大で年1860時間である。これは明らかにオーバーワークであり，医師の労働時間の長さは大きな問題とされている。こうした背景には医師法17条の存在も関係する。同条には「医師でなければ，医業をなしてはならない」と規定されており，医業が独占業務となっていることが挙げられる。医師免許を持つ者は限られており，全国でも33万人ほどしかいない。この点を考慮すると，応召義務が医師に課せられる根拠は理解できる。一方で医師にも憲法に定められた幸福追求権がある。上に述べた応召義務と医師の幸福追求権は相反関係であり，権利と義務が対立するという難しい背景をはらむ問題が生じている。

　医師の仕事は自由なものではなく，医師のライフワークバランスがしばしば問題となっているが，背景にある権利と義務の対立を理解する必要がある。その上で，上記の問題の改善策としては，単純に考えれば医師の仕事を減らすことと，医師数を増やすことが挙げられる。医師の仕事を減らすという点では，たとえば点滴の針を刺すなど，法的には看護師が行っても問題はない行為に関して，医師以外のスタッフが行うようにすることなどが挙げられる。医療費を増加させずに医師を増やすためには，ワークシェアリングの導入などによって，医師の給与単価を下げることも策としては考えられる。

> 　医師が長時間労働になってしまう背景には，「応召義務」など職業上のやむを得ない特性がある。しかしそれ以外の要因があり，その点に関しては改善の余地があると考える。たとえば，点滴の針を刺すなど，法的には看護師が行っても問題はない行為に関しては，看護師などできるだけ医師以外のスタッフが担当するようにして医師の負担を減らすことが挙げられる。同じように医師以外のスタッフにも行える仕事として，事務処理に関する仕事がある。厚生労働省はこうした書類に関する仕事を事務員などが行うべきという方針を示しているが，その方向性をより推し進めることが重要である。

　しかしそれだけでは医師の長時間労働を改善するには不十分である。医師の長時間労働の大きな要因は医師不足にあるからだ。したがって医師の数を増やすことが改善の重要な目標となる。しかし医療費のこれ以上の増加は望めないため，医師数を増やすことは難しい。医療費を増加させずに医師数を増やすには，一人当たりの医師の給与単価を下げる方法が現実的である。30代後半の勤務医の平均年収は1,000万円を超えており，これは30代後半全体での平均年収の2倍以上の額に相当する。ワークシェアリングを行えば医師一人当たりの給与を減らして医師の数を増やし，一人当たりの勤務時間も減らすことが可能となる。この方法が医師の過度な労働時間を改善するのに有効だと考える。(600字以内)

医学部の最重要テーマ
超高齢社会と医療

9

　今や，少子高齢社会は日本の先行きを考えるうえで前提とせざるを得ない事実である。経済や財政面でマイナス要因として語られることが多いが，医療費負担の問題など，医療との関係も深い。少子高齢化という事実を客観的に理解したうえで，その問題点を着実に解決していくという発想で思考を深めよう。

🔍 必須キーワード

☐**高齢社会**

　老年人口比率（総人口に占める 65 歳以上の人口の割合で，高齢化率ともいう）が 14〜21％であり，それが維持されている社会。同比率が 7〜14％で高齢化社会，21％以上で超高齢社会と呼ぶ。日本は急速に高齢化が進み，2021 年現在，高齢化率は 29.1％である。

☐**少子化**

　合計特殊出生率（1 人の女性が一生に産む子どもの平均数）が人口を維持するのに必要な水準を相当な期間下回り，子どもの数が高齢者人口よりも少なくなること。日本では出生率の持続的低下により，2005 年には人口減少社会に転じた。

☐**公的医療保険制度**

　国民に医療費の一部を給付する公的な仕組み。日本は国民皆保険といわれ，全国民が医療保険に加入する制度となっている。近年，高齢化の進行や長引く不況等を背景に，国の医療費負担が増大しており，政府は制度の見直しを進めている。

☐**終末期医療（ターミナルケア）**

　医学的措置でも治療の見込みのない患者について，残された人生を家族とともに自分らしく全うできるよう，多面的・全人的に支える医療。延命より QOL の向上を重視し，患者が抱えるあらゆる苦痛を和らげるための緩和ケアが行われる。

🔍 出題傾向

　少子高齢社会は，近年特に出題が増加しているテーマである。少子高齢社会における課題を取り上げた出題の多くは，医療・福祉制度のあり方に関連してくる。終末期医療では，医療の中身とともに患者とのコミュニケーションを重視した出題が目立つ。

視点❶　少子高齢社会の問題点

　少子高齢社会の問題，それが日本の将来にもたらす影響についてはすでに多くの議論がなされているが，ここで改めて基本的な議論を確認しておこう。

　高齢化は先進国に共通して見られる現象である。それは第一に，医学の進歩，医療制度の充実が平均寿命を押し上げることによる。人々が長命になるのは，社会の安定と豊かさの証しであり，それ自体は喜ぶべきことであろう。

　しかし，高齢化が進行するということは，医療や介護の必要性が高い高齢者の割合が増加するということである。当然，公的医療保険制度や介護保険制度※1を維持するための，社会保障費の国庫負担は重くならざるを得ない。一方，労働力の中心をなす生産年齢人口（15歳以上65歳未満）の割合が低下し，少ない労働力で多くの高齢者を支えるという社会構造が出現する。

　そうした労働力の減少に拍車をかけているのが少子化（出生率の低下と，それに伴う年少人口比率の減少）である。ライフスタイルの多様化，結婚に対する価値観の変化などに伴って晩婚化が進み，未婚率も上昇傾向にある。合計特殊出生率も低水準にとどまっている。また，高学歴化が進み，子育て費用や教育費も増大しており，子育てと仕事を両立できる環境や条件が十分ではないため，経済的な理由から子どもをもたないという夫婦も多い。少子化の進行は，必然的に高齢化をも加速させることになる。

●●◯ 後期高齢者医療制度の迷走

　少ない労働力が多くの高齢者を支えるというアンバランスを埋め合わせるため，国の財政負担が増加し，若い世代の不公平感が強まるといった問題が深刻化しつつある。2008年に始まった後期高齢者医療制度は，75歳以上の後期高齢者に対する十分なケアを持続的に保障するとともに，こうした問題の解決を目指すものでもあった。後期高齢者をこれまでの健康保険や国民健康保険から脱退させて独立の保険に組み入れる，保険料を年金から天引きにするなどして，現役世代と高齢世代の負担の公平化を図ろうとしたものである。

　しかし，当該制度は高齢者に厳しい内容を含むものであり，2017年4月からは，後期高齢者の保険料の軽減率が低下し，さらに負担増の方向になっている。

　少子高齢化は社会保障の制度的な問題を浮上させ，医療制度の根幹を揺るがしている。

これをいかにして解決していくかは，現代日本の最大の難題の一つだろう。

●○○ 高齢者の社会参加が問題解決のカギ

　高齢社会の問題解決のためには，長期的な視野にたてば，人口ピラミッドの構成の健全化を目指すべきである。少子化対策として，子育て・教育支援，仕事と育児との両立支援など，子どもを産み育てる家族を多面的にサポートする体制づくりが必要であり，2003 年には少子化社会対策基本法が制定されている。

　しかし，問題の緊急性を考えれば，当事者である高齢者自身の力を活用することが欠かせない。そこで，まずは高齢者＝扶養される者という発想を転換することが必要である。すぐれた職業人としての能力と経験，実績をもつ高齢者は多い。元気な高齢者に積極的な社会参加を促す必要があるだろう。それは労働人口の増加にもつながり，社会の活性化にも貢献する。具体的な施策として，企業の定年制度の見直し，再就職の斡旋などを政府が積極的に主導していくことが考えられる。

●○○ 所在不明高齢者の問題は何を物語るか

　少子高齢化によって，高齢者を取り巻く社会環境そのものにも歪みが見られはじめている。2010 年に発覚した所在不明高齢者の問題はその典型である。東京都足立区の民家で，111 歳で存命とされていた男性が遺体で発見されたのを皮切りに，全国で現況が把握できない高齢者の例が多数あることが判明した。そのうえ，各地の所在不明高齢者の家族が本人の死亡後も年金を受け取っていたことが明らかになった。

　多数の高齢者の所在不明，年金の不正な受給といった事態がこれまで見逃されてきたのは，自治体職員や民生委員が高齢者本人に接触していなかったことが理由とされる。これは，一つには高齢者福祉に携わる人員の不足，予算の制約といった問題を示唆している。

　同時にこの問題は，地域社会の機能が弱体化し，高齢者と社会とのつながりが希薄化していることも物語っている。核家族化や地域の人々のお互いに対する無関心が強まるなかで，多くの高齢者が物理的・精神的な孤独に悩まされている。

●○○ 高齢者と地域社会の結びつきを強める

　地域社会が高齢者を支援していく仕組みをつくることで，地域を活性化する試みは重要である。

　医療面では，

いつでも気軽に健康や体調について相談できる「家庭医（かかりつけ医）」の充実も図られるべきであろう。

福祉面では，

高齢者がさまざまな世代の人々と交流できる機会や，高齢者が蓄えてきた知識や経験を生かせる場を設けることで，高齢者の自立を支援することができる。

そのために，診療所の医師や自治体のソーシャルワーカーなど，マンパワーを増やすことも検討すべきである。また，スマートフォンを利用した高齢者の見守りシステムといった，IT を活用した高齢者ケアなども注目に値しよう。

視点❷　終末期医療とは

終末期医療は，ターミナルケアとも呼ばれる。末期がんなどにより死期が迫っている患者への医療や看護（ケア）のことで，延命を目的とした医療ではなく，患者の身体的・精神的苦痛を軽減し，QOL を向上させることが目的とされる。

終末期医療においては，延命よりも「どのように生を全うしたいのか」という患者の意思が尊重される。医師の独善的なパターナリズムから患者の自己決定権尊重へ，医師優位の医療から患者とともにつくり上げる医療へ（⇨ 1 医師－患者関係）という，近年の大きなパラダイム転換は，医療のさまざまな面に大きな変化をもたらしている。終末期医療が議論されはじめたのもその一環ということができる。

●◐◯ 終末期医療の実施にあたって

終末期医療の実施にあたっては，第一にインフォームド・コンセントの徹底，医療に参加する主体としての患者の自己決定権が尊重されなければならない。

まず，医療者は重要な情報を患者に対して十分開示し，説明する義務を負う。その前提として，医療行為の選択肢について，医学的妥当性やメリット・デメリット，具体的な治療のプランなどについて医療の側で十分な検討が行われている必要がある。そのうえで，どのような医療が患者や家族，医療者にとって最も受け入れやすいものになるかを話し合う機会をもつことになる。

この話し合いにおいては，多面的な議論が可能になるように，医師だけでなく，看護師，介護士，臨床心理士，ソーシャルワーカーといったさまざまな分野の専門家が参加することが望ましい（⇨ 4 医療事故）。こうした話し合いの場を通じて，患者本人の意思が決定され，それに従って終末期医療を進めることになる。一連のプロセスにおいては，医療チーム側の議論の透明性確保，話し合いと結論の書面への記録といった，問題発生を未然に防ぐ配慮ももちろん必要であろう。

●◐◯ 患者本人の意思が確認できない場合は？

また，ケースによっては患者本人が治療方針の話し合いに参加できない，患者の意思を確認できないという場合も当然ありうる（⇨ 5 生命と死）。その場合には，家族との話し合いによって医療方針を決定することになるだろう。家族が本人の意思を合理的に推定できるならば，医師はそれを最大限尊重すべきであるし，推定が難しい場

には，家族と医療チームによる話し合いによって，患者と家族，医療者にとって最善と考えられる医療方針を決定することになるだろう。ここでも大切なのは患者・家族と医療者相互の信頼関係である。

●◐○ 終末期医療では何が行われるのか

では，終末期医療では何を実施すべきなのだろうか。

終末期医療を専門に行う施設としてホスピスがあり，そこでは治癒ではなく，患者のQOLの向上が目指される。終末期の患者には，身体的な痛みや全身の倦怠感，不眠などさまざまな身体的症状，および不安や抑うつ状態などの精神的症状が現れるため，それらを取り除く療法（麻酔薬などを使用したペインコントロールなど）によって，症状を緩和していくことになる（緩和ケア※2）。また，患者が抱える「痛み」は身体的なものだけではない。死への恐怖や孤独感などの精神的苦痛，入院や治療に伴う経済的な問題，家族関係や仕事に関する社会的な問題，生きる意味や自己の存在意義に対する懐疑など，「痛み」は全人的なものである（トータルペイン）。終末期医療においては，そうした「痛み」について，それぞれの専門家が協力して全人的なケアにあたることになる。

さらに，終末期においてケアされるべきは患者本人だけではない。患者の側にいる家族も，疲労や経済的不安，肉親の死が間近に迫っている事実を受け止めることができない苦しみなどを抱えており，それらを軽減していくことも重要である。

✓ 患者とその家族を包括的・多面的に支え，患者が尊厳をもって死を迎えられるよう援助することが終末期医療の基本理念といえよう。

近年では，ホスピスや緩和ケア病棟のような施設で死を迎えるのではなく，住み慣れた家で家族とともに最期の時を過ごしたいと望む患者のための，在宅ホスピス（在宅死）という選択肢も注目されている。

※1　**介護保険制度**
2000年に制度化された高齢者の介護を支える公的保険制度。利用者が在宅や施設などでのサービスを選べることを特徴とする。利用に際して要介護認定を受ける必要があり，その段階に応じてサービスを受けることができる。なお，年金収入等に応じて利用者負担割合が異なる。

※2　**緩和ケア**
緩和ケアは，身体的苦痛に限らず，患者とその家族のあらゆる種類の苦痛や苦悩への対処を行う全人的ケアであり，終末期医療のあり方を指す言葉として最も一般的に使われている。従来，治療が効かなくなった段階で行うものと考えられていたが，早期の段階からの緩和ケアは，患者のQOLを向上させるだけでなく生存期間を延ばすとされている。

25 脱工業社会の高齢政策 課題文

山口大学（医学部医学科）　　　　　　　　　　　　　　　　　　目標60分

次の文章を読んで，以下の問いに答えなさい。

　脱工業社会と重なり合う高齢社会は，その社会全般にわたって，目標よりも手段にこだわる専門職の増大，全体社会レベルでの合理化と管理化，人間サービスがますます貨幣を前提とすること，個人中心主義が強まることなどで特徴づけられる。①高齢期の「生活世界のコミュニケーション的能力の荒廃」も，高齢期の物質的条件と政治的条件が徐々に改善されてきた歴史に沿うかたちで発生してきた。

　高齢期を「生理的劣性」と「精神的聖性」の二軸によって考えてみると，「生理的劣性」は近代化・産業化・都市化の成果によってカバーされるが，「精神的聖性」はむしろそのために弱められる。近代化・産業化・都市化は，一つの集団もしくは階層として高齢者がどのような経済的成果を作り出せるのかを問いかける。同時に豊かな経験をもつはずの高齢期が，脱工業社会のなかでどのような意味をもつのか。これらを同時追究しなければ，今日流行となっている successful aging の研究も十分とはいえないだろう。

　今後，高齢社会の政策策定上の主要な問題は，「生活の質」（QOL）を基盤とした新しい要求をめぐるいくつかの社会的ジレンマの解消である。私たちは持続的な経済成長と資本投資を望むけれども，同時にきれいな環境，満足できる仕事，より多くの余暇時間も求めている。同じく私たちは国民健康保険の下で充実した健康介護を望みつつも，反面，もし延命が高齢期の QOL を喪失させるのならば，長生きしようとは考えていない。

　一般に，脱工業社会における高齢化に関わる QOL 問題は，そこでの政策形成が科学と技術によって普遍的に正当化されるべきことを要求する一方で，高齢者個人の特殊個別的な「生活世界の意味」をも重視する二重規範を余儀なくさせる。

　効果的な政策分析は量的な経済モデルに依存せざるをえないが，その結果，QOLへの配慮は軽視される。しかし，高齢市民の文化的活動やボランタリー・アクションなどを検討すれば，政策のなかに QOL の領域が定着することの重要性はもっと強調されてよい。なぜなら，それは高齢期に特有の「コミュニケーション的能力の荒廃」を阻止する可能性に富むからである。

　結局のところ，脱工業社会の高齢政策の基本は，高齢者がその循環役割を軸とする職業生活中心のライフスタイルで身につけてきた「業績達成能力」を無にするのでは

なく，しかしその方向を職場に限定するのでもなく，地域社会のなかでそれを生かす
システムづくりに求められる。高齢者を研究する際に社会老年学で受け継がれてきた
「構造化された依存性」ではなく，基本政策のなかに地域社会レベルで提供された機
会財を活用した高齢者の役割活動を読み込みたい。これがかりに②「役割なき役割」
(roleless role) であったとしても，増加する高齢者を衰退や枯渇ではなく，国民的な
社会資源とみるためには，役割継続・回復・維持・創造が必要なのであるから。

（金子勇『高齢社会・何がどう変わるか』より一部抜粋）

設問1　下線部①について，最近のマスコミ報道から例を挙げて説明しなさい（100
字以内）。

設問2　高齢者の生理的劣性について，慣用表現を挙げ，意味を説明しなさい（80
字以内）。

設問3　successful aging とは何か，さらになぜ最近注目されているかを説明しなさ
い（200 字以内）。

設問4　下線部②について説明しなさい（200 字以内）。

POINT　やや難解な表現・用語が散見される課題文ではあるが，少子高齢社会の課題
と展望について，一般的な議論を理解していれば読解自体は難しくないと思われる。
高齢者の活力維持，能力の活用という方向性は，高齢化問題の重要な解決策として
押さえておく必要がある。

解　説

> **課題文の要点**　各段落の要点は以下の通り。
> ❶脱工業社会と重なり合う高齢社会は，専門職の増大，全体社会レベルでの合理化と管理化，貨幣を前提とする人間サービス，個人中心主義の強まりなどで特徴づけられる。
> ❷高齢者がどのような経済的成果を作り出せるのか。豊かな経験をもつはずの高齢期は脱工業社会のなかでどのような意味をもつのか。これらを同時に追究しなければ，successful aging の研究も十分とはいえない。
> ❸今後，高齢社会の政策策定上の主要な問題は，「生活の質」（QOL）を基盤とした新しい要求をめぐる社会的ジレンマの解消である。
> ❹・❺政策分析は量的な経済モデルに依存せざるをえないが，政策のなかにQOL の領域が定着することの重要性はもっと強調されてよい。なぜなら，それは高齢期に特有の「コミュニケーション的能力の荒廃」を阻止する可能性に富むからである。
> ❻結局，脱工業社会の高齢政策の基本は，高齢者が身につけてきた「業績達成能力」を地域社会のなかで生かすシステムづくりに求められる。

設問1

要求　下線部①について，説明。
条件　最近のマスコミ報道から例を挙げる。

方針　「生活世界のコミュニケーション的能力の荒廃」とあるので，高齢者がコミュニケーションを欠くことによって引き起こされたと見られる出来事について，最近のマスコミ報道から例を挙げて説明すればよい。〔解答例〕では「所在不明高齢者」問題を取り上げたが，最近の「無縁社会」論や孤独死のニュースなどを取り上げてもよいだろう。

> 　近代化・産業化・都市化が進み個人中心主義が強まることで，地域のコミュニティは解体し，所在不明高齢者の存在が見逃されてきたように，他者とのコミュニケーションを欠く生活に陥ってしまう高齢者がいること。(100 字以内)

設問 2

要求　高齢者の生理的劣性について，意味を説明。

条件　慣用表現を挙げる。

方針　高齢者の身体機能の衰えを表す慣用表現を挙げる。〔解答例〕に挙げたものの他に，「麒麟（きりん）も老いては駑馬（どば）に劣る」「昔の剣（つるぎ），今の菜刀（ながたな）」などがある。

> 「昔千里も今一里」という言葉があるように，優れた人でも年をとれば普通の人より劣るほどの衰えは避けられない。こうした必然的な体の衰えが高齢者の生理的劣性である。（80 字以内）

設問 3

要求　・successful aging とは何か。
　　　　　・なぜ最近注目されているか。

方針　successful aging について，〔解答例〕では基本的な概念をまとめたが，こうした予備知識がなくとも，第❸段落の記述をヒントに解答することが可能である。「今後，高齢社会の政策策定上の主要な問題は…」として，successful aging の実質的な要件が列挙されている。successful aging が最近注目されている背景として，少子高齢社会があることは考えつくだろう。

> successful aging とは，老化にうまく適応し，高い QOL を保った高齢期を目指す考え方のことである。健康や体力，経済的安定，仕事を含めた社会との関わりなどが維持され，幸福感や生きる意欲に満ちた高齢期を目標とする。先進国にとって少子高齢化は避けられない問題であり，社会のなかで高い割合を占める高齢者が充実した生活を送ることは社会全体の活力にも直結するため，最近注目されるようになった。（200 字以内）

設問 4

要求　下線部②について，説明。

方針　「役割なき役割」は一見矛盾した表現であるので，著者はこの言葉で両義的な状態を表しているとわかる。そこで下線部の前後を見ると，第❻段落の第 1 文，「高齢者がその…職業生活中心のライフスタイルで身につけてきた『業績達成能力』

を無にするのではなく，しかしその方向を職場に限定するのでもなく」という表現が見つかる。ここでは，高齢者は職業の場から切り離されるという意味で「役割」を喪失するという要素と，依然としてその能力は生かされるべきという意味で「役割」をもち続ける，という両義的なありようが提示されていることがわかる。

　高齢者は体力的な衰えなどにより一般の職業からは退いていることが多く，その意味では「役割」を失ったともいえるため，社会のなかでは他者に依存するだけの存在と見られやすい。しかし，高齢者がこれまでの職業生活などで身につけてきた「業績達成能力」は，地域のなかで社会資源として生かされる可能性をもっており，その意味で高齢者には，既存の社会の役割構成にはあてはまらない，新たな「役割」が期待されるということ。（200字以内）

26 健康寿命と平均寿命 テーマ

昭和大学（医学部医学科） 目標 **60** 分

注意事項
・題名を記入する必要はありません。
・横書きで書いて下さい。
・文字数は 600 字以内で所定の用紙に書いて下さい。

　2000 年に WHO（世界保健機関）が健康寿命を提唱しました。健康寿命とは，心身ともに自立し健康に生活できる期間と定義されています。現在の日本は世界有数の長寿国ですが，2010 年で健康寿命が平均寿命より短く，女性では約 13 年，男性では約 9 年の差があるのが現状です。この差が長いとどのような問題がありますか。また，健康寿命を平均寿命に近づけるためには，どのようなことが必要ですか。あなたの考えを述べなさい。

POINT　「健康寿命」とは，平たく言うと，健康上の問題がなく，介護の必要がない自立した生活を送ることができる期間，と大まかに定義できそうだ。いわゆる高齢者が自立して生活可能な期間のことと位置づけられる。健康寿命をこのように位置づけると，0 歳の者が，平均してあと何年生きられるかを示した数である平均寿命は，健康寿命と非健康寿命の総和となり，非健康寿命の期間が短ければ短いほど，国レベルとしても個人レベルとしても，一般的には望ましい状況といえよう。問題文では，ここにいう非健康寿命が長い場合の問題点を問うている。この点は非健康寿命を短くする予防の側面と，すでに生じた問題としては，医療費，介護費の側面からアプローチすることが求められている。

解　説

要求 健康寿命と平均寿命の差が大きいことに関する問題と対策についてのあな
たの意見を述べること。

方針 健康寿命とは，2000 年に WHO が提唱した概念である。日常的，継続的な
介護や医療に依存せずに自立して生きられる生存期間のことを指す。したがって，健
康寿命と平均寿命の差が狭まるほど社会保障費に占める介護費や医療費の負担が低下
し，健康寿命と平均寿命の差が広がると，介護費や医療費などの社会保障費の割合が
大きくなるという問題がまず考えられる。また，自立した生活を送ることが困難な状
況を長い年月に渡って過ごさなければならないことは，その人間の QOL が低下する
ことにつながる。その意味でも，健康寿命と平均寿命の差を縮めることが必要といえ
る。日本のような世界有数の長寿国にとって，健康寿命と平均寿命を近づけるために
は健康寿命を延ばすことが必要である。健康寿命を延ばすためには，まず病気の予防
と病状の悪化を防ぐことが第一であろう。たとえ重篤な病気をしたり重傷を負ったり
しても，治療次第では自立した生活を続けることが可能である。また，食生活の面か
らのアプローチや，運動面での指導を行って体が動く状態を保つことも重要である。
脳卒中など不慮の病気により麻痺や障害が残った場合でも，リハビリテーションによ
りある程度までの回復が見込めることもあり，麻痺や障害をもったまま自立した生活
を送ることができるように指導していくことも可能である。認知症など判断力や感情
のコントロールが困難になった患者に対しても，有効な薬の開発が進んでいる。薬物
療法の他にも，音楽療法など心理的なアプローチの研究も進められている。このよう
に多面的な角度から考えて解答を作成することが求められている。

> 　まず，健康寿命と平均寿命の開きが大きいことによる問題は，介護費用や医療
> 費用の負担増である。介護や医療に依存せずには生活できない期間が長くなるこ
> とにより，社会保障費が増大してしまう問題が考えられる。また，自立した生活
> ができない期間が長いことは，その人の生活の質を下げることにもなる。健康寿
> 命と平均寿命の開きが大きいことにより，生活の質に満足できない人が多くなる
> という問題が考えられる。健康寿命を平均寿命に近づけるためには，健康寿命を
> 延ばすことが必要である。健康寿命を延ばすためには，病気の予防をすることと，
> 病状の悪化を抑制することが重要である。予防のためには検診や早期の受診など
> 本人の意識の高さを必要とするが，診療の段階で医師が適切な処置を行うことに
> よって，病状の悪化を防ぐことは可能である。近年では認知症や精神疾患の患者
> に対しても，薬の開発が進んでおり，薬物療法である程度の改善を見込めるため，

医師の判断次第では患者が自立した生活を続けることは可能となるだろう。また生活習慣の面から，適切な食事と運動も欠かせない。さらに障害を負ってしまっても自立した生活を送ることができるように，リハビリテーションを充実させることも必要だ。リハビリテーションも音楽療法など心理面からのアプローチが研究されており，治療効果が見込めるとのデータがある。多面的なアプローチにより健康寿命を延ばすことが肝要である。（600 字以内）

27 末期がん患者に対する医療 テーマ

横浜市立大学（医学部医学科） 目標 60 分

　末期がんの患者さんに対する医療についてあなたの意見を1,000字以内にまとめて述べなさい。

POINT 　死期が迫っている末期がんの患者に対して，医療における自己決定権の尊重，そのためのインフォームド・コンセントといった原則がどのように適用されるのかをふまえた論述が要求されている。患者が理想的な最期を迎えるために，その判断を尊重するという視点を示せるかどうかがポイントとなろう。

解　説

要求　末期がんの患者さんに対する医療について，あなたの意見。

方針　かつて，医療現場ではパターナリズムが横行し，「患者は何もわからないのだから医者の言うことに黙って従っていればよい」という風潮があった。しかし，現在では生命倫理（バイオエシックス）の考え方から，「医師と患者の関係は対等であり，医師は患者の人格と人権を尊重し，治療に関する患者の自己決定権を尊重しなければならない」という考えが一般的になっている。したがって，医療行為において最も重要なのは患者の自己決定権と，そのためのインフォームド・コンセントである。ここでは末期がんの患者に対して，どうすれば自己決定権を尊重できるのかにポイントをおいて，〔解答例〕を作成している。

　本問のような問題の場合，生命倫理や QOL（生命の質），ターミナルケア（終末期医療）と緩和ケアなど，医療に関する基礎知識は不可欠である。関連書籍にあたって知識を身につけるとともに，考えを整理しておく必要がある。

　末期がんの患者へは，医療者として全人格的な対応が求められる。まず，病気や余命について告知するかどうかという問題がある。医療の根本原則は SOL（生命の尊厳）の尊重にあるが，大切なのは単なる命の長さではなく，人としての尊厳をいかに保つかである。そのためにも患者に事実を告げることは重要だが，なかには告知によって直面させられる現実に耐えられないという患者もいるだろう。医師は，何が患者にとって第一の利益になるかを考え，慎重に対応する必要がある。一人ひとりの患者の年齢や家族との関係，職業，社会的地位，性格，人生観などさまざまな要素を勘案し，いつどのような形で告知するのがよいかを考える必要がある。告知後のサポート体制も重要であろう。

　続いて，治療の方向については，患者との信頼関係を築くためにも徹底したインフォームド・コンセントが不可欠である。医師には治療に関して患者が理解できるように説明する責任がある。また，どのような治療法を選択するにしても，必ず患者の同意を得なければならない。医師は自分が考える治療を押しつけるのではなく，患者の希望やライフスタイル，あるいは家族の意向に沿った医療を提案することを心がけなければならない。

　ここで注意したいのは，どのような最期を迎えたいと考えるかは，人によって異なるという点である。終末期にあって精神的にも不安定になった患者が，治療方法を自ら決定することは容易ではない。すべての判断を主治医に委ねたいという患者の自己決定権のあり方も認められるだろう。また，どんな苦痛のなかにあ

っても考えられるすべての治療を受けたいと，延命措置の継続を患者本人や家族が強く希望することもあるだろう。

　最終的に，これ以上の延命措置を望まないということになれば，医療の重点は安らかに死を迎えるための緩和ケアに移る。患者が残りの人生をその人らしく過ごせるように，患者と周囲の人々に襲い来るさまざまな身体的・精神的苦痛を，投薬やカウンセリングによって除去・軽減していくのである。そのためには，医師のみならず多くの医療者の連携が大切になる。死を自覚し，生命が有限であることを悟ったとき，人はよく生きたいと強く願う。医療に携わる者は，そうした患者を支え続ける使命と役割を担っている。(1,000 字以内)

28　超高齢社会における医療の役割　［資料］

日本医科大学（医学部）　　　　　　　　　　　　　　　　　　目標 60 分

　わが国の総人口はすでに減少期に入っており，図に示したような推移が予測されている。この図（資料）をもとに，これからの時代，どのような対処が考えられるか，600 字以内で述べなさい。

図（資料）　年齢 3 区分別人口の推移

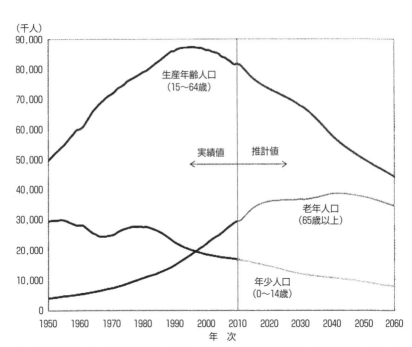

（国立社会保障・人口問題研究所　日本の将来推計人口（平成 24 年 1 月推計）概要，平成 24 年 1 月 30 日公表資料より引用・改変）

POINT　グラフから読み取れる老年人口割合の増加と，それに伴う社会的問題について述べた上で，対応策について考える。

解　説

要求　グラフの的確な読み取りができることと，それに伴う社会問題についての見解を持っていること。

方針　グラフを見ると，2000 年以降，生産年齢人口，年少人口が減少し続け，対照的に老年人口は増加を続ける。老年人口も 2040 年頃をピークに減少に転じるが，生産年齢人口の減少が急速に進むため，全体の人口との比率で考えると老年人口の割合は増加していくことが予想される。人口減少とともに老年人口の割合が上昇するため，少子高齢化が進むことが読み取れる。グラフには示されていないが，2065 年には総人口が 9,000 万人を割り込み，高齢化率は 38％台の水準になるとの予測もあり，超高齢社会に伴う問題についての対処を考えなければならない。

　超高齢社会において問題となることの一つが，社会保障費の増加である。特に医療や介護の給付費が増加することが予想される。この問題に対処するには，給付金を現状のまま維持して現役世代の負担を増加させるか，給付金を削減して利用者の負担を増加させるかの 2 つの道が考えられる。いずれにせよ，国民の負担が増加することに変わりはない。

　この問題を医療の側面から考えていく。一つは予防医療の推進で，少子高齢社会であっても健康な高齢者が多ければ，医療・介護費は軽減できる可能性がある。また，健康な高齢者を増やすことにより，経済活動を長く続けることのできる人口を増やすことができ，人口が減少しても，社会保障費を負担する人口を維持しやすくなる。こうした観点から述べるとよい。

　　人口減少と高齢化に伴い，社会保障費が増大することが予測される。社会保障費が増大すれば，財源確保のために国民の負担が増加する。また，社会保障費を削減すれば，利用者の負担が増加するため，やはり国民の負担は増加する。この問題への対処として，日本経済の安定的な成長の継続が挙げられる。ただし，我が国は他の先進国と比較しても経済成長が鈍化しており，今後，人口減少が進めばますます成長は望めなくなると推測できる。

　　このような時代を迎えるにあたり，一つの対処として予防医療の推進が挙げられる。予防医療により高齢者の健康寿命を延ばすことができれば，医療費や介護費の増大を抑えられる可能性がある。また，健康寿命が延びれば，社会活動や経済活動において活躍できる高齢者の割合も増加すると考えられる。その結果として，現役世代の割合を増加させることができ，社会保障費の担い手を増やすことにもつながると予測し得る。超高齢社会において健康寿命が延びることは，国民

の生活の質を向上させることにもつながる。

　このように社会の活力を回復できれば，経済成長の可能性も高まるであろう。現在，予防医療は保険適用外が多く，受診できる人々は限られている。しかし，病気予防にかかわる教育を推進するなど国民に積極的に働きかける政策には効果があると考える。これからの時代への対処としては，こうした包括的な予防医療が重要である。（600字以内）

医学部の
頻出テーマ

　医学部の小論文で出題されるテーマは，直接医学・医療にかかわるものだけではない。現代社会における諸問題や，福祉，環境といったテーマもよく出題されている。もっとも，医学・医療は人間を対象とする以上，これらのテーマについて考察することには大いに意味がある。入試問題分析をもとに厳選した5つのテーマを見ていこう。

ボランティアと福祉

　医師には他者（患者）の利益を第一に考える利他性，困難な状況にある人への思いやり，さらには人類愛といった精神的資質が求められる。ボランティア活動や福祉事業も，こうした精神が発揮される場であり，医療と多くの領域で重なり合う。それゆえに医学部入試の小論文や面接で頻出のトピックなのである。優等生的な意見に終始しがちな分野であるだけに，現実的な問題をふまえた意見をもてるようになりたい。

🔍 必須キーワード

□**ボランティア**

　自発的に，かつ報酬を目的とせず，社会や公共のために行う活動。もしくは，そうした活動を行う人のこと。趣味や特技を生かしたボランティア活動は，職業とは別の形で，社会の一員としての責任を果たすことにもなる。現代のボランティア活動では，従来のシステムにはない創造的はたらきを生み出す先駆性も期待されている。

□**ノーマライゼーション**

　年齢・性別・障害の有無などにかかわらず，すべての人が対等の立場で，ともに暮らせる社会を目指す考え方。

□**バリアフリー**

　高齢者や障害者などが社会生活を送るうえで，物理的・精神的な障壁（バリア）となるものを取り除こうとする考え方。

□**ユニバーサルデザイン**

　年齢・性別・国籍などを問わず，誰にとっても使いやすい製品や施設を設計しようとする考え方。誰もが乗りやすい低床バスなどがその例として知られる。

🔍 出題傾向

　ボランティアについては，基本的な考え方を理解しておきたい。ノーマライゼーションは，その理念や実現方法がよく問われる。医師として，障害を背負うことになった患者をどう支えるか，といった観点で問われることもある。

視点❶　ボランティア活動の本質

　2011 年はニュージーランド地震，東日本大震災，タイの大洪水と，大規模な自然災害が世界中で続発し，多くのボランティアが被災地で救援活動にあたった。東日本大震災では，発生後 2011 年 5 月までの数でのべ約 40 万人のボランティアが参加している（全国社会福祉協議会の 2017 年 2 月時点の仮集計による。ただし数値は岩手県，宮城県，福島県の 3 県合計のもの）。

　ボランティア活動の根幹をなすのは，なんといっても自発性である。ボランティアとは「自由意思」を意味するラテン語に由来しており，自己の自由な意思での参加こそがボランティアの絶対条件である。

　最近では，一部で奉仕活動の推奨も見られるようになった。たとえば，東京都では「人間と社会」を，平成 28 年度から全都立高校等で実施している。「人間と社会」導入の背景としては，急激な社会の変化に伴い，一人ひとりが自らの人生観や価値観を形成し，他者と対話し協働しながら，よりよい解決策を生み出していくことが一層重要となっている現在の状況がまず挙げられよう。従来の教科「奉仕」を発展させたこの新教科には，演習や体験活動も取り入れられており，体験活動による学習には，奉仕体験活動として保健，医療または福祉の増進を図る活動，社会教育の推進を図る活動，災害救援活動等が例示されている。

　ボランティア，奉仕活動といえば，一般市民が活動するというイメージも変わってきている。

✓<u>医師など専門家が自己の技能を生かしてボランティア活動にあたるプロフェッショナル・ボランティアも盛んになりはじめている。</u>

災害時の医療ボランティア，「国境なき医師団（MSF）※1」の活動などがその典型であるが，今後，プロフェッショナル・ボランティア活動はさらに拡大していくことが期待される。

　ボランティア活動の特徴としては，公共性も忘れてはならない。

✓<u>どのような参加の仕方であれ，社会全体への貢献，他者との連携といった公共性を伴うものでなければならない。</u>

「自分探し」や「友達探し」などの利己的な理由からボランティアに参加することは，本来慎むべきである。公共性の重視という点において，ボランティアは医療と共通しているといえよう。

視点❷　ノーマライゼーションの理念

　ノーマライゼーションとは，高齢者，障害者，健常者を問わず，すべての人が社会の一員として，お互いに尊重し，支え合いながらともに生活する社会こそが「ノーマル」であるという考え方である。高齢者や障害者を特別視し，これを保護するために施設などに隔離する従来の福祉政策を見直す思想や運動として発展してきた。

　ノーマライゼーションの理念を具体化する活動としては，まずバリアフリー化が挙げられる。

✓ 高齢者や障害のある人が地域で不自由なく暮らすためには，その自由を妨げるさまざまなバリア（障壁）を取り除く必要がある。

　たとえば，道路の段差，駅など公共施設のエレベーターやエスカレーターの不備は物理的なバリアである。また，盲導犬や介助犬の同伴に対応していない商業施設，点字や字幕による情報伝達の不足など，文化・情報にかかわるバリアも克服すべき課題である。

　さらに，偏見に基づく蔑視，就職や結婚といった場面での差別などは，私たちの意識のなかにあるバリアだということができよう。「高齢者や障害者は弱者でかわいそうな人たち」「障害に負けず頑張っている」といったステレオタイプな見方は，そこに悪意がないとしても，人間の尊厳を傷つける場合があることを理解すべきである。

　2006 年には，大手ホテルチェーンが，バリアフリー対応について規定したハートビル法※2 に基づく身体障害者用の客室や駐車場を，行政による検査後に撤去して批判を浴びた。このケースは，物理的バリアと意識のなかのバリアが組み合わさった深刻な例ということができよう。

●○○ユニバーサルデザインの目指すもの

　バリアフリーの考え方をさらに一歩前進させたものが，ユニバーサルデザインである。「普遍的な，すべての人のためのデザイン」を意味し，年齢・性別・国籍・言語などにかかわらず，できるだけ多くの人が利用できるように製品や施設をデザインすることをいう。たとえば，大きく握りやすい取っ手のついたマグカップは，握力の低下した高齢者でも使うことができ，誰にとっても使いやすい。近年普及した温水洗浄便座も，もともとは障害者向けに考案されたものである。

　このようにユニバーサルデザインは，すべての人に利便性をもたらすものであり，使い方が簡単で安全なものを目指す。ノーマライゼーションの理念と親和性が高い考え方といえよう。

●○○ すべての人が共生できる社会を目指す

　バリアフリーやユニバーサルデザインという言葉が知られるようになり，ノーマライゼーションの考え方についても徐々に理解が進んでいるが，一方で危惧される問題もある。過去に内閣府が行った世論調査では，障害のある・なしにかかわらず，誰もが社会の一員としてお互いを尊重し，支え合って暮らすことを目指す「共生社会」という考え方を知っているか聞いたところ，「知っている」と答えた者の割合は46.6％にのぼったものの，「知らない」と答えた者の割合は未だ33.7％も占められていた。また，「障害のある人が身近で普通に生活しているのが当たり前だ」という考え方についてどう思うかという質問に，「そう思う」とする者の割合が88.3％に対し，未だ7.2％の者が「そう思わない」と回答している。さらに，障害のある人と気軽に話したり，障害のある人の手助けをしたりしたことがあるか聞いたところ，「ある」が61.8％に対し，38.2％の者が「ない」と回答している（内閣府『平成29年8月　障害者に関する世論調査』）。

　この調査結果は，多くの人が障害者との共生を望ましいと考えながらも，実際には障害者の問題に疎い者もおり，当事者としてのかかわりが不十分であるケースもあるということを物語っている。

　障害者との交流が薄いまま「障害者を特別視しない」というノーマライゼーションの考え方だけがひとり歩きすれば，障害者に対する無関心が蔓延し，必要な支援がかえって衰退してしまう恐れがある。

　障害の有無にかかわらず，社会とは皆が協力し合い，互いに支援し合ってつくり上げるものである。人は皆，子どもの頃は周囲の手助けを受けながら成長し，時に病気になったり怪我をしたりする。高齢になれば身体的能力が低下し，周りの人の支えを必要とする。

✓ <u>誰もが当事者意識をもち，皆が安心して生活できる社会の実現を目指す</u>
ことこそ，ノーマライゼーションの出発点ではないだろうか。

※1　**国境なき医師団（MSF）**
　　1971年にフランスで設立された，非営利で国際的な民間の医療・人道援助団体。紛争地や難民・避難民キャンプなどで，人種や政治，宗教にかかわらず無償で医療援助活動にあたる。現在，途上国における感染症の治療にも積極的に取り組んでいる。
※2　**ハートビル法**
　　1994年制定。病院・デパートなど公共性の高い建築物に対して，障害者用駐車場の設置，車いすなどで円滑に移動するための建築基準などが定められた。公共交通機関のバリアフリー化を推進する交通バリアフリー法とともに，2006年にバリアフリー新法に統合された。

海外医療ボランティア テーマ

関西医科大学（医学部医学科）　　　　　　　　　　　　　　目標 45 分

海外医療ボランティアについて

POINT　まず，試験時間が 45 分であることを考慮すると，500 字から最大で 800 字程度にまとめることが求められていると推測される。本問で求められている，あるいは出題者が見ようとしている論点は，「公共性」「公共的視点」である。医療は広く一般に社会・世界に利害・影響をもつ性質を備えており，特定の個人や集団に限局されるのではなく，社会・世界全体に開かれているものである。無償というのは抵抗を感じる側面もあろうが，このような医療の特質をふまえているかどうかが，ここでの出題者の狙いである。

解　説

要求　海外医療ボランティアに関するあなたの考え。

方針　海外医療ボランティアの訪れる国は多くが発展途上国である。医療環境は整備されていない場合も多く，日本のように医療従事者がそれぞれのスペシャリストとして働くシステムが構築されていない場合も多い。したがって医師は不自由な環境のなかから代替できる方法を案出せねばならず，求められる仕事内容も医師の範疇を越えていることがある。さらにそれぞれの病気に対する患者の知識が乏しく，誤解をしている場合もあれば，特定の病気に対する意識が日本とは異なり，場合によっては差別的な扱いを受けていることもある。宗教上の問題もあれば，民間療法や呪術的な治療法が主流で，民衆のなかではそれらの治療法が受け入れられ，西洋医学は受け入れられない場合もある。食文化や生活習慣も異なる。そうした環境のなかで，医療を行っていく困難を理解したうえで，その国の医療現場に貢献していかなければならない状況を考慮する必要がある。また伝染病に関しては，それぞれの国により感染する確率が大きく異なるうえに，日本よりも予防法が確立されていない場合もあるため，予防法について広めていく必要もある。そうした点が，医師として海外ボランティアをする意義の一つに挙げられる点である。

　一方で，こちらが現地で教える場合ばかりではない。学ぶケースもある。たとえばアジアの新興国では，都市部では医療も発達しているが，農村部では医師の数も少なく，上述した通り，医師の仕事内容が多岐に渡ることがある。しかしこれは日本のへき地医療と共通する部分でもあり，日本が抱えている医療問題と重なる点でもある。したがってボランティア活動に従事するなかで，日本での医療行為を行ううえでのヒントに気づく可能性がある。また，日本でも地域包括ケアシステムの構築が課題となっているが，ボランティアで訪れる国の多くは，地域のコミュニティがしっかりしており，バリアフリーではないような住居であっても地域住民が協力し合って生活できるような基盤が整っている場合がある。日本では地域住民同士のつながりは希薄で，もはやこうした地域のコミュニティは少ない。そうしたことを目の当たりにすることで，得るものもあるだろう。

　以上の点を考慮しながら，自分なりの意見を陳述すること。

　私はチャンスがあればぜひ海外医療ボランティアに参加したいと考えている。発展途上国や新興国の農村部では，医療環境が整備されておらず，日本でなら助かる病気であっても重症化させてしまい，命を落としかねないケースがある。そうした状況に貢献して，医師として患者を救いたいという気持ちが私にはある。

またそれらの国では，日本のように医師とコメディカルがそれぞれの仕事を分担して行う状況ではない場合が多い。設備も整っていないため，工夫して代替できるものや方法を考えなければならない。こうした過酷な状況で医療を行う経験は，医師として自分を大きく成長させてくれるのではないか。これは，日本のへき地とて同様である。つまり，海外で経験したことを，日本での医療活動に役立てることができると信じる。その意味でも海外医療ボランティアには大きな意義がある。さらに，宗教上の問題，生活習慣などさまざまな面で日本とは異なる側面がある。言葉の壁もある。国や地域によってはエビデンスの確立されていない民間療法や呪術的な治療法が根付いている場合もある。そのような状況で，医療に従事することはとても困難であろう。しかしそうした困難を乗り越えた先には，医師としての大きな喜びがあるのではないか。

30　ノーマライゼーションと「障害モデル」 課題文

秋田大学（医学部医学科）　　　　　　　　　　　　　　　目標60分

次の文章を読んで，以下の質問に答えなさい。

近年，障害児療育に「ノーマライゼーション」という考え方が導入され，広く浸透するようになり，障害児観はそれなりに変化したように思います。しかし，常々私は，助産婦を始めとする周産期医療（妊娠22週から出生後7日目までの赤ちゃんとお母さんのための医療）に携わる専門家の，障害児に対する思いが，私のような小児神経科医や障害児を持つ親の思いと少し違うことに違和感を持ってきました。

健康な身体を持つ人間は，障害児や障害児を持つ親に出会ったとき，どのように思うでしょうか。大方の人が，「大変そうだ」「可哀想だ」と思い，「がんばって！」「負けないでね！」と励ますのではないでしょうか。実は，私たち健康な人間から発せられたこれらの励ましやなぐさめは，言葉そのものが親や子どもを傷つけてしまうことがあります。

現在定着しつつある「ノーマライゼーション」とは，分かりやすくいうと，「障害を持ったままでも幸せになれる。同じ社会人として一緒に町や村で暮らそうよ」ということです。

私たちは，この「ノーマライゼーション」にのっとり，「障害者支援」といった「善意の押し売り」ではなく，ともに対等な社会の構成員として障害児を見ることはできないのでしょうか。

育児支援や障害者支援，療育など不要だと言っているのではありません。その前に，一人の人間として対等に暮らせる社会を，みんなで一緒に作っていくという意識を持ちたいと願うのです。子供を「治す」のではなく，障害を克服し「少しでも普通に近づける」のでもなく，障害があっても普通に暮らせる社会をどう作るかという発想が必要です。障害児が障害を克服するという内向きの考えはやめて，ノーマライゼーションの地域作りをどうするかという外向きの発想です。ターゲットは障害者ではなく健康な人，つまり私たちです。

（中略）

ノーマライゼーションの広がりとともに，障害者に対する考え方が「医学モデル」から「障害モデル」へ移行されたことは先述したとおりです。これについて，もう少し詳しく説明しましょう。

「医学モデル」と「障害モデル」は，「障害」をどう捉えるかという視点で大きな違

いがあります。

　「医学モデル」は，「障害は，機能や能力が低下しているものであるから，それを向上させるために医療を用いる」という考えです。一方の「障害モデル」は，「機能の低下を問題にするのではなく，それによって社会適応が阻害される要因を取り除くこと」を基本的な姿勢としています。障害を負ったことで社会適応が阻害されているのが障害である，という発想です。

　ノーマライゼーション以前の価値観は，「私たちは健全だが，あなたたちにはハンデがあります」という考え方が基本にありました。ですから，「そのハンデを持ち続ける限り，相互コミュニケーションはうまく機能しません。治療やリハビリテーションを受けてハンデを克服してください」と，常に健常者が障害者に改善を求めてきました。あくまでも問題は，障害者側にあるという立場です。

　しかし「障害モデル」は，「障害は，障害者自身ではなく，障害者と健常者の間の環境に問題がある」という立場に立っています。したがって，環境で発生する様々な不具合を改善すれば，障害者問題は解決の方向へ向かいます。「人」を変えるのではなく，「環境」を変えるのですから，行動を起こすのは，健常者であってもいいのです。

（小西行郎『早期教育と脳』光文社新書　より抜粋・一部改変）

設問1　文中の「ノーマライゼーション」とは何か，200字以内で説明しなさい。

設問2　「ノーマライゼーション」を実現するためにはどうすればよいか，あなたの考えを400字以内で述べなさい。

POINT　課題文は，ノーマライゼーションを障害者福祉に即して論じている。平易な文体で書かれた課題文だけに，著者の主張をきちんとふまえて論述しないと「まったく理解できていない」と見なされる危険がある。特に，課題文中の「医学モデル」と「障害モデル」の内容を正確につかもう。

解　説

> **課題文の要点**　各段落の要点は以下の通り。
>
> ❶常々私は，助産婦を始めとする周産期医療の専門家の，障害児に対する思いが，私のような小児神経科医や障害児を持つ親の思いと少し違うことに違和感を持ってきた。
>
> ❷健康な身体を持つ人間が発する励ましやなぐさめの言葉は，障害児や障害児を持つ親を傷つけてしまうことがある。
>
> ❸現在定着しつつある「ノーマライゼーション」とは，「障害を持ったまま同じ社会人として一緒に町や村で暮らそう」ということである。
>
> ❹・❺必要なのは，障害があっても普通に暮らせる社会をどう作るかという発想であり，ターゲットは障害者ではなく健康な人，つまり私たちである。
>
> ❻～❽ノーマライゼーションの広がりとともに，障害者に対する考え方が「医学モデル」から「障害モデル」へ移行されたが，両者は「障害」をどう捉えるかという視点で大きな違いがある。
>
> ❾・❿障害者側に問題があるとするノーマライゼーション以前の価値観に対し，「障害モデル」は，「障害は，障害者自身ではなく，障害者と健常者の間の環境に問題がある」という立場に立つ。「環境」を変えるのだから，行動を起こすのは健常者であってもいい。

設問1

要求　文中の「ノーマライゼーション」とは何か。

方針　第❸～❺段落に著者の主張する「ノーマライゼーション」の定義が述べられている。文中での意味が問われているので，この部分を参考に，できるだけ本文の語句を使うようにしてまとめるとよいだろう。

> 　ノーマライゼーションとは，障害のある人もない人も，同じ社会の一員として，ともに生活する社会を目指そうという考え方である。もちろん障害者支援や療育は必要だが，障害を治す，あるいは克服するといった発想を脱し，障害がある人も普通に暮らせる社会をどうやってつくるかという発想への転換を図る点に特徴がある。したがって，改善のターゲットとなっているのは障害者ではなく，健常者であるといえる。（200字以内）

設問2

要求 「ノーマライゼーション」を実現するためにはどうすればよいか，あなたの考え。

方針 課題文では，第❺段落の「ターゲットは障害者ではなく健康な人，つまり私たちです」，第❿段落の「行動を起こすのは，健常者であってもいいのです」といった箇所で，障害者にばかり努力を求める発想を脱すべきだという問題意識が語られている。本問では自説を自由に展開してよいのだが，この問題意識はきちんと受け止めたうえで論じなければ的を外した論述となろう。すなわち，健常者の意識を変えること，健常者が（も）行動を起こすことを何らかの形で提言するべきである。

> ノーマライゼーションを実現し，障害者も健常者も同じ社会人としてともに暮らせるようにするためには，両者を区別なく対等な社会の構成員として見ることが欠かせない。つまり，障害者を一方的な支援の対象と見る健常者，あるいは社会そのものの意識改革が必要である。それには，皆が対等の立場で協働できる機会を増やすことが有効だろう。たとえば，バリアフリーやユニバーサルデザインの開発・普及活動が考えられる。身体能力などの違いを問わず，誰にでも使いやすい製品や施設についてともに考えることは，日常生活で感じているはずの不便や危険，そして他者の手助けを必要とする瞬間を思い出す作業となる。私たちは，病気や怪我を負ったとき，あるいは全く健康なときであっても，誰もが互いの思いやりに助けられて生きている。ノーマライゼーションの実現のためには，そのような実感を通じて，社会全体で助け合いの合意を形成していくことが必要となろう。（400字以内）

格差社会／食の安全

　現代社会が抱えるさまざまな問題のなかには，医療と直接・間接に関係があるものも少なくない。生命や健康を守るために大切なことは何か，個人が尊厳を保つことができる社会とはどのような社会かといったトピックは，医療従事者にとっても重要な考察対象である。ここでは，格差社会と食の安全について検討してみよう。

Q　必須キーワード

☐格差社会

　人々をある基準（所得，資産など）で階層化した際，階層によって格差が大きく，階層間の移動も困難になっている社会。経済格差が拡大していると説く識者によれば，日本は戦後，高度経済成長とともに経済格差が縮小していったが，バブル経済が崩壊した1990年頃を境に，情報産業が世界をリードし，モノよりもサービスが優勢になるニューエコノミーと呼ばれる産業構造に転換したことで，富裕層と貧困層への二極化が進行し，格差が拡大しているという。

☐食の安全

　食の安全は，有害物質や病原体の混入などの具体的な危険をすべて排除することで確保される。生産・加工・流通・販売の全過程で徹底した管理がなされなければならないが，日本は大量の農産物（遺伝子組換え作物を含む）や食品を外国から輸入しており，加工食品や調理済み食材が一般化している現代においては，食の安全の確保はより難しくなってきている。

Q　出題傾向

　格差社会は，関連する議論を押さえて，問題を的確に分析できるようにしておこう。食の安全は，食中毒事件など，時事的トピックが扱われることがある。食育といったテーマも含め，広く食問題として関心をもっておきたい。

視点❶　格差社会とは

格差社会問題が騒がれるようになって久しいが，この問題を論ずるうえでまず理解しておかなければならないことは，

<u>格差が拡大しているのかどうかについては今なお議論が続いている</u>

ということである。

確かに，統計上は日本のジニ係数（社会における所得分配の不平等さを測る指標）は 1980 年代半ばから 2010 年代前半にかけて上昇傾向にあった。しかし，これはもともと所得格差の大きい高齢者世代が増加したためだという意見もある。だとすれば，社会における所得分配がことさらに不平等な方向に変化したということはできない。

また，資産格差についていえば，日本の株価や地価はバブル崩壊以降，何度かの一時的回復をはさみながらも，基本的には低迷を続けている。その意味で，もつ者とたざる者との格差は 1990 年代・2000 年代と一貫して抑制されてきたと見ることもできよう。

さらに，所得格差が拡大し，ワーキングプアが増加したのは，小泉純一郎内閣が進めた「構造改革」の結果だとされる点についても，疑念がないわけではない。統計的に見ると，雇用者に占める非正規雇用者の割合は，小泉内閣による構造改革以降初めて上昇したのではなく，それより以前の 1980 年代から上昇基調にあったからである。

●◯◯格差意識が広がっている

このように実態には議論があるとしても，人々の間に不公平感や格差意識が広がっていることは確かである。この点において，やはり格差社会は深刻な問題なのである。

1980 年代後半までは，日本は「一億総中流社会」と呼ばれた。真面目に働いていれば企業内における昇進が約束され，収入は増加し，定年まで安定した雇用が保証されていた。そのため，結婚して子どもを育て，ローンで家をもち，定年後は年金で生活するといった人生設計もできたのである。

しかしバブル崩壊後，終身雇用制が崩れて雇用の流動化が起こった。パートタイマー・アルバイト・契約社員・派遣社員などの非正規雇用が増加し，企業は正規雇用そのものに対して及び腰になっている。同じ会社のなかでキャリアを積んでいくことを前提にした年功序列型賃金制も崩壊し，長期にわたる安定的な資産計画も立てられなくなった。

そこに長引く不況が追い打ちをかけるとともに，財政危機や少子高齢化による社会保障システムの崩壊（⇨ 9 超高齢社会と医療）も囁かれるようになった。さらに，グローバリゼーションと IT（情報技術）革命により根本的な産業や社会構造の変化も加速し，これまで信じられてきた社会的成功のモデルやキャリア形成の方法論が信じら

れなくなったのである。

●●○ 格差意識が経済的な格差につながる

　格差社会の問題で見逃せないのが，こうした精神的な側面である。実態はどうあれ，人々が「格差が大きくなった」「格差を飛び越えるのは難しくなっている」と考えれば，それは意欲の減退，閉塞感の蔓延につながる。となれば，自己実現の努力や豊かになるための努力を諦めてしまう人も増えてくるだろう。簡単にいえば，「がんばれば成功できる」と感じられる社会では奨学金を受給しながら大学を目指したであろう若者が，現在の日本のように閉塞感にとらわれた社会では進学を諦めてしまうというようなことが起こるのである。

✓ 格差意識が意欲や努力の差につながり，実際に経済的な格差をもたらす
恐れがあるのだ。さらに経済格差は教育格差のみならず，健康格差にもつながってしまう。

　また，格差社会であるという不安感，不平等感が蔓延することによって，人の心から余裕が失われていくことも懸念される。自分が困窮の危険にさらされている，不平等な扱いを受けているとなれば，他者に対する寛容の気持ちは湧いてこないだろう。自分は厳しい状況に置かれているとの認識があると，他者への思いやりを欠いた考え方や行動も正当化しがちになる。こうした風潮が続けば，特に厳しい状況にある社会的弱者が社会から排除され，いっそう窮地に陥ることになるだろう。

●●○ 格差社会を克服するには

　したがって，格差社会の問題を解決するには，まずは格差意識や将来への不安を解消することである。そのためには希望や意欲を高めるための政策が必要であろう。特に重要なのは教育である。

✓ 将来を担う子どもたちに新しい産業構造にあった創造性や知識を身につけさせることで，夢を見る力，夢を実現する力を養っていく必要があろう。

　また，政府の財政政策にしても，将来への希望につながるような予算の使い道が検討されるべきである。具体的には，これまでのような失業保険や生活保護などのセーフティネット拡充と並行して，創業支援や研究開発支援が望まれる。

視点❷　食の安全神話の崩壊

　日本における食の安全に対する不安は，この十数年の間に断続的に起こった事件によって，段階的に高まってきたといえる。

　まず，2000年に国内では乳製品による集団食中毒事件が起こるとともに，海外ではBSE（牛海綿状脳症）が大きな問題となった。翌2001年には国内でもBSE感染牛が確認され，牛の全頭検査が始まった。それまで日本人が漠然と信じていた食の安全神話が揺らぎはじめたのである。

　2002年には，食品会社による牛肉偽装事件が起こる。上述の集団食中毒事件のような過失とは違い，故意による悪質な偽装ということもあり，社会に大きな影響を与えた。消費者の不信感が決定的に高まったきっかけといえよう。

　その後も，2007年には別の食品会社による食肉偽装が明らかになり，さらに老舗の菓子メーカーや料亭による消費期限や産地の偽装，食材の使い回しなどが次々と明らかになった。翌2008年には中国から輸入されたギョーザによる中毒事件が発生し，事故米の食用への不正転売が発覚するなど，食の安全は社会全体の議論に発展していったのである。

　近時でも，2017年に，福井市の飲食店で中国産ウナギを国産のように表示して提供したとして，名古屋市の水産物輸入会社社長が逮捕される事件が発生している。また，海外では米国がブラジル産牛生肉を，衛生上の懸念から輸入停止する事態が生じている。

●◐◯行政と食品・流通業界はどのように対応したか

　食の安全問題の深刻化に合わせて，行政や食品・流通業界は比較的迅速に具体的な対策をとってきた。

　まず，2003年には食の安全を総合的に保証する食品安全基本法が成立した。この法律に基づいて内閣府に食品安全委員会が設置され，食品の専門家がリスク評価を行う体制が整備された。

　生鮮食品については，2000年には原産地の表示が義務化されたが，スーパーなどの小売業では，市町村名や農協名・漁協名を表示したり，なかには生産者名まで表示したりして，消費者の信頼確保に努めているところもある。危険な食品が流通してしまった場合に備えて，食品の生産から加工・流通・販売までの過程を追跡できるトレーサビリティシステムの導入も進められており，牛肉とコメについては義務化されている（2022年現在）。

　また，食品工場でのクリーンルーム（特殊な吸排気システムにより空気清浄度を高めた部屋）の導入も急速に進んでいる。さらに，期限偽装事件の反省から，消費期限

（開封していない状態で，表示されている保存方法に従って保存したときに，食べても安全な期限）と賞味期限（開封していない状態で，表示されている保存方法に従って保存したときに，おいしく食べられる期限）の違いの啓蒙活動なども行政主導で行われたのである。そして，こうした具体的施策の根本にある組織のコンプライアンス（法令遵守）基準も整備されていった。

　こうして，食の安全を疑わせる事件が頻発することによって，結果的に日本の食品安全基準は高まったと見ることもできるだろう。

●◐○ 原発事故による「風評被害」

　2011年3月の東日本大震災における東京電力福島第一原子力発電所事故により，新たな問題が発生することになった。福島県産の農畜産物が売れなくなる「風評被害」の問題である。

　原発から放出された放射性物質による汚染が懸念されたため，当初は，実際の放射性物質による汚染の有無にかかわらず，政府により，都道府県単位で一律に出荷停止措置や摂取制限措置が講じられた。その後，検査の結果を受け，市町村単位で出荷停止が徐々に解除されていったのだが，福島県産の農畜産物への不安感は解消されず，首都圏のスーパーなどでは仕入れ先を西日本に変える店舗も現れた。

　不安感が解消されない要因はいくつか挙げられよう。まず，当初，政府が都道府県単位で一律に出荷制限を行ったことである。このため，結果的には，政府が「福島県産の農畜産物は放射性物質に汚染されている」ともとれるメッセージを発してしまったといえる。また，原発事故にかかわる政府の対応の遅れなどから，政府の設定する放射線基準値などに対する不信感が高まった点も指摘できるだろう。

　与えられる情報が不確かな状況下で，消費者ができることは，福島県産の農畜産物は避けておこうという，とりあえずの判断しかない。その結果，何ら問題ない農畜産物でも売れないという「風評被害」が拡大してしまうことになる。

　こうした「風評被害」を防ぐには，まず，

✓ 生産・流通・販売者や，それらを監督する立場にある政府・地方公共団体は，消費者の視点に立って，可能な限り正確な情報を提供する

ことである。それと同時に，

✓ 消費者の側にも，過剰に反応したり，過小に反応するのではなく，できる限り正確な情報の入手に努め，冷静に行動することが求められる。

31 格差社会と「錯覚による自立」 課題文

自治医科大学（医学部）　　　　　　　　　　　　　　目標 45 分

思いやりのなさが人を混乱させる

「日本の格差社会」は格差社会なんかじゃない

　21 世紀になって，「日本は格差社会になった」と言われるようになりました。でも，昭和が終わった頃から，あるいは昭和の内からでも，「日本には格差社会が訪れる」と，言う人はいました。その頃の「格差社会」は，「一億総中流と言われた状態が崩れて，国民の間に格差が現れる」という意味だったと私は理解していますが，実際に訪れてしまった「格差社会」は，そういうものではありません。「あるレベルからはずれたら，もう生きて行きにくくなる」という，そういう「隔差社会」です。

　それは「格差社会」なんかじゃありません。「あるレベルからはずれた人間達なんか知らない」という，オール・オア・ナッシングの世界です。「当人の自主性に任せたんだから，こっちは関係ない」という，我知らずの拒絶が野放しにされた社会です。そこで，「人の孤独」は心の問題ではなく，実生活上の孤立に変わります。

　「格差社会」を言うなら，1970 年代に高度成長を達成して「一億総中流」になる前の日本は，歴然とした格差社会でした。貧乏人と金持ちの差は歴然とあって，だからこそ「差別」も平然とはびこっていました。でも，貧乏人には貧乏人の仕事があったし，貧乏人の町もありました。貧乏人の町には「貧乏な医者」もいました。「貧乏」は当たり前にありました。ところが今は，「貧乏人」という概念自体がないのです。「みんな平等」を前提にしていて，しかし，ある人達には仕事がないのです。働いてもずーっと貧乏で，この「働いてもずーっと貧乏」である人達のことを，英語を使って「ワーキング・プア」と言います。「貧乏人」とは言わないのです。まるで，「一時的に貧乏に陥っているだけで，"貧乏人"ではない」と言っているみたいです。

　「貧乏人」という概念が消滅して，でも「行き場がないままの人」は，いくらでもいるのです。「町としての活気」がなくなってしまった町は，いくらでもあります。どういうわけか医者が減って，病院そのものが消滅してしまう町だってあります。しかもこの原因は，「貧乏だから」じゃありません。「生活の豊かさ」を求められる人だけが求めて，それが出来ない人は放置される——その結果の「隔差」で，ただ放置された人は，「放置された人」として置き去りにされ，「貧乏人」という名前さえも与えられないのです。

　「格差社会」と言われるものは，もう少しまともなものです。「格差」を前提にして

成り立っているのが「格差社会」で，今の日本は，「格差があるから格差社会だ」というだけです。

「思いやり」が足りない

「格差」を前提にして成り立っている格差社会は，貧しくともそれなりに生きて行けます。でも，「格差があるから格差社会だ」であるような社会は，その格差が野放しです。「その格差はいかなるものか」ということさえも考えられず，「その原因はどこにあるのか」ということも考えられません。

「このままだと生きて行けない」の崖っぷちに立たされても，ただ「格差がある」です。そんな「格差社会」という言葉の使い方が出来るのは，「自分は安心だ」と言える状態にある人達だけです。そういうものは，「格差社会」なんかではないはずです。

でも日本人は，その現状を「格差社会」と言います。それで平然としていられるのは，日本人がまだ「自助努力」というものを信じているからです。あるいは，「自助努力」というおまじないで，なんとか野放しの「格差」を隠蔽することが出来ると信じているからです。

信じているのは「自分の自助努力」だけで，他人のそれには目を向けません。「自分でなんとかすることが出来なくなった人」——その状況に置かれた人に与えられるのは，「自助努力が足りない」ということを前提にした，「自己責任」という言葉だけです。必要なのは，「格差社会」という言葉を与えることではなく，「思いやりが足りない」ということを認めるだけでしょう。

「自立」という錯覚

「障害者自立支援法」という法律があります。これは，「障害者が自立して行くのを支援し，支援することを促進させ，自立して行くことを支援するのを促進させて行こうとする法律」です。なんだかわけが分かりませんが，はっきりしているのは，支援されたり促進されたりする障害者が，まだ自立をしていないということです。それでどうなるのかと言えば，まだ十分な自立の出来ていない障害者の「自立を促進するための施設」を利用するための費用を，障害者から徴収するのです。ここには「受益者負担の原則」というものが入って来ています。つまり，「まだ自立が十分に出来ていない人達を"もう自立している"とカウントして，受益者負担の原則を適用する」ということです。「あなたは自立をしたいんでしょう？　だったら先に，"自立している人としての費用"を払って下さい」です。どう考えたっておかしいのに，でもこの「障害者自立支援法」という法律は成立してしまいました。なんでこんなものが成立してしまったのかと言えば，それは「自立」に関する錯誤がこの国にはびこっている

からとしか考えようがありません。

　ある自治体では，「生活保護の打ち切り」が問題になりました。生活保護を打ち切られた結果，餓死してしまった人がいて，それで「問題」が大きくなりました。その自治体は，「私は自立を目指すので，生活保護を辞退します」という文書を本人に書かせて，生活保護を打ち切っていたからです。

　「自立したい」は，意思とか願望の問題で，まだ自立が出来ていないから，生活保護を申請したのです。生活保護は，「まだ意思だけでしかない自立」を実現させるために必要なのです。それを，「自立の意思あり」だけで「支援の必要はありませんね」としてしまうのは，無茶苦茶なことです。でも，それが罷り通ってしまうのです。なぜでしょう？

　それは，「自立する」と言ったら，もうそれだけで「その人間を放っといてもいいのだ」と，日本人が考えてしまうからです。つまり，相手の能力の有無を考えず，その相手に「自助努力」を一方的に強制してしまうからです。「あんたは"自立"と言った。だから，あんたにはもう自己責任が発生している。もうこっちには関係ないからね」という，とんでもない論理のすれ違いが起こっているということです。

（中略）

「自立」が社会を占拠する

　今の日本社会の救いのなさは，こうした「錯覚による自立」が社会を占拠した結果だろうと思います。「自分にとって自立というのはどういうことなのか？」を考えるのがけっこう面倒臭いというのは，「その自立した自分と他人との関係はどうなるのか？」という面倒な問題が控えているからです。「自立する」を考えると，「自分で自分をなんとかしなくちゃ」の方向にだけ行ってしまって，「他人との関係をどうするか？」がおろそかになりがちです。だから，「自分は自分なりにちゃんとしているつもりだけど，人間関係が不得意」という人が増えてしまうのです。これはおそらく，「このレースに脱落してはならない」という，受験競争激烈時代の名残りです。

　「お前がちゃんとしていなければいけない」は，「お前一人がちゃんとしていればいい」にもなって，この「ちゃんとしていなければいけない」は，十分に子供へのプレッシャーになります。「自分は"ちゃんとしている"を心がけているのに，あいつはそうじゃない」と思えば，いじめの標的はたやすく発見されます。しかも，その「あいつ」は誰でもいいのです。

今更，人を責めても仕方がない

　展望のない状況を展望のないままに検討するのは，いやなことです。救いがありま

せん。

　早い話,「自立に関する錯覚」をそのまま引き受けて社会人になってしまった人間には,もう「どうすればいいのかを自分で考えろ」とは言えないからです。「どうすればいいのかを自分で考えろ」と言われて育った結果,「自立に関する錯覚をそのまま引き受けて社会人になってしまった人間」が生まれたのです。この人達を責めても仕方がありません。この人達に「自分のあり方を考えろ」と言うことは,事態を余計こじれさせることになるだけです。うっかりすると,「悪くない歯までガリガリと削る」ということになってしまいます。

　この行き止まってしまった社会のあり方を考えるために必要なのは,「今の社会を作っている,行き止まってしまった人間のありようを責めない」というところから始まる,もっと別のアプローチだと思います。

（橋本治『日本の行く道』集英社新書,2007 年 より）

設問1　「医者が減って,病院そのものが消滅してしまう町」が出てきた理由を出題文に沿って考察せよ。また,その解決策に関して君の考えを記せ。（300〜400 字）

設問2　「錯覚による自立」が社会を占拠した結果,どのような社会現象がおこっているか出題文に沿って考察せよ。また,その解決策に関して君の考えを記せ。（300〜400 字）

POINT　課題文は格差社会問題でよく議論になる「自己責任論」を,「錯覚による自立」というとらえ方で批判した文章である。平易に見えてややクセのある文体なので,理解するのに時間がかかるのはやむを得ない。こうした問題に対応するためにも,格差社会問題など現代社会の典型的なテーマについては自分の意見をある程度用意しておくことが重要である。

解　説

> **課題文の要点**　各節の要点は以下の通り。
>
> ❶ 21 世紀の日本に訪れた「格差社会」は，「あるレベルからはずれたら，もう生きて行きにくくなる」という「隔差社会」である。「格差社会」と言われる今の日本は，「格差があるから格差社会だ」というだけである。
>
> ❷「自分でなんとかすることが出来なくなった人」を，「自助努力が足りない」ことを前提にした「自己責任」という言葉で片づける日本人に必要なのは，「思いやりが足りない」ことを認めることだろう。
>
> ❸「障害者自立支援法」が成立し，「生活保護の打ち切り」が罷り通ったのは，「自立する」と言った相手の能力の有無を考えず，その相手に「自助努力」を強制してしまう，「自立」に関する錯誤がこの国にはびこっているからである。
>
> ❹ 今の日本社会の救いのなさは，「錯覚による自立」が社会を占拠した結果だろう。「自立する」を考えると，「他人との関係をどうするか」がおろそかになり，「人間関係が不得意」という人が増えてしまうのだ。
>
> ❺ 行き止まってしまった社会のあり方を考えるために必要なのは，「行き止まってしまった人間のありようを責めない」というところから始まる，もっと別のアプローチである。

設問1

要求　・「医者が減って，病院そのものが消滅してしまう町」が出てきた理由を考察し，解決策に関しての考えを記す。

方針　「医者が減って，病院そのものが消滅してしまう町」が出てきた理由については，下線部の次の文で「貧乏だから」ではないと述べられている。現代は「貧乏人」という概念自体を認めない「隔差社会」であり，「病院そのものが消滅してしまう」という現象が深刻化した背景に，この問題があるというのが課題文の趣旨である。解決策としては，〔解答例〕では地域住民の連帯を軸に，地方病院の環境改善を図る取り組みを挙げている。

> 　医者が減って，病院が消滅してしまう町が出てきた理由は，貧乏な人が増えたからではないと著者はいう。かつての日本は歴然とした格差社会であったが，貧乏人の町には「貧乏な医者」もいた。現代の問題は，あるレベルからはずれた人間の存在を認めず，孤立させてしまうことである。「生活の豊かさ」を求められ

る人だけが求め，それができない人が放置される社会では，たとえば，地域に病院がなくてもより都市部の病院まで車で行ける人は行き，それが不可能な人は無視されるということが起こる。その結果，病院が消滅するに任されてしまうのである。解決策としては，町の住人らが互いに協力して，地域の共有財産としての病院を守っていくことが考えられる。コンビニ受診を慎むなど，医師への思いやりをもって病院の労働環境を改善し，他の医師を呼び込むのである。そのためには，地域をあげて自分たちの健康を守ろうとする，社会的連帯が必要である。(300〜400字)

設問2

要求 ・「錯覚による自立」が社会を占拠した結果，どのような社会現象がおこっているか考察し，解決策に関しての考えを記す。

方針 「錯覚による自立」が何を意味するのかをまずしっかりと理解しよう。「こうした『錯覚による自立』」とあるので，下線部以前を振り返ってみると，前の節の「相手の能力の有無を考えず，その相手に『自助努力』を一方的に強制してしまう」「『…もうこっちには関係ないからね』」という，とんでもない論理のすれ違い」といった記述が「錯覚による自立」の内容だとわかる。次に，「錯覚による自立」によって引き起こされる社会現象を想起してみよう。不安定な非正規雇用の増大，うつ病患者・中高年の自殺者の増加といった事例を取り上げることが考えられる。

解決策としては，誤った自立概念の是正や社会的連帯の再構築，社会保障や社会福祉の制度面での問題解決などが挙げられよう。

「錯覚による自立」が社会を占拠した結果，自殺者の増加という社会現象が起きている。当人の能力の有無に関係なく，自助努力が強制される社会では，自分のことは自分でなんとかしなければならないという意識が強くなる。このため，たとえば働き盛りの中高年や派遣労働者の場合，雇用や経済に関する不安や困難を家族・知人に相談できず，孤立して自殺に追い込まれてしまうのである。さらに，自殺それ自体が自己責任に基づくものとされるため，人々は多発する自殺に対しても無関心なままである。この問題の解決には，自殺を社会問題ととらえ，家族や地域といった相互扶助ネットワークを再構築する必要がある。地域住民の共同作業や，家族で参加できる行事や催しを通じたコミュニケーションの促進，地域の相談窓口の増設などが考えられよう。同時に，雇用問題におけるセーフティネットの拡充や労働環境の見直しなど，自殺原因を減らす対策も行われるべきである。(300〜400字)

32 「食品の安全」確保 テーマ

横浜市立大学（医学部医学科）   目標 **60** 分

　「食品の安全」にかかわる問題が散見されています。これを確保するためにどうしたらよいか，あなたの意見を 1,000 字以内にまとめて述べなさい。

POINT　「食品の安全」という場合，現在の日本では，メーカーなど食品を供給する企業の責任が中心的な論題となる。そこで，いかに企業の社会的責任を全うさせるかについて，的確な議論を展開する必要がある。こうした時事性の強い問題については，視点解説で述べたような基本的知識は押さえておく必要がある。

解　説

要求 「食品の安全」にかかわる問題が散見されている。これを確保するために
どうしたらよいか，あなたの意見。

方針 「食品の安全」の確保というテーマで論述する場合，BSE（牛海綿状脳症）
の発生や，病原性大腸菌 O-157 などによる集団食中毒事件，遺伝子組換え食品の安
全性の是非など，さまざまな問題を取り上げることができる。

　〔解答例〕では食品偽装問題に的を絞り，企業の社会的責任という観点から，近年
注目されているコンプライアンス・プログラムについて述べている。食品偽装は，日
本の食品・流通業界の大きな問題となっており，コンプライアンスの徹底を促す声も
上がっている。こうしたなかで重要なことは，日本の企業体質に合ったコンプライア
ンスを確立させることとその徹底であろう。〔解答例〕では加えて，「食品の安全」確
保のための事前・事後の危険回避策についても言及した。

　なお，食品偽装の頻発を受けて，2003 年に食の安全を総合的に保障する食品安全
基本法が成立し，内閣府に食品安全委員会が設置されて，食品のリスク評価を行う体
制が整備されたことや，近年では，トレーサビリティシステムを導入する企業が多く
なっていることなどに触れてもよい。

　　老舗の菓子メーカーの消費期限切れ問題を発端として，偽装牛ミンチ事件を起
こした食肉会社や製造日の偽装が発覚した製菓会社など，本来，食を安全に提供
すべき企業の社会的責任が現在大きな問題となっている。

　　これらの事件の根底にあるのは，企業の徹底した利益優先主義であり，それが
消費者の利益を無視したモラル・意識の低下につながっていると考えられる。し
たがって，「食品の安全」を確保するためには，企業のコンプライアンスをいか
に徹底させるかが重要である。

　　消費者の利益と安全を守ることは企業の社会的責任の最たるものであり，その
基礎となるのが法令や社会的規範である。企業はそれらを遵守するための計画を
策定・実施し，法令や企業倫理に反するような行動を未然に防がなければならな
い。企業の営利活動において経営者や社員が，一人の個人，市民として遵守すべ
き法令や社会的規範を念頭において業務に従事すれば，「食品の安全」を脅かす
ような事態を防ぐことができると考えられる。

　　また，それとともにコンプライアンスの計画では，事件発生を防ぐことができ
なかった場合に備え，その後のリスクに対する対応策，危険拡大を防止するため
のルールなども策定しておく必要がある。さらに企業は，安全な食品を消費者に

提供する責任とともに，問題が起こった場合，消費者を主体とする利害関係者に問題の詳細を十分に説明する責任（アカウンタビリティ）を果たさなければならない。事件発生後，企業がその時点での状況を把握し，対応策の実施内容と進捗状況，今後の見通しなどをできるだけ早急に説明することで，消費者の不安やパニックなどを回避しうる。

　一方で，「食品の安全」を確保するには，企業だけでなく消費者の努力も欠かせない。消費者自身が食品の生産・流通に関心をもち，正しい知識を身につけたうえで食品を選択する必要がある。さらに，上述のような安全性確保のシステム構築は，企業にとっては，専門家の増員，社内の監視機関設置など，コスト的に負担増となることはいうまでもない。それは，提供される商品の価格に直接的にはね返ることも想定される。その意味で，「食品の安全」確保には相応のコストがかかるという共通認識が，生産者・消費者の双方に形成される必要があるといえる。（1,000字以内）

医学部の頻出テーマ
環境／生物と進化

　環境問題や生物学は，医療に大きな影響を与える分野である。環境の保全は人類や生物の生存を守るための大前提である。また，20世紀に成立した分子生物学の発展は，生物学そのものだけでなく医学にも飛躍的な進歩と新たな課題をもたらした。医療に固有の問題を考える際のヒントを得るためにも，こうした隣接分野の理解を深めておく必要があろう。

🔍 必須キーワード

☐地球環境問題

　地球上の人間活動の急速な拡大によって，地球環境が破壊され，人間や生物の存在基盤が脅かされている問題。特定の地域に発生した限定的な環境悪化ではなく，地球規模で起きている環境問題をいう。現在の世代だけでなく，将来の世代にも深刻な影響を及ぼすと予測されている。

☐生物多様性の減少

　生物の多様性は，安定した生態系と生物の多様な遺伝資源を保全していくうえで重要であるが，20世紀に入ってから，熱帯林の伐採や環境破壊によって，生物種の減少が急速に進行している。国際自然保護連合（IUCN）によると，現在3万2千種以上に及ぶ動植物が絶滅の危機に瀕しているとされる。1992年の地球サミット（国連環境開発会議）では生物多様性条約が採択された。

☐パリ協定

　アフリカのモロッコ（マラケシュ）において2016年11月に第22回国連気候変動枠組条約締約国会議（COP22）ならびに第12回京都議定書締約国会合（CMP12）が開催された。このマラケシュ会議を通じ21世紀末までに温室効果ガスの排出をゼロにすることを世界が約束した「パリ協定」が発効した。国連気候変動枠組条約事務局に提出された約束草案によれば，日本は2030年までに2013年比で温室効果ガスを26％削減するとしている。

🔍 出題傾向

　環境問題は，環境破壊や地球温暖化など，どの切り口で出題されても意見が述べられるようにしておきたい。生物と進化については，生物多様性や進化といったトピックに加え，分子生物学から生命を論じた出題が増えている。

視点❶　地球規模の環境破壊

　人間の活動による環境破壊は，国境を越えて急速に広がっており，地球温暖化，オゾン層破壊※1，酸性雨※2，森林破壊，水資源の枯渇などが，地球全体の問題となっている。同時に，国という枠を超えた協力体制による環境問題解決の道も模索されはじめている。

●○○「地球温暖化」とは何か

　地球温暖化とは，地球表面の大気や海洋の平均温度が上昇する現象のことであり，人為起源の温室効果ガスが原因であるとされている。すなわち，石油・天然ガス・石炭といった化石燃料の燃焼，農業や森林破壊といった人間の活動により，二酸化炭素やメタンをはじめとする温室効果ガスの排出量が増えていることが，温暖化の要因と目されているのである。

　専門家による国際的な地球温暖化研究機関であるIPCC（気候変動に関する政府間パネル）は，2007年の報告書において，各種観測から地球の温暖化は明白だとし，将来の地球の平均気温と平均海面水位のさらなる上昇を予測している。もっとも，少数意見ではあるものの，IPCCの報告には疑問の声も上がっている。ただ，国際世論の流れとしては地球温暖化を重く見て，その影響を憂慮する声が圧倒的である。

　温暖化は，洪水や干ばつ，酷暑やハリケーンの増加，農業への影響，生物種の絶滅等を引き起こしやすく，かつ規模を大きくするといわれている。因果関係についてはっきりと証明できる場合のみではないが，近年起きている暖冬や干ばつ，あるいは異常な大雪などの異常気象には，温暖化の影響が指摘されている。また，南太平洋のキリバスやツバルのような島国や，国土の大部分が干拓地であるオランダなどでは，海面水位上昇による国土の水没も懸念されている。

●○○「京都議定書」以後どういう動きがあるのか

　150カ国以上が参加して二酸化炭素等の削減目標を決めた京都議定書が2005年に発効した。二酸化炭素排出大国であるアメリカは2001年に離脱したが（アメリカの環境政策は，政府の介入を避け，企業の自主規制によって環境保全を進めようという考え方が強い），先進国が期限つきで，法的拘束力のある二酸化炭素削減の目標達成に合意したのは画期的なことであった。

　京都議定書は，2016年に発効されたパリ協定に引き継がれた。パリ協定は，京都議定書とは異なり，主要排出国を含むすべての国が公平に参加する合意である点に特徴がある。日本ではパリ協定の発効を受けて，2050年までに温室効果ガスの排出を全体としてゼロにする脱炭素社会を目指す決定がなされている。

●○○ 福島第一原発事故で私たちはどこへ向かうのか

ところが，日本の温暖化対策だけでなく，世界のエネルギー政策全体に影響を与えかねない事件が 2011 年に起こった。3 月の東日本大震災に伴う東京電力福島第一原子力発電所事故である。これまで原子力発電は，安全性や放射性廃棄物処理の困難さなどが問題視されつつも，地球温暖化対策という点では二酸化炭素を出しにくいクリーンエネルギーの一種と見なされていた。しかし，福島で起きた深刻な事故（原発事故の深刻度を示す「国際原子力事象評価尺度（INES）」において，チェルノブイリ原発事故と同等のレベル 7 と認定）によって，原発が環境や安全に与える脅威がクローズアップされるに至ったのである。事故を機に，日本では脱原発運動が盛り上がり，アメリカでも新原発の計画が停止，ドイツでは脱原発法案が可決されるなどの動きが相次いだ。

不測の事態によって困難さが増した温暖化対策であるが，迅速な対策が必要とされているという事実は変わりない。太陽光・太陽熱・風力・地熱などを利用した再生可能エネルギーへの関心がこれまでにない高まりを見せている。今後，日本は，こうした新エネルギーの開発や省エネ・省資源技術の分野で先進的な役割を果たすことが期待されている。また，

✓大量生産・大量消費・大量廃棄といった私たちの経済活動と生活様式を見直し，環境保全と経済成長を両立させるグリーン経済へ移行することが緊急の課題となっている。

視点❷ 生物多様性と進化

地球に生命が誕生してから 40 億年，多様な生命が生まれては，進化と絶滅を繰り返しながら現在に至っている。進化とは，生物集団の遺伝的構成の時間的変化のことであるが，現在の地球上の生物多様性，すなわち種の多様性，遺伝的多様性，生態系の多様性は，進化によってもたらされたのである。現在，生物多様性の減少が大きな問題となっている。人間の活動が自然環境を大規模に改変し，多数の種を絶滅させるとともに，他の生物の進化にも大きな影響を与えている。

●○○ 進化論はどのように展開してきたのか

進化といえば，ダーウィンを思い浮かべるだろう。ダーウィンの主張では，生物の形質の違いが生存や繁殖における有利不利を生み，より環境に適した形質をもつものが生き残る。こうして生じる自然選択の結果，進化が起こるというものであった。

現在の進化論は，この考えをもとに，その後に発達した集団遺伝学，分子生物学などの知見を加え，統合して成立した理論である総合説が主流となっている。20 世紀

に成立した分子生物学は，これまで生物の形質を観察することでしか知ることのできなかった突然変異を，遺伝子レベルで調べることを可能にした。その結果，遺伝子の突然変異はこれまで考えられていたよりもはるかに頻繁に起こっていること，しかもその大部分は生存に有利でも不利でもなく中立的な変異であるということが明らかになった。つまり，こうした変異には自然選択が働かないのである。中立的な変異による進化は，自然選択による進化と違って，ランダムに起こる。これを遺伝的浮動という。

このように，現在主流となっている進化論（総合説）では，進化は自然選択と遺伝的浮動に加えて，地理的隔離，生殖的隔離など複数の要因によって生じると考えられている。

●●○ 進化論への誤解が優生思想を生む

進化については誤解も多く，それが生物や生命に対する見方を歪めている面もある。たとえば，進化という用語には，生物の形質が改良されるとか，強化されるといった意味合いは含まれていない。したがって，種として新しいヒトのほうが，古い細菌よりも優れているということはない。

また，自然選択という概念も曲解されることが多い。自然選択とは，個体による生存・繁殖確率（適応度）に違いがあるという考えに基づくものであって，「環境に適応できた強者が弱者を淘汰する」とか，「遺伝子に質的な優劣がある」といった意味はない。

このように，

進化に関する概念が誤用されたり，故意に歪められたりすると，思わぬ弊害を生むことがある。

ナチス・ドイツの人口政策などに根拠を与えた優生思想（遺伝的に優良な形質を保存しようとする思想）は，進化論の間違った応用であったことを忘れてはならない。

※1　**オゾン層破壊**
太陽からの有害な紫外線を吸収するオゾン層が破壊される現象。その要因は，冷蔵庫の冷媒，スプレーの噴射ガスなどに用いられてきたフロンガスと考えられている。南極上空にはオゾンホール（オゾン濃度が極端に低い部分）があり，その規模は拡大している。1987年のモントリオール議定書でフロンの生産・消費の廃止が決められた。

※2　**酸性雨**
化石燃料の燃焼や自動車の排気ガスなどに含まれる硫黄酸化物や窒素酸化物が，雨や霧に溶けて酸性雨・酸性霧となる。湖や河川を酸性化し，土壌を変質させるなど，その被害は森林・湖沼をはじめ生態系全体に及ぶ。

33 環境問題に対する二つの立場

山口大学（医学部医学科）　　　　　　　　　　　目標60分

次の文章を読んで以下の問いに答えなさい。

　元来，力学的アプローチと熱学的アプローチは，互いに排斥し合うものというより，同一の事象を複数の角度からみるための相補的な分析手段であると考えられる。たとえば，エネルギー概念を明らかにしようとするとき，力学的アプローチは可逆的なプロセスに着目する。熱と物質の出入りのない閉じたシステム，すなわち，孤立系において，エネルギーは，熱エネルギーから電気エネルギーへ，そしてさらに力学的エネルギーへと形態を変えることが可能であるが，全体としてエネルギーの総量に変化は生じない。ここで，形態変化の順序を入れ替えても，結果に変わりはない。これは熱力学第一法則あるいはエネルギー保存則と呼ばれる，エネルギーの基本的性質の一つである。力学的にみると，エネルギーの形態の変化は可逆的なのである。

　これに対し，熱学的アプローチは，エネルギーの状態の不可逆的な変化に着目する。一般に，エネルギーを消費するにつれてエネルギーの質が劣化してそこから仕事を取り出すのが困難になることが経験的にわかっている。孤立系において，エネルギーの総量には変化がみられなくとも，エネルギーの消費とともに，エネルギーは使用可能な状態から使用不可能な状態に変化していく。そして，一度使用不可能な状態になったエネルギーはふたたび使用可能な状態に戻ることはない。ここで，エネルギーの劣化の程度をあらわす概念としてエントロピーを用いれば，孤立系においては，エントロピーは不変であるか増大することはあっても，減少することはない，と表現することができる。これは，熱力学第二法則あるいはエントロピー増大則と呼ばれる，エネルギーのもう一つの基本的性質である。熱学的にみると，エネルギーの状態の変化は不可逆的である。実際には，エネルギーの形態の変化と状態の変化とは重なって現れることがしばしばであるから，力学的視点と熱学的視点の双方からエネルギーをとらえていく必要があることはいうまでもない。

（中略）

　一般に，生命体は，使用可能なエネルギー源を外部から取り入れて消費し，それを廃物・廃熱という形で体外に排出する主体的なシステムと考えることができる。これを生命系と呼ぶなら，生命系は，系内で生じる余分なエントロピーを主体的に系外に捨てることによって自己を維持する系であるということができる。ここで，生命系が持続可能であるための条件を考えてみよう。生命系が持続的であるためには，低エン

トロピー状態のエネルギーを摂取し，高エントロピー状態のエネルギーを排出することの可能な環境の中に生命系それ自体が置かれなければならない。とりわけ重要なのは，余剰エントロピーの排出機構である。高エントロピー状態の熱は，水を媒介にして大気上空に運ばれ，そこで赤外線放射によって宇宙空間に捨てられる。したがって，水と大気の循環を保障するシステムがないと生命系は存続不可能ということになる。砂漠で生命が育ちにくいのも，水と大気の循環システムが脆弱だからである。ところで，水と大気の循環システムを支えているのは紛れもなく生態系である。それゆえ，生態系の破壊は余剰エントロピー処理機構の破壊としてとらえることができる。

　このように見ていくと，生態系の営みの中で行なわれている物質循環について，それを余剰エントロピー処理機構との関連で考察することが可能になる。その場合，基本的に物質をリサイクル可能と見るか否かによって，立場の違いが生じる。「宇宙船地球号」という概念を用いてリサイクル経済の確立の必要性を提唱したK・E・ボールディングは，地球は物質に関しては閉じているが，幸いにも熱に関しては開いた系であるため，太陽エネルギーを有効に用いて物質のリサイクルを行なうことは可能だとした（ボールディング，1975）。これに対し，「エントロピー経済学」を提唱するN・ジョージェスク=レーゲンは，自然の過程においては熱の拡散と同じように巨視量の物質もまた不可逆的に散逸するものであり，いくらエネルギーを投入しても散逸した物質を完全にもと通りに集めることはできない，として，物質の散逸そのものをできるだけ低く抑えるような経済構造への転換を求めた（ジョージェスク=レーゲン，1981，および1993）。

　ボールディングの議論は，「世界のエントロピーは不可逆的に増大し，最終的には熱死に向かう」といった類のエントロピー法則の終末論的な拡張解釈を批判するのに有効である。だが，他方では，不変の物質の永久的な循環を予想させる点で問題がある。それは，あたかもすべての物質が円環運動によって初期状態に戻ることが可能であるかのように思わせる。ジョージェスク=レーゲンの方は，このような物質循環に関する力学的アプローチ，すなわち，どこまでいっても初期条件に戻ることができるような可逆的運動として物質循環をとらえる視点を批判する上で有効である。しかし，なるべく物質を消費しないように生活水準を引き下げるべきだという主張に道を開いているように見える点で問題があろう。

　（丸山真人「エコロジー批判と反批判」，『環境と生態系の社会学』岩波講座，1996年 より
　　一部抜粋，改変）

設問 1 内容にふさわしいタイトルを付けなさい。（30 字以内）

設問 2 ここで述べられている「生態系の役割」とは何か。（50 字以内）

設問 3 具体的な環境問題を例にあげ，本文に示された二つの立場から説明しなさい。（250 字以内）

設問 4 設問 3 であげた環境問題の解決には何が必要か，本文に即してあなたの考えを述べなさい。（250 字以内）

POINT 環境問題に関して，エントロピーという熱力学の概念をキーワードに，根源的な部分で対立する二つの考え方をテーマにした出題である。二つの立場の対比を意識しながら読んでいくことで，理解が容易になるだろう。なお，エントロピーという言葉は今やさまざまな分野に引用されている。課題文中の「エントロピー経済学」も，エントロピーの概念を経済学に比喩的に取り入れたものである。

解　説

> ▎**課題文の要点**　各段落の要点は以下の通り。
>
> ❶・❷元来，力学的アプローチと熱学的アプローチは，相補的な分析手段である。前者はエネルギーの形態の可逆的な変化に着目するのに対し，後者はエネルギーの状態の不可逆的な変化に着目する。
>
> ❸エネルギーを摂取・排出するシステムとしての生命体＝生命系が持続可能であるためには，生命系が置かれる環境，とりわけ水と大気の循環による余剰エントロピーの排出機構が重要である。
>
> ❹生態系の中での物質循環を，余剰エントロピー処理機構との関連で考察する場合，物質をリサイクル可能と見るか否かによって，立場の違いが生じる。物質のリサイクルを可能としたボールディングに対し，ジョージェスク=レーゲンは，物質は熱と同様に不可逆的に散逸し，もと通りに集められないとした。
>
> ❺ボールディングの議論は，不変の物質の永久的な循環を予想させる点で，ジョージェスク=レーゲンの議論は，なるべく物質を消費しないように生活水準を引き下げるべきだという主張に道を開くように見える点で，問題がある。

設問1

▎**要求**　内容にふさわしいタイトル。

▎**方針**　課題文は，環境問題に関する二つの立場を対比しつつ考察している。そして，両者の決定的な違いについては，第❹段落に「基本的に物質をリサイクル可能と見るか否かによって，立場の違いが生じる」と述べられている。両者の対比を最も明確に示すポイントとして，この前後に注目してまとめればよい。

> 生態系における物質のリサイクル可能性に関する二つの立場（30字以内）

設問2

▎**要求**　ここで述べられている「生態系の役割」とは何か。

▎**方針**　第❸段落では，自己を維持するシステムとしての生命系の働きと，それを支える生態系の役割について述べられている。「とりわけ重要なのは…」以下の箇所を，

生態系に焦点を絞って要約しよう。

> 水と大気の循環システムを支えて余剰エントロピー排出機構を確保し，生命系の存続可能性を保つ役割。(50字以内)

設問3

要求 具体的な環境問題。

条件 本文に示された二つの立場から説明する。

方針 物質のリサイクル可能性について見解を異にする二つの立場から説明するのであるから，リサイクルがからむゴミ処理問題を取り上げると論じやすいであろう。〔解答例〕の他に，第❸段落の記述との関連で地球温暖化問題を取り上げるのもよいだろう。

> 環境問題の一つとしてゴミ処理問題がある。増大し続けるゴミにどう対処するかについて，リサイクル経済の立場では，ゴミは太陽エネルギーを用いて有用な物質に戻せるとする。ゴミが無用なものとして捨てられ，放置されることのないよう，リサイクルを推進して循環型社会を実現すべきである。一方，エントロピー経済学の立場では，一度消費した物質は完全にもと通りになることはない。さらにゴミの処理過程でエネルギーを使えば，その分何らかの形でゴミが生まれる。ゆえに，大量のゴミを生じる消費社会そのものが見直されるべきである。(250字以内)

設問4

要求 設問3であげた環境問題の解決には何が必要か，あなたの考え。

条件 本文に即して述べる。

方針 環境問題は地球規模の問題であるから，切れ味のよい具体的提言は難しい。多少抽象的であっても，筋の通った論述を心がけるようにしたいところである。〔解答例〕では，完全なリサイクルは不可能との立場から，過剰な消費を抑えた新たなライフスタイルを先進国が率先して築くことを提案した。

> 今後，世界人口の増加や開発途上国の経済発展に伴い，ゴミのさらなる増大が予想される。そこで，物質の完全なリサイクルは不可能だというより厳しい立場から，ゴミ処理問題の解決策を考えるべきだろう。すなわち，なるべく物質を消

費しないライフスタイルへの転換である。ところが，この発想が先進国のエゴと結びつけば，開発途上国の生活向上を抑えつけることになってしまうだろう。消費規模が大きく，ゴミを大量に排出する先進国こそが，物質の消費に制約を設け，新たなライフスタイルの構築を急ぐべきなのである。（250字以内）

34　遺伝的多様性と進化

金沢医科大学（医学部）　　　　　　　　　　　　　　　　　　目標 **60** 分

課題文を読み，300 字以内で要約しなさい。

　種は生物分類の基本単位である。われわれは，形態や生態，生活形式などによって，ある生物集団から別の生物集団を明確に区別することができる。そのような生物集団を「種」と定義している。

　太古の人は，世界にどれほど多くの生物が生息しているか，見当もつかなかっただろうが，生態系の中で暮らしていたので，おそらく一般的な現代人よりも直感的に種の区別がついていたに違いない。少なくとも，食べられる・食べられないという区別は切実だったはずだから，食糧確保の観点から食べられる生物については熟知していたはずだ。

　そういった程度の違いはあるが，いわゆる「種を認識する能力」は人間に本来備わった能力であるようだ。生物学的な訓練を受けた科学者とパプア・ニューギニアの狩人が，現地で認識した鳥の種数はほとんど同じだったという。

　厳密には，ある種は系統をさかのぼっていけば，別の種と連続的につながる存在である。連続的なものが，進化の結果不連続なものとして，つまり「切れた」ものとして，人間に認識可能になった。これを種と呼ぶのである。だから種は不変のものではない。化学物質のように，不変の同一性によってコードできるものではないのだ。

　生物が進化するということがわかる以前，種は不変であると考えられていた。分類学の父といわれるカール・フォン・リンネの階層分類体系（低次分類群をまとめ，その集合を順次上位の分類群として設定していく体系：リンネは種・属・目・綱を定めた）は，種は変化しないという前提で構想されたものだ。そのように，種が不変の同一性をもっているのなら，同一性の本質を見つけ出し，それをもって種を定義すれば，種は化学物質と同様に厳密なものとなり得る。しかし，生物は進化し，種は分化する。

　昆虫はべらぼうに種数が多い。それに対し，現生人類は 1 種である。なぜ分類群によって種の数に大きな違いがあるのか。それは種多様性の大きな謎のひとつである。この謎に答えるのは難しいばかりでなく，生態学の枠組みからはずれるため，疑問として取り上げられること自体が少ない。種数に差が生じるのは，ただの偶然なのだろうか。

　ひとつ考えられるのは，昆虫とほ乳類とでは，種自体をつくるシステムが違うということである。つまり，昆虫とほ乳類では「種が同じ」というときのレベルがことな

るのではないか。分類学者は形態だけでなく交配可能性などの観点から違いを認識しているが，発生システムの違いなどは勘定に入れていない。

たとえば，チンパンジーとヒトは，98.77％までゲノムが一緒なのに，チンパンジーとヒトとは別の種であり，交雑は不可能だ。かつて遺伝子至上主義者の中には，ヒトの受精卵から核を除き，代わりにチンパンジーの核を移植して母胎に戻せばチンパンジーが生まれると主張した人もいたが，それはあり得ない。チンパンジーの遺伝子発現システムとヒトのそれはかなり違うからだ。主従関係でいうとシステムが主で遺伝子は従であると考えられる。ヒト卵の中でチンパンジーが育つことはないだろう。

昆虫の場合は，一発の突然変異で別の種になってしまうということが起こるのだろう。人間は，遺伝子の配列が多少変わったとしても，種としての同一性を維持できるのではないだろうか。

ほ乳類は種を支えているシステムのフレキシビリティが高くて，少々いい加減なことをやっても元に戻ることができる。昆虫はその幅が狭く，変なことが起これば別の種になるか死ぬしかない。だから種が増える。つまり，多様化するのである。昆虫や魚は，ハイブリッドから新しい種ができることがあるが，ほ乳類はそう簡単にハイブリッドはできないし，それが種として固定することは難しい。

たとえば，エチオピアにはアヌビスヒヒとゲラダヒヒの混群がある。アヌビスヒヒ（ヒヒ属）とゲラダヒヒ（ゲラダヒヒ属）は別種だが，交雑して子孫を残している。それでも種が混ざることはないのである。

ほ乳類は，簡単に新しい種にはならない。昆虫の場合は種を超えて交雑すると，いきなり別の種の創設群になることがある。そういう意味では，昆虫の方が進化に対するフレキシビリティは高く，種のフレキシビリティは低い。

種は分岐して増えていくが，今後人類から新しい種ができることはあるのだろうか。人類は遺伝的多様性があまり高くない。生物は，広い範囲にすんで個体数が多ければ多いほど遺伝的多様性が高い。人間は世界中に分布していて，人口も70億と多いのだが，遺伝的多様化はあまり進んでいないといえる。人間の歴史はたかだか16万年で，種が確立すると同時にあっという間に世界に広がった。高い遺伝的多様性を獲得するほど，進化的な時間がたっていないのだ。

（池田清彦『生きているとはどういうことか』より，一部改変）

POINT 要約のポイントは，「具体は捨て，抽象を拾う」である。あまり細部にこだわらず，筆者の主張の中心的命題をそのまま要約してまとめるのがよかろう。

解 説

要求 課題文の要約。

方針 要約する場合は，基本的には段落ごとに中心命題を要約し，それを制限字数内に収めるのがやり方としては穏当であろう。また，具体例は省き，要点のみをつなげていくことも必要である。

生物分類の基本単位である種を認識する能力は，人間に備わっている。しかし種は同一性を維持する不変のものではなく，分化する。分類群による種の数の違いは，種を支えるシステムの融通性に由来すると考えられる。昆虫は種数が多いが，それは1回の突然変異で別の種になったり，種を超えて交雑し別の種の創設群になったりするからであり，進化に対する融通性が高く，種の融通性は低い。一方，ほ乳類はその発生システムにより，遺伝子に多少変化が生じても復元され，種を超えて交雑しても種は混ざらない。生物は広い範囲に生息し個体数が多いほど遺伝的多様性も高いが，人間の歴史は浅く遺伝的多様性を獲得するほど進化的時間は経過していない。(300字以内)

感染症と衛生

13

　人類は長い間，感染症に苦しめられてきた。感染症との戦いは，医学の歴史の中心をなすといっても過言ではない。現在では，公衆衛生の向上や予防接種，検疫など，対策の徹底によって死亡率は低下してきたが，一方で新興感染症が世界的に大流行するなど，感染症は今なお人類にとって大きな脅威である。ここでは疾患そのものだけでなく，感染症に対する偏見や差別の問題も含めて，よく理解しておこう。

🔍 必須キーワード

□感染症

　細菌・ウイルス・寄生虫などの病原微生物（病原体）が身体の中に入り込むことで引き起こされる疾患の総称。特に，同じ種類の感染症が連続的に発生する場合を伝染病という。細菌が病原となるものに結核，ペスト，ハンセン病，ウイルスが病原となるものに天然痘，麻疹（はしか），インフルエンザなどがある。

□新興感染症

　1970年代以降に新たに発見・認識された感染症。グローバル化の影響で，原因や治療法が解明されないまま世界的な感染拡大が起こる危険性がある。HIV感染症／エイズや新型インフルエンザ，新型コロナウイルス感染症などがある。

□再興感染症

　一度は発症者が減少し，克服されたと思われていた感染症で，病原体の耐性強化などにより，近年再び公衆衛生上の問題となっているもの。結核，マラリアなど。結核薬が効かない薬剤耐性結核も増えている。

□日和見感染

　口腔や鼻腔など我々の体内や皮膚の表面には常在菌というさまざまな微生物が付着している。また，我々を取り巻く環境にも無数の微生物が存在している。健康な状態の時にはこれらに対する抵抗力があるが，抵抗力が低下している際は微生物の繁殖により，病気に罹患する。この種の感染を日和見感染という。

🔍 出題傾向

　感染症と衛生は，現代の感染症を取り上げた出題のほか，歴史的な感染症対策に触れた出題も見られる。感染症をテーマとした出題は，英語小論文としても出題されているので，学習の際にテクニカルタームを整理するなど，配慮が必要である。偏見の問題も含め，適切な対策が論じられるようにしておこう。

視点❶　感染症の脅威

　人類の歴史を見れば，ペスト，天然痘，コレラ等の大流行は時に文明を存亡の危機にまで追いやり，14世紀ヨーロッパにおける黒死病（ペスト）の流行は，ヨーロッパの人口の約4分の1が死亡したといわれるほどの猛威をふるった。

　近代に入って，1796年にイギリスの医師ジェンナーが天然痘ワクチンを開発し，1929年にイギリスの細菌学者フレミングが世界初の抗生物質ペニシリンを生み出すなど，医学の進歩により多くの感染症が克服されてきた。しかし，その一方で，HIV感染症／エイズ（AIDS，後天性免疫不全症候群）やエボラ出血熱，腸管出血性大腸菌O-157感染症，SARS（重症急性呼吸器症候群）などの新興感染症が次々に確認された。また，一度は克服されたかに見えた結核が静かにまん延するといった，再興感染症と呼ばれる現象も起きている。結核は，高齢化や外国人労働者の増加に伴い発病者が増えたため，結核罹患率の低下が鈍化した。1999年には「結核緊急事態宣言」が発せられている。2020年には人口10万人あたり10.1人と我が国は結核の「中まん延国」となっている。その背景には，結核への関心低下と高齢患者が無症状であることが多く，診断が遅れることなどがあると考えられる。

●◐◯新型コロナウイルス感染症の世界的大流行

　グローバル化によって感染症が国境を超えて急速に世界中に広がる事態に直面している。たとえば新型インフルエンザが該当するが，2020年からパンデミックを引き起こした新型コロナウイルス感染症は，我々の生活を一変させた。

　新型コロナウイルス感染症のパンデミック以降，「感染症との共生」がキーワードとなった。ワクチン開発後も変異株が発生しており，未知の脅威も考えられないではない。そのような中で人間の行動ベクトルは明らかに向きが逆行した。「集合」から，「離散」へという変化である。本質的なところから解きほぐして考えると，我々生物の本性からは現状の生活は離反しているともいえる。そもそも我々人間を含めた生物は，集まる習性がある。草原に生きる生物を見てもその性質は見て取れる。彼らは群れることで，分業や協調行動を可能とし餌の獲得率を高めているし，外敵からも身を守る。行動をともにすることで群れの中に連帯感が生まれ，交配を通じ遺伝子も多様化する。集まり群れることで生じる利益を生物は本能的に感じているのである。

　人間にも「集合」する形態が多い。古代ギリシャの「アゴラ」は人々が集う公共空間であったし，我が国の「寄り合い」は村の協議の場であった。「鳩首協議」という密すぎる用語さえある。その他，親睦を深める歓送迎会，祭りなどあまたの集まる場が散見される。集まることで絆や和が生じ，語り合い，意見を交え，生きた会話から信頼が生まれる。誰もが疑うことのなかったこの生物本来のあり方が，新しい生活様

式で，変化するきざしを見せた。

　買い物はすいた時間にすませる，公共交通機関の使用は混雑時を回避するなど，数多くの条件が並ぶ。食事などの本質的な行為も大皿を避け，会話は控えるなどの制約が出されている。これらの制約に見て取れる共通項は，人間が獲得した言葉や，交流などという類を可能な限り排除すべしという方針である。

●○○宿主を殺さないウイルスが生き残る

　ウイルスの中には，宿主細胞内で子孫を殖やすが，細胞には見かけ上何の害も与えないものや，ウイルスの遺伝子が細胞の遺伝子の中にはまりこんでいるものもある。しかし，ウイルスの種類によっては，宿主細胞に傷害を与え，自らの子孫を殖やした結果，宿主を殺してしまうものがある。これが病原ウイルスである。ウイルスは宿主を殺してしまうと，自分の子孫を殖やす宿主がいなくなるため，強毒のウイルスは宿主とともに消滅へと向かう。一方，宿主を病気にするが，死に至らしめるほどの強毒性はないものが，人間や他の生物と共存し，共生するため，生き残ることができる。

　疫学研究の専門家である山本太郎は『感染症と文明―共生への道』において，強毒ウイルスは感染者と非感染者との接触頻度が低下することによって，自らの強毒性により消滅していくと述べている。そして長い目でみれば，強毒ウイルスは消滅していき，弱毒ウイルスが優位となり，ウイルスとヒトとの安定した関係が築かれるという。新型コロナウイルスも強毒の株は消滅へと向かい，弱毒の株が新たに置き換わって生き残るということが考えられる。

視点❷　日本の新型コロナウイルス感染症への対応

●○○日本の病床数と医療現場の崩壊

　OECD（経済協力開発機構）のデータによると，日本の病床数は人口1,000人当たり13.0床で，米国2.9床，ドイツ8.0床と比較しても人口当たり病床数は多い。それにもかかわらず，新型コロナウイルス感染症の流行により病床がひっ迫して医療体制が崩壊するという事態に陥った。多くの病院がひっ迫した現場を国や自治体に訴え，基礎疾患を持ち重症化しやすい患者でさえ自宅や宿泊療養となる事例も見受けられた。

　日本の病床がひっ迫し医療現場が崩壊した背景には，受け入れる病院の少なさがあった。国内の累計感染者数が7万人を超えた2020年9月に実施された厚生労働省の調査によれば，急性期病棟を持つ4,201病院のうち新型コロナ患者の受け入れ実績があるのは，公立病院53％，公的病院69％，民間病院14％にとどまっていた。欧州では，多くの病院が行政の意向を反映しやすい大規模な公的病院で，新型コロナ患者の受け入れも比較的可能である。

　また，日本は医療スタッフ数が十分とはいえないことも指摘されている。OECDによると，日本の医師数は，35カ国中28位の人口1,000人当たり2.5人で，ドイツ4.3人，フランス3.4人，英国3.0人，米国2.6人と比較しても少ない。新型コロナ重症患者が入るICUの専門医もドイツには約8,000人いるのに対し，日本は2,000人程度である。日本では，病院全体の約8割を占める民間病院の多くが200床以下の中小規模で，スタッフも限られ感染症対策の設備も整っていない。こうしたことが，病床ひっ迫の要因と見られている。

　また，そもそも日本の病床数は諸外国と比較して多くないという指摘もある。日本の病床は，精神科病床，長期ケア病床が多く，有床診療所の形態があり，急性期病床とリハビリテーション病床の区分がないという特徴がある。精神科病床は諸外国の場合人口，1,000人当たり1床以下であるのに対し，日本は2.6床で，長期ケア病床についても諸外国は65歳以上の人口1,000人当たり1〜2床程度であるのに対し，日本は9.5床である。この数字の背景には，諸外国は精神科施設や長期ケア施設を「施設」に分類し，「医療機関」としていないため病床に組み込まれないということがある。こうして考えると，分類の違いを考慮すれば日本の病床数は諸外国に比べて多くはなく，病床ひっ迫や医療体制の崩壊につながっているとも考えられる。

▶▷▷ 院内感染を防ぐには

　感染症に関して医療従事者が常に警戒すべきことの一つに，院内感染が挙げられる。体力や免疫力が低下している患者は，病原体に対する感染のリスクが高く，健康体であれば問題ない病原体でも感染すると発症し，重症化したり，死亡するケースもある。さらに，薬剤の効かない病原体，すなわち耐性菌の存在も大きな脅威である。MRSA（メチシリン耐性黄色ブドウ球菌），VRE（バンコマイシン耐性腸球菌）のような多剤耐性菌の場合，ほとんどの抗生物質が効かないため，発生の未然防止が重要とされる。

　院内感染の発生を防ぐためには，院内感染が起こりうるという前提で対策を立てる必要がある。手洗いの励行やマスク・手袋の着用，消毒の徹底など，まず起こらないようにするリスクマネジメントに加えて，院内感染が実際に起こった場合，被害を最小限にとどめるクライシスマネジメントが重要になる。あらかじめ機動性のある行動計画と対策を立てておくこと，職員の感染症対策教育を徹底することなどが求められる。

　こうした対策を進めるうえで，感染症対策に従事するスタッフを充実させること，特に感染症専門医と日本看護協会が認定している感染管理認定看護師の増員を図ることが重要との指摘もある。

35 疫病対策の二つの立場

日本医科大学（医学部）　　　　　　　　　　　　　　　　　　目標 **60** 分

　次の文章を読み，疫病対策についての 2 つの立場を明確にしつつ，あなたの意見を 600 字以内で記述しなさい。

　14 世紀半ばの黒死病大流行の後，ヨーロッパ各国では伝染病対策が危急のものとなるが，ミラノ大公の G・G・ヴィスコンティ（Gian Galeazzo Visconti 1351-1402）がとった方策は一つのモデルとなった。ミラノに近いソンキノで 1398 年に疫病が発生した際，ヴィスコンティは，ソンキノからやって来る者は誰であれ，ミラノに入ることを禁じた。さらに彼は，翌 99 年に，感染者はその自宅に監禁すればよいというミラノ市議会の案をしりぞけて，疫病の感染者を全員，特別の病院に隔離収容し，感染の疑いのある者もミラノの外に追放した。

　また，イギリスで 1604 年に制定された「疫病法」は，感染者が出た場合，本人とその家族全員を自宅に監禁し，そこからの人の出入りを民兵によって禁止させ，さらに感染者の衣服や寝具を残らず焼却する権限を，地方政府関係者に与えた。

　これらの疫病対策が，感染者一人一人を気づかうものでないことは明らかだ。それがまず第一に守ろうとしたのは，まだ感染していない健康な人びとの利益であり，そのためには，すでに感染した者の健康や生命を犠牲にすることさえ勘定に入れられているのである。

　「益を与えよ，さもなくば無害であれ」—「流行病」（第一巻）と題された論考の中で，ヒポクラテス（と総称される著作者たち）は，医師の心得をそのように説いているが（ヒポクラテス 1963，124 頁），この論考で興味深いのは，ヒポクラテスが流行病について書きつつ，感染という現象には全く注意を向けず，それゆえ感染者の隔離を必要な方策として説いてもいない点である。少なくともこの論考において，ヒポクラテスは，症例を丁寧に記述しながら，それがどのような経過をたどり，予後がどのようなものかを詳らかにするだけである。ヒポクラテスは，すでに流行病にかかった人びとに対して「益を与えよ，さもなくば無害であれ」と言っているのである。

　上のヴィスコンティや，イギリスの「疫病法」に見られるのは，これとは全く逆のベクトルである。それは，健康な人びとに対して「益を与え」「無害であろう」とするのであり，そのためには，すでに感染した患者に対して「益を与えず」「有害である」ことさえ正当化されているのである。

（市野川容孝「隔離される身体」，荻野美穂編『身体をめぐるレッスン 2　資源としての身体』より）

POINT　疫病※1（感染症）対策を歴史的に見ると，ヨーロッパでのペストの流行以降，感染症の蔓延を防ぎ，患者を隔離する政策がとられてきたが，現在はワクチンの開発や細菌学の発達などによって，多くの感染症の予防・治療が可能になっている。非感染者の保護（感染防止）と，感染者の保護という二つの考え方は，感染症対策を考えるうえで重要な視点である。

解　説

> **課題文の要点**　各段落の要点は以下の通り。
>
> ❶～❸ 14 世紀末のミラノ大公・ヴィスコンティによる伝染病対策や，イギリスで 1604 年に制定された「疫病法」が第一に守ろうとしたのは，まだ感染していない健康な人びとの利益であり，そのためにはすでに感染した者の健康や生命を犠牲にすることさえ勘定に入れられた。
>
> ❹ ヒポクラテスは，「流行病」と題された論考の中で，感染者の隔離を必要な方策として説いていない。すでに流行病にかかった人びとに対して「益を与えよ，さもなくば無害であれ」と言う。
>
> ❺ ヴィスコンティやイギリスの「疫病法」に見られるのは，健康な人びとに対して「益を与え」「無害であろう」とする全く逆のベクトルであり，そのためには，すでに感染した患者に対して「益を与えず」「有害である」ことさえ正当化されている。

要求　文章を読み，あなたの意見。
条件　疫病対策についての 2 つの立場を明確にする。

方針　二つの立場を要約したうえで自己の立場を述べるわけだが，自説としては感染者重視の立場も非感染者重視の立場も，やや極端にすぎる。基本的には，両者の利益を考慮した，バランスのとれた意見論述を心がけるとよいだろう。〔解答例〕では，そのうえで例外的な極限状況における判断の基準についても述べている。

> 疫病対策には二つの立場がある。一つは，ペストの流行に対するヴィスコンティの政策やイギリスの「疫病法」のように，まだ感染していない健康な人々の利益を重視する立場である。この立場においては，健康な人を疫病に感染させないことが第一とされ，感染者の自由，さらには健康や生命を犠牲にすることも認められる。もう一つは，ヒポクラテスのように，感染者の利益を重視する立場である。この立場では，感染そのものには目を向けず，感染者の利益が優先され，それが無理でもせめて患者に対して無害であるべきとされる。
>
> このように，感染者を重視するか，それ以外の健康な者を重視するか，という二者択一を迫られるのは，医療技術が未発達で，疫病対策の手法や資源も限られていた時代ゆえだろう。疫学的知見が蓄積され，技術の進歩した現代の医療においては，双方の利益を守りながら疫病対策を行うことは十分可能であり，医療者

は常にバランスよく両者に配慮すべきだと考える。

　具体的には，感染症について行政や市民などと情報を共有し，発生前・発生後に有効な予防策をとると同時に，感染者に対しては患者の人権を尊重して治療にあたる必要がある。ただ，災害時など，両者に配慮する余地がない事態が万一生じたら，その時は迷わず感染者の利益をとり，早期治療とケアに努めるべきである。医療者は，原則としてより危険な状態にある者を優先すべきだからである。
（600 字以内）

※1　**疫病**
　古くは伝染病の大流行を疫病といった。日本では，明治時代に伝染病予防法が制定され，コレラ，赤痢，痘そう（天然痘），ペストなどが法定伝染病に指定されたが，1998 年に感染症法が制定され，感染症という用語が一般に使用されるようになった。

36　感染症との共生　　　　　　　　　　　　　　　課題文・資料

福岡大学（医学部医学科）　　　　　　　　　　　　　　　　　　　　目標 60 分

次の文章を読んで，以下の問いに答えて下さい。

麻疹と結核の謎

プロローグで述べた麻疹の謎を振り返ってみよう。

都市が出現し，麻疹が定期的に流行するようになった国や地域で，以前は高かった麻疹の死亡率が低下した。一方で，人口規模が小さいため，何十年かに一度，突発的な流行を起こしてきた場所―具体的には極地の村や大洋の島々―では，麻疹は相変わらず高い死亡率を示した。死亡率の低下は，近代医学導入以前に起こった。

結核もまた，近代医学導入以前に死亡率が減少し始めた病気である。

産業革命を経て工業都市が成立するに至り，結核は 19 世紀ヨーロッパにおける最大の感染症となった。汚れた大気，密集した都市での暮らし，換気の悪い工場での長時間労働によって結核が流行した。ドイツの作家トーマス・マンは，代表作『魔の山』で，1900 年代初頭のアルプスの結核療養所を舞台に，人間の生と死を描いた。

図1は，1910 年以降の結核死亡者数を示す。実は，過去 150 年間にわたって結核死亡者数は一貫して減少している。そうした減少は，コッホによる結核菌の発見（1882 年），BCG ワクチンの開発（初めての人体投与が 1921 年），抗生物質の登場と導入（結核治療に用いられたストレプトマイシンの発見は 1943 年）以前から始まっ

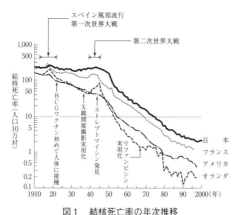

図1　結核死亡率の年次推移
（厚生労働省健康局結核感染症課監：結核の統計2004，結核予防会）

ている。ワクチンや抗生物質が，結核による死亡者の減少に貢献したことは疑いがない。しかし死亡率の低下曲線から見るかぎり，それらの影響は限定的だ。減少をもたらした要因として，栄養状態の改善，居住環境の改善，労働環境の改善，あるいはその複合的効果が考えられる。しかし，それらが結核死亡の減少にどの程度影響を与えたかについては，はっきりとはわかっていない。

第二章で述べたように，結核が流行するようになる以前，11〜14 世紀のヨーロッパではハンセン病が流行していた。それに続く世紀において，この疾病の流行はゆっくりと下火になっていった。当時，ハンセン病の原因はわかっておらず，治療法も確立されていなかった。患者の減少についていくつか説明がなされているが，いまだに謎は残る。

多くの専門家が，感染症の病原性は，病原体に固有のものと考えてきた。あるいは，宿主（患者）がもつ抵抗性との相対的な関係で決まると考えてきた。例えば，健康な人には病気を起こさない感染症でも，臓器移植後に免疫抑制剤の投与を受けている人や，後天性の免疫不全状態にある人にとっては，しばしば致命的なものになる。

しかし，19 世紀から 20 世紀にかけての結核による死亡者数の推移や，麻疹の病原性の変化は，病原体の「病原性」が固定されたものではなく，社会の変化や人々の暮らしぶりによっても変わるという可能性を示しているのではないだろうか。

人間の行動と病原体の進化

人々の行動が選択圧となって，病原体が進化することがある。念のため付け加えると，ここでの進化とは，環境（宿主も含む）への適応によって病原体の性質が変化することであり，「優れた」病原体となることではない。

筆者は，単純な数理モデルを用いて，次のようなシミュレーションを行ったことがある。潜伏期間が短く，感染効率および致死率の高いエイズウイルス（強毒 HIV 株）と，潜伏期間が長く，感染効率および致死率の低いエイズウイルス（弱毒 HIV 株）がどのように流行するかを，集団の性的交流パターンを変えて比較した。

結果は図２のように，短期的（5〜100 年程度）には，性的交流が穏やかな集団では，全体の HIV が穏やかにしか流行しないなかで，弱毒 HIV 株が優位に流行し，性的交流が活発な集団では強毒 HIV 株が優位になった。このことは，エイズの流行において，人々の行動がウイルス株を選択する圧力になりうること，そしてその選択は強毒株を選択する圧力にもなれば弱毒株を選択する圧力にもなることを意味する。ただし，さらに長い 500〜1000 年後を見ると，いずれの集団においても，弱毒株が優位になる。

こうした結果は，流行の初期段階からエイズの研究を行ってきたヤープ・ハウシュ

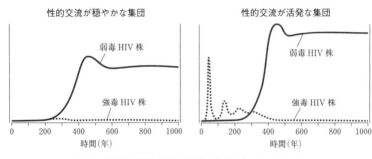

図2　強毒 HIV 株と弱毒 HIV 株の流行シミュレーション

ミットたちの研究結果ともよく一致する。

　西欧社会でエイズが流行しはじめた 1980 年代前半から，新規感染のピークを過ぎた 1990 年代にかけて，アムステルダムの男性同性愛者を対象として追跡研究が行われた。エイズの平均潜伏期間は，同性愛者間の新規感染がピークを迎えた 1980 年代後半で最も短く，その前後の時期で長くなっていた。

　1980 年代初頭，アムステルダムの若く性的に活発な同性愛者の年間の新規感染率は 8 パーセントにも上り，頻繁なウイルスの伝播が起こっていた。そうした頻繁なウイルスの伝播が，毒性の高いウイルスの選択に寄与した可能性がある。転換点は，ウイルス交換を抑制する安全なセックスを推奨するキャンペーンが成功した 1980 年代半ばであった。それ以降，男性同性愛者における HIV の流行は穏やかになり，平均潜伏期間も延長していった。

　強毒 HIV 株は，その高い感染力と致死性，短い潜伏期間ゆえ，宿主を消耗しつくしていく。つまり，新たな宿主が次から次へと供給される環境でのみ生存が可能となる。別の言い方をすれば，感染者と非感染者の接触頻度が低下すると，強毒ウイルスは，自らがもつ「強毒」という性格ゆえに消滅することになる。そして長い目で見たとき，強毒ウイルスは，自らの生存を支える宿主集団（HIV 感染でいえば，性的交流の活発な集団）を巻き込みながら消えてゆき，潜伏期間が長く，感染効率と致死性の低い弱毒ウイルスが優位となる。このようにして，ウイルスとヒトとの間にある種の安定した関係が築かれていくのである。

（山本太郎『感染症と文明—共生への道』より一部改変）

設問1　図1をみて，日本と諸外国の大きな違いは，どこにあるのか，またその背景に何があるか，あなたの考えを述べて下さい（300 字以内）。

設問2　感染症との共生について，あなたの考えを述べて下さい（400 字以内）。

POINT　感染症と人間の共生について，感染症の病原体が人間の社会や人々の暮らしによって変化することと，それによって感染症と人間が共生してきた歴史を課題文から読み取ることが重要である。

解　説

課題文の要点　各段落の要点は以下の通り。

❶〜❽麻疹や結核は，近代医学導入以前に死亡率が減少し始めており，その原因は明確にはわかっていないが，感染症の病原性は病原体固有のものではなく，社会や人々の変化によって変わる可能性を示しているのではないか。

❾〜⓫強毒 HIV 株と，弱毒 HIV 株の流行に関するシミュレーションでは，性的交流が穏やかな集団では全体的に穏やかにしか流行せず，弱毒 HIV 株が優位に流行し，性的交流が活発な集団では強毒 HIV 株が優位になったことから，人々の行動がウイルス株を選択する圧力になることがわかる。

⓬〜⓯性的交流が穏やかな集団，活発な集団ともに，長い期間を経ると弱毒株が優位になることから，強毒株は宿主とともに消えていき，弱毒株は残る。こうしてウイルスとヒトとの間に安定した関係が築かれていく。

設問 1

要求　図 1 をみて，日本と諸外国の結核死亡率の大きな違いと，その背景に何があるか考えを述べる。

方針　グラフを見ると，日本は 1950 年頃までは他国よりも死亡率が高い水準のまま推移しており，その後，他国と同様の減少傾向が見られるが，2000 年頃に他国と異なり再び数値が上昇する動きを見せている。その点を考慮に入れて論じることが重要である。また，その背景に何があるのか，自らの知識を動員して導き出すことが必要である。

　日本のこのような特徴の背景には，まず，1950 年頃まで，欧米諸国に比べ日本の医療体制が遅れていたため，BCG ワクチンの接種率が低かったことが考えられる。

　また，2000 年頃に日本のみ死亡率が上昇に転じていることの背景には，少子高齢化があると推測できる。少子高齢化にともない，ワクチン接種をしていない高齢者やワクチンの効果が切れている高齢者の死亡率が上昇した可能性が考えられる。また，結核への社会的関心が低下しているため，患者の受診，診断が遅れている可能性もあるだろう。さらに，外国人労働者の急増により，東南アジアなどの結核高まん延国からの流入が増加したことも要因の一つとして挙げられる。〔解答例〕では，字数の関係から 2000 年頃の死亡率の上昇に注目した内容となっている。

　　日本と諸外国の大きな違いは，2000 年付近で日本の結核死亡率の数値のみが上昇している点である。この現象の背景には，大きく 3 つの要因が関係している。まず，この時点で日本の高齢化が急速に進行していることが挙げられる。結核が感染症である以上，罹患者は体力のない高齢患者が多数を占めると考えられ，その比率が反映されたのではないか。次に，結核に対する社会的関心の低下によって，患者の受診の遅れ，診断の遅滞が生じていることも考えられる。また，外国人労働者の急増による海外からの結核菌の流入も死亡率上昇の要因であると考えられる。（300 字以内）

設問 2

要求 これまでの感染症とヒトとの共生がどのように築かれてきたかを把握し，その上でウイルスとの共生について考えを述べる。

方針 課題文では，感染症の病原体とヒトとのこれまでの歴史について述べられている。課題文には，強毒性の病原体は最終的には宿主であるヒトを消耗させ自らも消滅し，弱毒性の病原体のみが生き残るため，病原体と人間はこれまで共生が可能であったということが述べられている。さらに HIV ウイルス株のシミュレーションにあるように，交流が活発な集団よりも穏やかな集団の方が強毒性の病原体を抑えられるため，人と人の接触を減らした方が，より共生を可能にすると考えられる。ただし，人間同士の交流を減らすことにどういうデメリットが伴うか，その点も考慮した内容にするとよい。

　　課題文にあるように，感染症の病原体は，最終的には弱毒性の病原体のみが残存するため，いずれは共生が可能となる。しかし強毒性の病原体の感染が幅をきかせると，宿主の消耗が激しくなり，感染症との関係でバランスを欠くことになる。したがって理想的な共生を形成するには，人と人との接触を減らし，弱毒性の病原体のみが残るような社会活動や暮らしの実践をすることが必要となる。生来，生物は集合し寄り添う性質を持つ。これまでも，厳しい環境の中で，「個」としては脆弱だが，集合し力を合わせる「集団」として，難局を乗り越えてきた。だが，感染症がまん延している状況下では，本来の姿は追求しえない。感染症と共生する上で重要なことは，一定期間は旧来の人間らしさを捨てて，感染症のまん延に歯止めをかけることである。（400 字以内）

37 医療における偏見

日本医科大学（医学部）　　　　　　　　　　　　　　　　　　　　目標 60 分

「医療における偏見」について考えることを 600 字以内で記述しなさい。

POINT 「医療における偏見」というテーマについては，ハンセン病患者や HIV 感染者に対する偏見が社会的差別につながった事例をおそらく誰もが想起したであろう。ポイントは，これらの事例から「医療における偏見」という問題の本質に迫り，自分なりの対策を提示できるかどうかである。

解　説

要求　「医療における偏見」について考えること。

方針　POINT で述べた通り，具体例はすぐに思いつくが，600 字以内という制限字数は決して多くはない。事例の説明は最小限にとどめないと，自説の展開が手薄になってしまうので注意が必要である。医療における差別や偏見の問題は，個人的な意識の背後に歴史的・社会的な問題が存在している。〔解答例〕では，その克服のために社会をあげた取り組みが必要不可欠であることを述べている。

　　人類の歴史のなかで，病は常に偏見や差別の対象となってきた。特に顕著なのが，感染症患者に対する事例である。たとえば，ハンセン病患者は，断種や中絶が強制されるなどの差別にあい，長年にわたって社会的に排除されてきた。そもそも，近代医学が成立する以前，人々は信仰や迷信に基づいて病と対峙してきた。病を天罰や祟りなどとする見方である。現代にも残る病への恐れや偏見は，古くから続く人間の思考方法をひきずったものであり，それだけに根が深い。

　　こうした偏見を克服するためには，まず，「私は偏見や差別とは無縁だ」といった思い込みをなくさねばならない。人は無意識のうちに偏見を抱き，差別に加担することがある。この点を認め，誰でも偏見にとらわれうるという前提からスタートする必要がある。

　　病への偏見そのものは，病気に対する無知や誤解から生じる。ハンセン病についていえば，原因菌の感染力は低く，今では完治する病気なのである。その意味で，医療者は病についての正確な情報を提供し，人々を啓発する役割を担っている。また，医療者自身が社会の偏見を助長する可能性にも自覚的でなければならない。「弱い患者を保護し，守ってやる」というパターナリズムが患者の尊厳を傷つける場合があることを理解しておくことは重要である。このような個人の意識改革のみならず，個人と公が協力し，社会をあげて偏見の解消に努めることが必要不可欠であろう。(600 字以内)

予防医学

14

医療費負担の増大が問題になるなかで，個人が自助努力で病気を防止する予防医学の重要性が訴えられるようになった。QOL の向上にも役立つ，医師まかせの医療から脱却できるなど，予防医学のもつ意義は大きい。予防医学にどんな期待が集まっているのか，どこに問題があるのかを概観しておこう。

🔍 必須キーワード

☐ **予防医学**

病気になる前の予防を目的とした医学。生活習慣を改善するための自助努力や，それを手助けする健康教育，感染症に対する予防接種など，医師の医療行為だけにとどまらないさまざまな活動が含まれる。

☐ **生活習慣病**

現代人の生活習慣が素因となって発症する慢性疾患の総称。日本人の死因の50％以上を占めるがん・心疾患・脳血管疾患の三大生活習慣病のほか，それらの危険因子となる糖尿病・高血圧症・脂質異常（血中コレステロール値の上昇）なども含まれる。

☐ **メタボリックシンドローム（内臓脂肪症候群）**

内臓脂肪蓄積型の肥満である人が，上記の糖尿病・高血圧症・脂質異常の三つの危険因子を二つ以上もっている状態を指す。心筋梗塞や脳梗塞などの動脈硬化性疾患のリスクを高める要因とされる。

🔍 出題傾向

予防医学では，生活習慣が引き起こす病気についての基本的な理解とともに，必要な予防策の提案が求められる。日本人の健康観を取り上げた出題も見られた。また，児童に対する予防医学に関する出題も想定されるので，学校，家庭での食生活に対する指導はどうあるべきかなどについて考えておくとよい。

視点❶　予防医学とは

　予防医学とは，従来の疾病発症後に行う治療医学に対し，発症前の予防を目的とする医学をいう。具体的な内容は，段階によって次の三つに区分される。

第1次予防：健康への啓発や健康教育，健康的な生活習慣の確立，予防接種などによる疾病の予防

第2次予防：早期発見・早期措置，適切な医療と合併症対策による重症化の防止

第3次予防：リハビリテーションなどによる疾病の再発防止

　予防医学が近年注目されるようになったのは，治療医学では対応できない医療の問題が生じてきたからである。

●●○さまざまな効果が期待できる予防医学

　予防医学が求められる背景を以下にまとめてみよう。

　まず，公衆衛生の改善や化学療法の発達によって，

✓ 疾病構造の中心が感染症から生活習慣病へと移行するなかで，病に対抗するには予防が有効になってきた

ことが挙げられる。現在，生活習慣病に対しては，さまざまな治療法や治療薬が開発され，一定の効果を上げている。しかし，いずれにしても根本的な治療法は確立されていない。一方，これらの病気は，バランスの悪い食生活を見直し，運動不足・睡眠不足などの不規則な生活リズムを改める，喫煙や過度の飲酒などを慎むことによって，発症しないようにする第1次予防がきわめて重要になる。

　また，医療費の抑制効果も期待されている。日本は2007年に超高齢社会に突入し，医療費の国庫負担は年々増大している（⇨ 9 超高齢社会と医療）。こうしたなかで，予防医学によって，病気になって医療機関にかかる人を減らすことができれば，現状を改善できると考えられる。

　加えて，

✓ 予防医学の推進によって，人々のQOLの向上に好影響を与えることができる。

予防医学は，特定の症状や病気だけを治す治療医学と異なり，幅広い効果が期待できる。適度な運動やバランスのとれた食生活など，健康的な生活習慣を身につけることは，生活習慣病を予防するのみならず，怪我の予防，体力の増進，意欲や活力の向上，美容など多くの面で効果をもたらす。場合によっては持病の進行を遅らせる効果も期待できよう。

●●○ 予防医学の問題点1——健康は個人の責任に？

このような理由から予防医学が求められている反面，いくつかの問題点も指摘されている。

一つは，国民の健康に対する政府の責任を回避することになり，個人に責任が押しつけられるという指摘である。確かに，自分の健康は自分で管理するという個人の役割は重要である。しかし，健康保険制度，医療従事者の教育・育成制度をはじめとして，国民の健康を守るための制度づくりに政府は責任を負っている。ところが，現実には医療費の増加による健康保険の財政破綻危機など，非常に困難な状況に直面している問題も多い。

治療医学から予防医学への移行は，簡単にいえば健康づくりの場が病院内から病院外へ，健康保険制度の枠内から枠外へと移るということである。したがって，予防医学へのシフトが政府の責任回避を許すことになるという指摘には一理あるだろう。

●●○ 予防医学の問題点2——健康格差が生まれる？

これと関連して，もう一つの問題点が挙げられる。それは，予防医学への移行により，健康格差が生まれるのではないかという指摘である。

予防医学において必要とされるものには保険が適用されないことが多く，またそもそもの価格も安価とはいえないものも多い。たとえば，スポーツジムに通って定期的に運動しようとすれば，それなりの出費を強いられることになろう。つまり，病気の予防にはお金がかかるのである。そうなると，経済力の差が直接，健康度の差に反映する恐れがある。

実際，アメリカなどでは，貧困層の肥満と生活習慣病の増加が問題になっている。これは，経済の格差が教育の格差をもたらし，高い教育を受けた人ほど健康管理の重要性を理解していること，治安が保たれた住宅地周辺でなければウォーキングやジョギングが難しいことなど，さまざまな事情が影響している。もちろん，日本とは事情が異なるが，経済的な格差が健康の格差につながる可能性があるという指摘は十分納得できるものである。

●●○ 政府のサポートによる健康づくり

そこで，こうした問題点に対応しつつ予防医学の利点を生かしていくために，個人の努力による健康づくりを，政府が積極的にサポートしていく体制が必要になる。現代において，子どもや若者の生活習慣病が問題化していることを見ても，健康教育の徹底や地域レベルでの生活指導によって，国民が自らの健康について関心をもち，必要な知識を得られるようにすることは急務といえる。

さらに，病院外での健康づくりが重要になってくると，医師にも新たな役割が求め

られる。すなわち，

✓ <u>健康に関する専門家，予防医学のアドバイザーとして，健康教育に寄与することが
期待される</u>

ようになる。地域住民の健康状態を常に把握しながら，総合的な初期診療を行う「家
庭医（かかりつけ医）」の姿が，予防医学における医師の仕事を体現しているといえ
る。

視点❷　先端技術と予防医学

●●○AIを駆使した予防医学

　7章の先端医療の項で述べた医療用ニューラルネットワークは，患者が将来発症す
る可能性のある病気を予知・予防する目的にも活用されることが期待されている。例
えば，患者の身長や体重，血液検査や尿検査の結果などのデータをディープラーニン
グで分析すると，種々の病気の発症確率を導き出すことができる。それを実現させる
ためには，大量のデータをシステムに入力して，これを機械学習させる必要がある。
医療用ニューラルネットワークを開発しているディープマインド社は，2016年に英
国の国民保険サービスと提携し，約160万人の患者に関する広範囲の医療ヘルスケ
ア・データを学習用データとして使用するために取得し，利用する契約を交わした。
しかし，これらの医療データの中には，患者のHIV診断，薬物の使用歴などの個人
情報が含まれていたため，問題視されたという経緯がある。

●●○先制医療

　先制医療とは，遺伝的素因や環境的要因に基づいて，特定の疾患に罹患するリスク
が高いと思われる人を選別し，発症する前に治療的な介入を行い，発症を未然に防ぐ，
もしくは遅らせようという医療である。

　井村裕夫は，従来の予防医学は「一般的な患者」を想定してデザインされた集団に
対する予防で，先制医療は個人の特徴に応じた介入を行うものであると，両者の違い
を述べている。先制医療は個人のゲノムやmRNA，タンパク質，代謝産物，画像等
のバイオマーカーを用いて精密に予測・診断した上で早期介入する点に特徴がある。

　先制医療は高齢化と医療費の増大の対処にも有効であるという肯定的な声がある。
その理由の一つとして，ゲノム情報を薬剤選択に活用し，患者の遺伝子情報に基づい
て薬剤の適用量を推定することなどが挙げられている。これにより，必要な薬剤のみ
を投与できるようになるため，医療費増大への対処として有効だという観点である。

　すでにこうした予防医学の研究は進められている。東芝は2021年に東京大学と共
同でゲノムデータを活用した予防医学の研究を始めることを発表した。東芝グループ

の社員らの健康診断の情報に遺伝情報も加えて収集・分析し，各個人にあった予防医療を提供するとともに，健康診断結果やゲノムデータを収集して健康管理につなげる技術の確立を目指している。

　一方で患者の遺伝子情報の漏洩，流出には細心の注意を払わねばならない。
遺伝子情報により将来罹患する疾病の予測が可能になれば，その情報によって重大な差別が生まれる危険性があるからである。

●●○先端技術を用いた予防医学における課題

　医療用ニューラルネットワークは過去の病歴や通院歴といった患者の個人情報を利用するが，ゲノム情報を利用した先制医療の実現により，将来罹患する恐れのある疾病が明らかになってしまう可能性がある。万が一その情報が漏洩，流出した場合，結婚や就職などの機会に不利に働いたり，新たな差別につながったりする危険性がある。医師には守秘義務があり，いかなる個人情報も漏洩してはならない。しかし意図的ではなくとも，何らかのアクシデントにより情報が流出する危険性があるため，取り扱いには慎重を期する必要がある。

　また，先制医療がもたらす患者本人への影響も考慮するべきである。たとえば乳がんは，日本人女性で最も患者数の多いがんであるが，乳がん患者の5～10％は，個人間における1カ所のゲノム配列の違いによる「病的バリアント」が原因で発症していると推定されており，その病的バリアントが存在する原因遺伝子としてBRCA1，BRCA2などの11遺伝子が知られている。遺伝子検査で乳がん患者が病的バリアントを持つことがわかれば，より適切な治療が可能になる。さらに，患者の近親者に検査をすることで，早期発見や早期治療が期待できる。実際に米国の女優であるアンジェリーナ・ジョリーは87％の可能性で乳がんを発症することがわかり，予防的乳房切除術を受けている。しかし，87％の可能性ということは裏を返せば13％の確率で発症しないということでもある。乳房切除術や乳房再建術は体への侵襲度も高く，生活への影響も大きいため，誰もが受けられる予防術とはいえない。

　また，罹患する可能性のある疾病について知ることにより，患者が将来を悲観し抑うつ状態に陥る危険性さえある。上述したように乳がんを発症する可能性が高いと知っても，予防的乳房切除術を受けられない患者は，乳がんを発症する危険性に日々怯えて暮らすことになるかもしれない。先制医療に伴うこのような問題についても知っておく必要がある。

38　健康格差と予防医学

課題文・資料

大阪大学（医学部医学科）　　　　　　　　　　　　　　　　目標 **45** 分

　以下の文章は健康格差社会に関する著書の一節である。文章を読んで下記の質問に
答えよ。

　今や日本は，世界の中でもトップクラスの経済先進国である。かつて「ああ野麦
峠」などで，貧困と病気の関係が注目された 100 年前に比べれば，生活保護受給で最
低限の所得保障が受けられる者も増え，絶対的貧困は減ったはずである。また，健診
も少ない費用負担で受けやすくなり，国民皆保険も実現して医療にもかかりやすくな
った。それにもかかわらず，なぜ「健康の不平等」がみられるのであろうか。

　例えば，健康行動として，高齢者における健診受診と社会経済的地位の関係を，格
差の大きい男性の数字で紹介しよう。所得を 3 区分してみると，高所得層では「受診
していない者」は 16.1 ％だが，低所得者層では 24.1 ％へと増える。教育年数でみて
も，13 年以上群の未受診率 14.5 ％に対し，6 年未満群では 34.6 ％と 2 倍も多い。
①健康に望ましくない運動量の少ない者も喫煙者も，同じように社会的地位の低い者
に多いのである。
　また，国際的な経験で，医療費の自己負担が増えると，不要な受診だけでなく適正
な医療も抑制されること，貧しい人々にとくに顕著に作用することが明らかとなって
いる。
　心理的要因も，大きな役割を果たしている。社会経済的地位の低い層には，抑うつ
など心理的健康状態がよくない者が多い。そして，うつは，自殺の原因になるだけで
なく，虚血性心疾患など身体疾患の危険因子であり，予後不良因子であることもわか
ってきている。
　このような心理的ストレスは，最底辺層だけを苦しめるのではない。より高い層と
比べて「相対的に低いこと」によっても増える。例えばリストラされた者だけでなく，
かろうじて残った者も「次は自分かもしれない」という心理的ストレスに怯える。さ
らに，やや余裕をもって正社員として残った者も，無言の圧力や将来不安から，「自
主的に」長時間労働をするようになる。これが長期にわたれば，最低層よりも上に位
置する者にとっても，健康によいはずがない。

（中略）

　従来，疾患の原因は，遺伝子などの生物・医学的な因子や個人責任とされる生活習

慣にあるとみなされてきた。しかし，それらだけで，ほとんど説明できるものなので
あろうか。

　例えば，日本に比べるとアメリカには，極端に太っている人や心筋梗塞や狭心症で
死ぬ人が多い。では，人種間で遺伝子が違うのか，アメリカ人には健康によい生活習
慣を続ける意志が弱い人が多く，日本人は意志が強いのであろうか。それとも②＿＿＿
＿＿＿＿が違うことの影響が大きいのであろうか。

　この疑問に答えてくれる興味深い研究がある。日本国内に住む日本人と，ハワイ在
住の日系人と，カリフォルニア州在住の日系人を比べた研究である。同じ日系人なの
で，もとは遺伝子的にも文化的にもほぼ同じであったと考えられる。それにもかかわ
らず心電図上確実な心筋梗塞は，1000人あたり（年齢調整済）で5.3の日本に対し，
カリフォルニアでは10.8と約2倍もあった。冠動脈疾患の可能性のある者を含める
と，日本25.4，ハワイ34.7，カリフォルニア44.6となり，コレステロール値も同様
に東に行くほど高くなっていた。③この現象を，遺伝子や健康によい生活習慣を続け
る意志や努力だけで説明しようとすれば，おかしなことになる。

　もう1例挙げれば，先進国で肥満が急増し，日本でもすでに20〜60歳代男性の
29.4％が肥満になった。これもここ20年ほどのことである。20年間にこれほど多く
の人の遺伝子が突然変化したとは思えない。また，健康によい生活習慣について知ら
ない人が増えたとか，健康に無関心な人が増えたとか，意志薄弱な人が増えたとも考
えにくい。やはり，人間の健康には，②＿＿＿＿＿＿が少なからず影響しているのであ
る。

（中略）

　遠方に住む家族から相談がもち込まれたAさんの事例である。夫の死後，外出をせ
ず「閉じこもり」がちとなった。そろそろ一人暮らしは心配なので介護保険を利用し
たいという。

　軽度認知症で要介護状態であることが確認され，ホームヘルパーが入ることになっ
た。一人では十分に炊事ができず，家族が買い置きしたものを食べていたが，食欲も
なく栄養状態もよくなかった。ヘルパーはAさんの食べたいものを聞き出し，それを
買ってきてつくってみたが，それでも残してしまうことがあった。うつ状態であった
のかもしれない。

　Aさんの場合は，担当ケアマネージャーが「このままでは閉じこもりを助長してし
まう」と，ケアプランを見直したことがきっかけで状況は大きく改善した。ヘルパー
がAさんを車に乗せて，一緒に買い物に連れ出すようにしたのである。すると，店頭
に並んでいる旬のものをみて「あれが食べたい」と指さし，実際にそれだと食べるよ
うになった。それ以上に効果があったのは，店で昔からの友人と出会ったことである。

友人は「しばらくＡさんの姿をみてなかったから，てっきり遠方の家族のところにでも引き取られたのかと思っていた」という。この出会いがきっかけで，顔なじみの人たちが，Ａさんのところを訪ねてきてくれるようになった。友人からの差し入れをつまみながら，話に花を咲かせる機会が増えて，Ａさんの笑顔も増えた。春になれば花見にも誘われるなど，社会生活が広がるのにつれて食欲も回復し，見違えるように元気になったという。

Ａさんを生物・医学モデルに基づきヘルスアセスメントすれば，低栄養状態である。しかし，低栄養対策として食生活改善教室を開いて「健康に悪いからしっかり食べましょう」と指導しても，改善は難しかったであろう。そもそもＡさんのような人は健康教室には来てくれない。Ａさんの経験は心理・社会的側面にも目を向けて，「閉じこもり」状態から人間（社会）関係を取り戻すことで，心も元気になり，その結果として栄養状態まで改善しうることを示している。

(中略)

従来の生物・医学モデルでは，生活習慣が悪いから病気になると考えられていた。最後のプロセスだけみれば，その通りである。しかし，④視野を広げて，生物・心理・社会モデルでみれば，生活習慣の背景にある複雑なプロセスがみえてくる。

(中略)

予防医学の戦略には，ハイリスク・ストラテジーと，ポピュレーション・ストラテジーの２つがある。前者は，危険（リスク）因子をもつハイリスク者を対象にする戦略であり，後者は，人口集団全体を対象にする戦略である。この両者を統合しなければ，本当の予防にはつながらない。

１例を示そう。１年間に新たに要介護状態になった者を対象に，観察開始時の介護予防の危険（リスク）因子（抑うつ，閉じこもり，転倒経験，口腔状態，低栄養）の数をみた場合，実に，その半数は，１年前にはリスクが１つもなかった者であった。つまりハイリスク・ストラテジーだけでは，これらの半数の人はまったく介護予防施策の対象外となってしまう。リスク因子をもたない高齢者をも対象とし，例えば⑤＿＿＿＿のようなポピュレーション・ストラテジーが必要なのである。

(近藤克則『健康格差社会』2005 年)

設問1 下線①で述べている現象がどうして起こるかを論ぜよ（200字以内）。

設問2 下線②には同じ単語が入る。文脈を参考にこの単語を記載せよ。

設問3 筆者が下線③のように考える理由を説明せよ（200字以内）。

設問4 下線④で述べている「生物・心理・社会モデル」について，Aさんの場合の生物的因子，心理的因子，社会的因子を述べ，それらの相互関係について論ぜよ（400字以内）。

設問5 下線⑤で説明される具体的なポピュレーション・ストラテジーを記載せよ（100字以内）。

設問6 下記のグラフはわが国の地域住民の1期（1963－1971年），2期（1975－1984年），3期（1985－1994年）における健診時の血圧区分にみた脳卒中発症者の割合（頻度分布）である。例えば，3期における重症高血圧群からの脳卒中発症者は3期の全発症者の約12％を占めることを示している。ハイリスク・ストラテジーとポピュレーション・ストラテジーは両者とも重要であるが，時代によってそれらのストラテジーの重要性が異なることを考察せよ（300字以内）。なお，1期，2期，3期の住民数に大きな変化はないものとする。

図1．血圧区分と脳卒中発症者の割合の時代的変遷
(Imano H, et al. Stroke 2009)

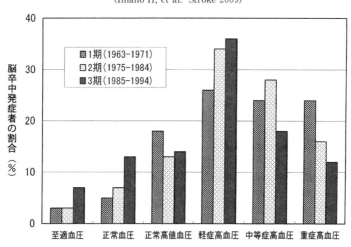

POINT いわゆる健康格差と予防医学の方法論を題材に，人の健康には生物的・医学的要因だけでなく，社会的・心理的要因も重要な影響を及ぼしているという内容の課題文である。この点をつかめば全体の論旨は容易にたどれよう。ただし，文中の具体的事実や概念の意味を細かく読み取らなければ正解できない設問もあるので，注意が必要である。

解　説

> **課題文の要点**　各段落の要点は以下の通り。
>
> ❶今や日本は，世界の中でもトップクラスの経済先進国であるにもかかわらず，なぜ「健康の不平等」がみられるのだろうか。
>
> ❷～❺高齢者における健診受診と社会経済的地位の関係をみると，「受診していない者」の割合は低所得者層・教育年数が少ない群ほど増える。社会経済的地位の低い層には，心理的健康状態がよくない者が多く，うつは身体疾患の危険因子・予後不良因子であることもわかってきている。
>
> ❻従来，疾患の原因は，遺伝子などの生物・医学的な因子や生活習慣にあるとみなされてきたが，それらだけでほとんど説明できるものなのだろうか。
>
> ❼～❾日本国内に住む日本人と，ハワイ在住の日系人と，カリフォルニア州在住の日系人を比べた研究では，確実な心筋梗塞，および冠動脈疾患の可能性のある者の人数とコレステロール値は，（日本から）東に行くほど高くなっていた。人間の健康には，遺伝子や健康によい生活習慣を続ける意志や努力だけでなく，社会環境が少なからず影響している。
>
> ❿～⓭「閉じこもり」がちで栄養状態もよくなかったＡさんの事例では，心理・社会的側面にも目を向けて，「閉じこもり」状態から人間（社会）関係を取り戻すことで，心も元気になり，その結果栄養状態まで改善しうることが示された。
>
> ⓮病気を生物・心理・社会モデルでみれば，生活習慣の背景にある複雑なプロセスがみえてくる。
>
> ⓯・⓰予防医学の戦略として，危険（リスク）因子をもつハイリスク者を対象にするハイリスク・ストラテジーだけでなく，人口集団全体を対象にするポピュレーション・ストラテジーが必要である。

設問1

要求　下線①で述べている現象がどうして起こるか。

方針　社会的地位の低さと運動不足や喫煙の間に，どのような因果関係が考えられるのか問われている。したがって，まず，社会的地位が低い人々に共通してみられる特徴をいくつか考え，次いで，その特徴のうち運動不足を招いたり喫煙に至ったりする可能性のあるものを挙げて論旨を組み立てればよい。

　　社会的地位の低い者は，一般に教育水準が低く，経済状況も悪いケースが多い。いわゆる物質的な欠乏状態にある場合が多く，そのため，彼らは健康に対する意識や関心が低く，適切な健康教育や医療現場でのアドバイスに接する機会に恵まれることもまれであることが想定される。また，日常的にストレスを抱えている場合もある。その結果，彼らは運動不足になったり喫煙量が多くなったりして，不健康な状態に陥りやすいと考えられる。（200字以内）

設問2

要求　下線②に入る同じ単語。

条件　文脈を参考にする。

方針　第❼～❾段落で，国内在住の日本人とアメリカ在住の日系人との間ではもとは遺伝子的にも文化的にもそれほど違いがない点や，先進国でここ20年ほどの間に肥満が急増しているが，これについては，遺伝子が変化したり健康に無関心な人が増えたなどとは考えにくい点などが述べられていることから考える。

　　社会環境（生活環境，環境も可）

設問3

要求　筆者が下線③のように考える理由。

方針　「遺伝子」や「意志や努力」では「説明」できないと考えられれば容易。「この現象」つまり日本人とアメリカ在住の日系人の間で疾患率に大きな差があることを，「遺伝子」や「意志や努力」で説明しようとするとどのように「おかしなことになる」のか，具体的に書けばよい。

　　心筋梗塞や冠動脈疾患に罹患する割合が，日本国内に住む日本人では低いのに対して，アメリカ在住の日系人では高いことについて，遺伝的要因や文化的要因で説明しようとすると，「海外に移住したくなる遺伝子が存在し，それが心筋梗塞や冠動脈疾患を起こしやすい遺伝子と関連している」とか，「海外に移住する人は，健康によい生活習慣を維持する意志が薄弱か，健康に無関心である」という無理な仮説が必要となってしまうから。（200字以内）

設問 4

要求　• 下線④で述べている「生物・心理・社会モデル」について，Aさんの場合の生物的因子，心理的因子，社会的因子。
　　　　• それらの相互関係。

方針　Aさんのケースにおける「生物的因子」「心理的因子」「社会的因子」の内容を具体的に並べ，それらの因子が相互に関連していることを，問題が深刻化していった連動的なプロセスや，改善策が成功した要因などに触れながら具体的に述べる。課題文の内容を正確に読み取り，自分なりに再構成して説明できるかがポイントとなる。

Aさんにとっての「生物的因子」は，軽度の認知症と低栄養状態，「心理的因子」は夫の死後の孤独感，「社会的因子」は閉じこもりである。彼女の場合，夫と死別後，孤独感にさいなまれ，友人との交流が途絶え，食生活に対する興味が希薄化して栄養状態が悪化し，これらが複合して閉じこもりがちになったのである。そこで，Aさんを買い物に連れ出すことにより，食生活への興味を回復させ，なじみのある友人との交流のきっかけをつくることで，「社会的因子」である閉じこもりや「生物的因子」である認知症が緩和され，「心理的因子」である孤独感が除去された。さらに，社会生活が広がるにつれて食欲が回復し，「生物的因子」である低栄養状態を改善することができたと考えられる。このように，「社会的因子」「心理的因子」「生物的因子」はそれぞれ相互に関連しており，「生物的因子」の改善には「社会的因子」や「心理的因子」の改善も重要なのである。（400 字以内）

設問 5

要求　下線⑤で説明される具体的なポピュレーション・ストラテジー。

方針　ハイリスク・ストラテジーとポピュレーション・ストラテジーの対比をふまえながら，後者の具体的な内容を説明する。課題文中のAさんが元気を取り戻したケースも参考に，高齢者人口全体を対象とした対策を考えるとよい。少子高齢社会についての視点解説もヒントになろう（⇨ 9 超高齢社会と医療）。

高齢者の就業拡大，ボランティア活動・同好会・異世代交流への参加促進を通じて，高齢者の生きがいを維持し，外出・運動の機会の確保や，身体の衛生状況や栄養状態の改善により，高齢者全般の健康度を高めること。（100 字以内）

設問6

> **要求** ハイリスク・ストラテジーとポピュレーション・ストラテジーは両者とも
> 重要であるが，時代によってそれらのストラテジーの重要性が異なること。
> **条件** グラフから考察する。

方針 グラフを見ると，1期から3期にかけて，重症高血圧群からの脳卒中発症者の割合は低下しているのに対し，正常血圧群，軽症高血圧群からの脳卒中発症者の割合は上昇していることが見て取れる。この事実を，二つのストラテジーの主旨・目的と照らし合わせると，1期ではハイリスク・ストラテジーが重要であったが，2期，3期に移行するにつれ，ハイリスク・ストラテジーでは対象から漏れてしまう者に対処する必要性が高まっており，集団全体を対象としたポピュレーション・ストラテジーの重要性が増しているという論旨を組み立てることができる。後はこの論旨を，グラフにうまく言及しながら，手順を追って説明すればよい。

> 　1期は，高血圧群からの脳卒中発症者が全体の約4分の3を占めているので，血圧の高い人に的を絞った対策，すなわち健診で高血圧者を早期に発見し治療を行うハイリスク・ストラテジーが相対的に重要であった。しかし2期，3期にかけては，重症高血圧群からの脳卒中発症者の割合が低下し，逆に軽症高血圧群や正常血圧群など，より低い血圧区分からの脳卒中発症者の割合が上昇している。よって，対象を一部に限定したり，健診の実施だけで十分だと考えたりするのではなく，集団全体を対象として，減塩等食生活の改善，禁煙・喫煙予防，適度の運動といった生活習慣の改善を行うポピュレーション・ストラテジーがより重要となっている。（300字以内）

39 先制医療

東京医科歯科大学（医学部医学科）　　　　　　　　　　　目標 60 分

次の文章を読み，後の設問に答えなさい。

2011 年ですけれども，国際連合が高級者会合を開きました。国連は，政治，紛争，人権，などを取り扱うところであって，健康問題を取り扱ったのは，二度目なのです。

一度目は，2001 年にエイズが蔓延（まんえん）して，特にアフリカが深刻な状態になったときでした。今度は慢性の非感染性疾患（NCD（注），Non-communicable Disease）を対象にした高級者会合でした。

NCD には，感染症以外のほとんどの病気が入りますが，特に今，問題になっているのが，心筋梗塞（こうそく），糖尿病，がん，肺気腫などの慢性閉塞性肺疾患です。今や，全世界の NCD による死亡の 80 ％は，途上国になってきています。

特に，インド，アラブ湾岸諸国，北アフリカなどでは糖尿病が非常に増えています。それとともに心筋梗塞も増加しているのです。こういう病気は，働き盛りの人を侵しますから，社会へのインパクトが大きいので，なんとかしないといけないということで国連は高級者会合を開いて各国に対策をうながそうとしたわけです。

日本も高齢者が増えていきますから，NCD は増え続けています。

日本の医療費は平成 23 年度に 38 兆円を超えていますけれども，内閣府の推計によると 2025 年には，53 兆円ぐらいになるのではないかといわれています。介護費は現在 9 兆円ぐらいですが，これも 20 兆円ぐらいになります。あと 10 年ぐらいで，そういう状況になるわけで 2025 年問題とも言われています。

これだけの医療費は，とても払うことができません。消費税を少々上げたって追いつかないわけです。これを，どうしたらいいのか，医学だけではなくて，社会全体に問われている問題ですね。

まず，やらないといけないのは，高齢者の病気をできるだけ減らしていくことです。そして高齢者が質のよい生活をして，「長生きしてよかった」と思える社会を作っていくことが大事なのですが，そのためにはまず健康だろうと思います。高齢者の健康をどう守っていくのか。ある程度の病気はみんな持っていますけれども，それでも質のよい生活，心豊かな生活ができるようにしていくことが，医学，医療の大きな課題だろうと思います。

そのためには，病気を早い時期に診断して，ひどくならないようにすることですし，さらにできるだけ病気にならないようにすることです。病気を予防するということが

一番の大きな目標になります。

（中略）

　最近大きな問題になっていることなのですが，「お腹の中にいる時に，すでに中年以降の病気がある程度決まる」という考え方が出てきているのです。

　第二次世界大戦の終わりに，連合国軍がノルマンディーに上陸して，オランダの一部を解放しました。そこで作戦に失敗したのです。ライン川に架かる橋を確保しようとしたのですが，うまくいきませんでした。

　しかも，ものすごく厳しい冬が来ました。亡命オランダ政府は，オランダの労働者にストライキを呼び掛けて「ナチスの物を運ぶな」と指示したのです。ナチスは，その報復に食糧の供給を遮断しました。オランダ東部は農業地帯で，たくさん食糧があって，戦争があってもそんなに困っていなかった。ところが，西のほうのアムステルダムとかハーグなどの都市には食糧が運べない状態になって，きわめて厳しい飢えがきました。一日，平均600キロカロリーぐらいしか食べられなくなって，かなりの人が餓死したと考えられています。

　戦争が終わって，すぐにアメリカとイギリスの医療チームが救護に行ったのです。その時に，アメリカの学者が飢餓の時に生まれた子どもの体重を調べたところ，平均して200グラム小さかった。そこで，その子どもたちを追跡するようアドバイスしました。オランダの医学者は，その後，その子どもたちを追っかけていて，今もまだ観察を続けています。

　そして，わかったことは統合失調症，それから統合失調症圏パーソナリティ障害が多かった。また，心筋梗塞，糖尿病，高血圧など多くのNCDが多く起きていることがわかってきたのです。

　もうひとつは，イギリスの事例です。第二次世界大戦後，どちらかと言えば貧しい西部とか北部で心筋梗塞がより顕著に増えたのです。どうしてだろうかということでイギリスの学者が調べました。ハートフォードシャーという郡があって，そこの郡では1911年から，生まれた時と1歳の体重の記録を助産婦が全部残していたのです。それと病気の関係を調べたら，低体重で生まれた子どもにメタボリックシンドロームも心筋梗塞も多いことがわかってきました。そういうことがあちこちで追試されて，こういう病気には，遺伝素因も絡むけれども，胎生期の状況が悪いと，後でそういう病気になる率が高いということがわかってきました。

　人間は遺伝である程度決まるけれども，それだけでなくて，環境因子が大事なのですね。その環境因子は，胎生期からもう働いているのです。

　今までのヘルスケア，健康管理というのは，だいたい40歳ぐらいから始めています。40過ぎると「生活習慣病（成人病）検診，受けなさい」という通知がくるでしょう。でも，それでは遅いのです。本当は，妊娠の瞬間から，あるいはその前から気

をつけていかないといけません。

　これからの健康管理は，母親のお腹の中にいる時から始めるべきです。小児期にはどういう注意が必要なのか。青年期にはどういう注意が必要なのか。それから，大人になって，特に40歳以降になると，どういう注意が必要なのか。そういうふうにヘルスケアを，終生で見ていかないと，最終的によい結果が得られないだろうと考えられるのです。

（中略）

　「先制医療」という言葉を，私が初めて使ったのは3年ほど前です。その前に「未病の医療」という言葉を使って講演したことがありました。ところが，未病というのは漢方の言葉なのですね。漢方では，病気があっても本人が知らなければ未病なのです。

　アメリカでプリエンプティヴ・メディシンという言葉を使っている人がいて，それは意味としては先制攻撃です。その言葉のほうがより正確でいいと思って，「先制医療」という言葉を考え出しました。

　はっきりと病気が発症する前に一定の確度で予測して，発症する前に介入する。生活習慣を変えるとか，介入治療をする。先制医療が可能になった背景には，遺伝子研究の進歩がある，それによって生まれてきた概念です。特に発症前診断が一定の程度できるようになってきたのが大きいですね。

　先制医療が従来の予防とどう違うか，もう少し説明します。予防にも図に示すように，生活習慣を変えるなどして発症しないようにする一次予防と，早期に診断して治療することにより進行を防ぐ二次予防があります。生活習慣病検診などは，この二次

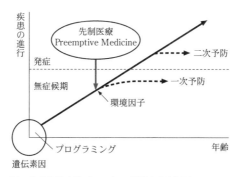

図　非感染性疾患（NCD）の経過と先制医療

　一般にNCDは長い経過の後に発病するが，発症前に予防するのが一次予防である。先制医療も発症前の予防をめざしているが，遺伝情報に基づく個の医療であることと発症前にバイオマーカーで予測をする点が異なっている

予防をめざしたものですね。

　予防はすべての人を対象にしたもの，いわば集団の予防医学です。これに対して先制医療は個の予防医学です。個人の遺伝的な特徴や，過去の環境などに配慮して，ハイリスク群を選びます。そして発症までに検査によって予測して治療する，それによって予防を達成することを目標にしています。いろいろな病気が対象になります。

　糖尿病などは血糖値が少し上がらないと，今は診断できませんが，上がる前に診断できないか研究が進んでいます。骨粗鬆症については，骨塩量（主にカルシウム量）を測ると原因の3分の2ぐらいは，診断できるのですが，残りの3分の1は骨の質に関わるものでまだ完全にはわからないのです。しかしいろいろな検査所見によって，ハイリスク群の診断が可能になってきています。骨折予防のためのよい薬が出てきているので，後は，いかに知識を普及させて骨折を予防するかです。

　今までの医療に関係した人たちは受け身なのです。「病気になったら，いらっしゃい」と言って待っている。しかし，それでは先制医療はできません。

　もっと能動的な姿勢が，今，医療に求められているのです。病気は，「治すもの」だったのが，病気は，「ならないようにするもの」だという方向にいかなくてはいけないのです。

　医者は今のように診療所や病院でみなさんが病気になるのを待っているのではなくて，これからはコミュニティに入っていって，みんなといっしょに健康を守っていくことが必要になってきます。そういうシステムをどうやって作っていくのか。医療に関係するものだけでなくて，これは，社会全体の問題です。

　注　NCD は慢性の非感染性疾患の総称で，政策的に国連や WHO（世界保健機関）によって提唱されたものである。日本で用いられている生活習慣病はその中に含まれるが，NCD には生活習慣が関与しているか否か不明のものもあり，より広い概念であると言える。

（井村裕夫編『医と人間』2015 年より）

設問1　傍線部「これからの健康管理は，母親のお腹の中にいる時から始めるべきです。」とあるが，著者がそのように考える理由を説明しなさい（300字以内）。

設問2　医療者は先制医療を実現するために個々人の遺伝情報を得る場合がある。遺伝情報を扱うとき，医療者はどのようなことに留意するべきか。あなたの考えを理由とともに説明しなさい（300字以内）。

POINT　課題文の内容を的確に読み解き，内容に即した解答を作る必要がある。また，医師の業務に関する発展的な知識や見解も求められているので，注意が必要だ。

解 説

> **課題文の要点**　各段落の要点は以下の通り。
> ❶〜❾ NCD が世界的に増加しており，日本でも高齢化が進んでいるため増えている。それにより，医療費が増大している。
> ❿〜⓭ 胎生期の環境因子で NCD になりやすくなることがわかったことから，胎生期から健康管理をするべきだと考えられる。
> ⓳〜㉗ 病気の発症前に介入する「先制医療」が重要であり，医師もコミュニティに入って一緒に健康を守ることが必要になると推測しうる。

設問1

要求　「これからの健康管理は，母親のお腹の中にいる時から始めるべきです。」と著者が考える理由を説明する。

方針　設問は「これからの健康管理は，母親のお腹の中にいる時から始めるべきです」と著者が考えている理由を答える問題である。傍線部以前の部分で，著者は第二次世界大戦中の事例をもとに，胎生期の状況を含む環境因子が NCD の要因となることを説明している。その内容を理由としてまとめることが必要である。

> 著者が「これからの健康管理は，母親のお腹の中にいる時から始めるべきです」と述べている理由は，胎生期の環境因子によって中年期以降に生じる病気がある程度決まるからである。人間の病気は遺伝以外に環境因子によって決まるとされている。これまでの研究では，飢餓や貧困の中で生まれた低体重の子どもに，その後多くの NCD が起きていることがわかっている。つまり，胎生期の環境因子が，中年期の病気の発症に関係していると考えられるのである。従来，NCD などを予防する健康管理は，中年期から始められてきたが，上記の理由から，それは胎生期から行わなければ遅すぎると著者は考えているのである。（300字以内）

設問2

要求 課題文の内容をもとに，医療者が得た患者の個人情報の扱いについて，自身の見解を述べること。

方針 医師には守秘義務が課されている。そのためまず前提として患者の個人情報を漏洩することは許されない。それだけではなく，何らかの事故により情報が流出することも防がねばならない。この問題では，個人情報を遺伝情報に限定し，遺伝情報の漏洩や流出に留意する点について，発生した際に生じるであろう不利益を考えて述べる。

また，遺伝情報の取り扱いは，他者への漏洩，流出のみが問題となるのではないことにも着目したい。たとえば，将来発症する可能性がある病気について，患者本人に伝えることが果たして患者のためになるのか否かも，慎重に検討しなければならないであろう。将来発症する可能性がある病気を知ったことで，患者が将来を悲観してしまう恐れもある。患者が望むのであれば情報を伝えるべきであるが，その際の伝え方についての配慮も必要である。以上の2点について言及できていればよい。

　先制医療を行うために得た個々人の遺伝情報を扱う際，医療者が留意すべきことは，情報の流出を防ぐことである。医師には守秘義務が課されているため，前提として患者の個人情報を漏らすことはできない。しかし，万が一個人情報が流出してしまった場合，患者が将来発症する可能性のある疾患についての情報が漏れ，結婚や就職の際に不利に扱われるなど，差別の助長につながる恐れが生じうる。そのような事態を回避するために，医師は徹底した情報管理に努めるべきだ。また，その情報を患者本人に伝える場合にも，本人の不安につながる可能性もあるため，慎重な判断が求められると考える。（300字以内）